詳解

大学院への英文法

河合塾KALS 浅野修慈 著

JN058695

東京図書

装幀………今垣知沙子

初めにあたって
～読むための文法を目指して～

受験生のみなさん、こんにちは。浅野修慈（アサシュー）と申します。

かねてから、「大学入試や院入試の英文法の参考書はどうしてこうも文法色の強いものばかりなんだろう……？　もっと読むための文法書は無いものか！」と訝っていたところへ、東京図書の松井さんから「院向けの文法書を作ってみませんか？」と打診があったので、これ幸いと二つ返事をしたのでした。

大学受験もそうですが、院入試は更に解釈中心で出題されるのですから、この不定詞は何用法だとか、この英文は何文型だとか言えただけで終わってはならないはずです。その文法知識が英文読解にどう反映されるかが示されないままの文法学習では読めるようになるわけがない。なのに巷間に出回っている英文法書はやたら文法のための文法の類が多い。また文法書を数回こなしたのにも拘わらず未だ読めるようにならないという怨嗟の声を受験生から受けてきた身としては、その疑念はますます募っていったのでした。

で、やっとそのうっ憤を晴らす秋がきました！

本書にはこれまで**語られるべきなのに語られてこなかった内容**を存分に盛り込みました。そして、それぞれの文法知識がお互いどのようにつながるかも見えるよう配慮しました。まさに英語を読むための文法書です！

ということで、この本を手にした皆さんは幸か不幸か（もちろん幸に決まっているのだけど遠慮がちに、そして collocation「語呂」上、敢えて言ってみました）、何らかの力が作用して（19世紀後半活躍のドイツの哲学者フリードリッヒ ニーチェが未知なる牽引力によって、同じくドイツの哲学者であるショーペンハウアーの主著『意志と表象としての世界』を手にしたが如く）、本書と出会ったのですから、（会えて、敢えて）これを一つの "縁" と認識し、「これで受かってやる！」といった気迫で学習に取り組んでほしいものです。そして、キケロ（ローマの雄弁家〈B.C. 106～43〉）の本『ホルテンシウス』を読んだアウグスティヌス（初期のキリスト教の父と言われる）が、それまでの放蕩三昧の乱れきった生活と決別したように、行く（生く？）べき道（＝**読むことの楽しさ**）に "目覚めて" もらえたら、著者としては望外の喜びです。

みなさんの実りある受験生活を心より願っております。

河合塾 KALS　英語講師　**浅野修慈**（アサシュー）

Contents

本書の特色

＊本書は全体的に**易**から**難**に進むよう構成されております。
＊本書は大きく分けて以下の構成で成り立っております。
　1．総括的説明
　2．修得演習（巻末に解答・解説あり）
　3．語法研究
　4．構文研究

　第1講が理解できて初めて第2講の学習が進み、第3講と第4講が理解できてこそ第5講が滞りなく理解できるというふうに**段階式**になっているので、例えば第5講で引っ掛かる箇所が多い場合、その前の段階（第4講など）の理解が不十分なのかもしれません。その時は面倒くさがらず、前の講に戻ってみてください。案外すんなり解決できたりします。また講を経るごとに修得演習は質量ともに上がっていく方式になっているので、前半の講が簡単だからといって決して軽んじることなく、一歩一歩確実に踏みしめて行ってください。さらに参照個所の指示（☞）があればその都度該当箇所を確認してください。

　また、巻末に修得演習の解答と解説がありますが、分かりにくい英文には「ざっくばらん訳」と称して内容理解の助けとしました。もちろんこの和訳は本番の入試では使ってはなりませんよ（かなり馴れ馴れしい言い方してますので ^^;)。さらに Coffee Break と称して、内容を深める（再考する）手立てとしました。

　以下、効果的活用の要領を記しました。是非参考にしてください。

本書の利用方法

《手順1》　まずは（■　**総括的説明**　■）を味読する。

　これからの学習内容やポイントの説明がなされます。本書を利用される方は様々な状況にあると思われますので、熟知事項であれば飛ばし読みでも構いませんが、少しでも不安のある事項であれば、決して流し読みすることなくしっかり理解し味わっていただきたいのです。

《手順2》　（■　**修得演習**　■）にあたる。

　実際に解いてみてください。ここで注意点は、頭だけで考えて「はい、おしまい！」というのではなく、実際に紙に書くということです。特に不安な問題についてはなおさらです。案外、解答例と自分の考えた解答では微妙に（もしかしたら大きく）答えがずれているかもしれません。できたと勘違いすることこそ大敵です！また、解説（巻末）も熟読して下さい。

＊英語が得意な方や普段英語で読み書きしている方にとっては、総括的説明がくどく感じられる場合があるかもしれません。その場合は、直接修得演習に当たってみてください。間違った問題があった時のみ、総括的説明なり問題解説なり確認するというやり方は「あり」です。

《手順3》☞ p. ○○の印があればその箇所も味読する。
　語法研究や構文研究は、盲点個所を詳しく解説しているので、必読のこと。

　以上の手続きを通して納得のいくまで練習して初めて文法と読解の絡みの妙味が実感されるというものです。それと同時に英文を快く読み解くことの skill と soulが体得されることでしょう。
　是非、みなさんの不断の努力で読める快感（読快）の扉を開けていってください！

凡例

・〈基本〉＝ 基本問題：基本です。ここらで引っかかってはいられません。
・〈盲点〉＝ 盲点問題：取れないとまずいが、意外にポイントに気付きにくい
　　　　　　　　　　　差になる問題です。
・〈発展〉＝ 応用・発展問題：しっかり修得していることを証明する問題です。
　※なお、印を施していない問題は全て標準問題となります。

・ 〜（ニョロ）＝ 原形動詞
＊ am, is, are, was, were, been, being ではなく be。has, had, having ではなく
　have。goes, went, gone, going ではなく go。does, did, doing ではなく do
　を表す。

・ …（テンテンテン）＝名詞／代名詞／動名詞
＊ Japanese「日本語」、my sons「自分の息子たち」、Taro「太郎」、it、them、
　him といった名詞・固有名詞・代名詞、come、comes、came ではなく
　coming、she arrives ではなく her arriving または her arrival、meet an old
　friend of mine ではなく meeting an old friend of mine や an old friend of
　min を表す。
　＊ただし to 不定詞の名詞用法は除くことに注意。

・ ☆ ＝ 慣用表現ないしは固定表現
・ (e.g.) ＝ 例文
・ cf. ＝ 比較せよ
・ ⇔ ＝ 対比関係／正反対の関係
・ ／ ＝ 「あるいは」ということ

第1講 文型概観

(文型と品詞の関係、文の要素と修飾語句の識別、O と C の区別)

■ 総括的説明 ■

【文型の重要性】

英語をやる時、少なくとも受験英語（大学入試や院入試）の学習に入る時、至る所で文型ということが先ずは最初に謳われます。この参考書を紐解いてくださっている皆さんも、恐らくこの表題（5文型という言葉）に辟易なさっているのではないでしょうか？

かく言うアサシューも大学受験や院入試を舐めていたわけではないんですが、英語をセンスで解いていた時期があり、直感に頼るという何とも怪しげで頼りない手法だったために、難解な英文に接して四苦八苦した経験があります。

しかし教える立場になってみて、この文型という手法の有り難さが身に染みるようになり、我が受験時代や論文読解時期の力業的手法の効率の悪さに今更ながら呆れております。皆さんにはその轍を踏んでもらいたくないものです。

ということで、文型の威力を先ずは紹介していきたいと思います。以下の英文を日本語にしてみてください。

〈1〉Mary felt beautiful.

さてどうでしたか。正確な日本語が作成できましたか？ 「メアリーは美を感じた」でよろしいでしょうか？ なんかこれだと何の美？ って感じになっちゃいませんか？ 以下はどうでしょう？

〈2〉Mary felt the beauty of nature.

こちらは「メアリーは自然（界）の美を感じた」で意味が落ち着きますね。下の英文はいかがでしょう？

〈3〉He made her dollish.

これは「彼は彼女に人形を作ってあげた」ではありません。それなら He made her a doll. となります。〈3〉の英文の訳は「彼は彼女をお人形さんのよう（＝何も

物を考えられない子）にした」です。dollish は補語になっているのです。そう、〈1〉の英文の beautiful は補語になっていたのです。形容詞は目的語［O］になることはなく、補語になるものだからです。ですから、正しい訳は「メアリーは自分を美しいと感じた」となります（この類題が修得演習の【2】（☞ p.10）です。気になる方は早速着手してみてください）。

　このように品詞と文型との関係が重要で品詞が文型を規定するので、以下、各品詞と文型との関係を見て参りましょう。先ずは各文型の概観から。

【各文型の整理】

　英語の文章を読んでいくに当たって、以下5つの型があることをまずは意識してください。

・第1文型（SV）

The war ended.
　S　　V

「戦争は終わった」

・第2文型（SVC）

War is terrible.
　S　V　　C

「戦争は怖い」

・第3文型（SVO）

War frightens people.
　S　　V　　　O

「戦争は人を怯えさせる」

・第4文型（SVOO）

The war left people hatred.
　S　　V　　O　　　O

「その戦争は人々に遺恨を残した」

・第5文型（SVOC）

The war made many people unhappy.
　S　　V　　　O　　　　C

「その戦争は多くの人を不幸にした」

【文の要素】

　文を作る上で不可欠のものを文の要素と言います。主語、述語（動詞とも言う）、目的語、補語のことです。この４つ以外は修飾語（句）と言って、無くても文が成立するものです。以下の通りです。

Point!

〈文の要素４つ〉

〈1〉	主語［S］	＝文の主人公で「は」や「が」と訳す。
〈2〉	述語／動詞［V］	＝動作や状態を表すもの。
〈3〉	目的語［O］	＝Ｖの影響を受ける対象物。「を」や「に」と訳す。
〈4〉	補語［C］	＝ＳやＯの身分や様子を示すもの。

＊これ以外は全て修飾語（句）（無くても文が成立するもの）となる。

《Coffee Break》

　例えば、我々人間は生存するためには心臓や脳、はたまた肺や胃が無くてはなりませんよね？　それと同じで、主語であれば脳みたいなもので、動詞であれば胃や心臓みたいなものなのです。また位置にしてみても、脳の位置は決まっていて必ず頭蓋骨に収まっている如く、主語も基本的には位置が決まっていて文頭に置くのです。心臓の位置が基本的には左にあるが如く（まれに右にある人もおられるようですが、それは例外というものです）、動詞の位置も基本的には主語の次に来ます。

　それとは異なり修飾語句はあくまで飾りですから、例えばピアスやネックレスと同じようなもので、あっても無くても人間は生きて行けるはずです（まれにピアスが無いと生きてゆけないと語る人がいますが、これまた例外というものですし、またその生きてゆけないというのは、物理的な意味ではなく、比喩表現であったりあるいは精神的なことであったりするわけですから、ここでは考慮に入れません。悪しからず）。

　そして、ピアスの位置ですが、耳であったり、顎であったり、おへそであったり、はたまた瞼の脇や舌であったりするわけで、結構自由ですね。ということで英語の修飾語句も結構自由にあちらこちらに位置を変えるのです。

　さて、文の要素の次は、**各品詞の働き**を認識しておく必要があります。品詞とは各単語に与えられた役職名みたいなものです。例えばhappiness「幸福」という単語なら、名詞という役職名が与えられており、文中で名詞や目的語や補語として働くことを義務付けられているし、happy「幸福な」という単語なら、形容詞という役職名が与えられ文中で名詞を修飾したり補語になったりするという具合です。

品詞は全部で、〈1〉名詞・代名詞、〈2〉形容詞、〈3〉副詞、〈4〉動詞、〈5〉前置詞、〈6〉接続詞、〈7〉間投詞の計7つがあります。以下まとめました。中でも重要なのは**名詞、形容詞、副詞**の3つです。

【各品詞の働き／品詞と文型の関係】
《名詞・（指示）代名詞とは？》

> 人や事物を指す語のこと。
> 文中で主語［S］・目的語［O］・補語［C］になる。

{desk / sky / Mt. Fuji / Mr. Eto「江藤さん」/ Seitatou「誠太郎」/ war / Japanese / God / it / they / them / this/ these / など}

※これらをそれぞれ代名詞にすれば、desk あるいは Mt. Fuji なら it。Mr. Eto だけであれば he や him になり、Mr. Eto と Ms. Yatsu 両方なら they や them になる。

(e.g.)
a) **My wife** has many good **friends**.
　　S　　　　　　　　　　　O
「妻には素敵な友達がいっぱいいる」

b) **That** is a mischievous **boy**.
　　S　　　　　　　　　　C
「あれはいたずらっ子だ」

《形容詞とは？》

> 物や人や事柄の性質を表す語のこと。
> 名詞を修飾したり補語［C］になったりする。

{kind / timely「いい時期の」/ friendly「人なつっこい」/ new / smart「頭がいい」/ slim「やせている」/ surprised など}

(e.g.)
a) A **little** knowledge is a **dangerous** thing.
「少しばかりの知識は危険なもの⇒生兵法はけがの元《諺》」

---

b) **Young** people should develop the ability to adapt to **challenging** situations.

「若い人たちは困難な状況に適応する能力を身に付けるべきだ」

c) Some people are apt to feel **satisfied** when they are told that they look

　　　　　　　　　　　　　　　　C

clever, but I don't think they are **wise**.

　C　　　　　　　　　　　　　　　C

「利口そうだと言われて満足しがちな人がいるが、僕はそんな人は賢いとは思わない」

《副詞とは？》

> 動詞・形容詞・他の副詞を修飾する語のこと。
> あくまで修飾するだけなので、無くても文は成立することに注意のこと。

{kindly / always / never / often / seldom / then / a lot「大いに」/ up / next year / there など}

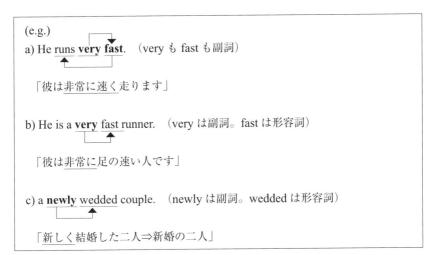

(e.g.)
a) He runs **very fast**. （very も fast も副詞）

「彼は非常に速く走ります」

b) He is a **very** fast runner. （very は副詞。fast は形容詞）

「彼は非常に足の速い人です」

c) a **newly** wedded couple. （newly は副詞。wedded は形容詞）

「新しく結婚した二人⇒新婚の二人」

《動詞とは？》

> 動作や状態を述べる語のこと。

{go / laugh / do / be / look / seem / know / understand など}

> (e.g.)
> a) My son **goes** to church every Sunday.
> 「うちの息子は毎週日曜日教会に行っている」
>
> b) They **laughed** at me in my girlfriend's presence.
> 「彼らは僕の彼女の前で僕のことを笑った」
>
> c) She **seems** to know everything about me.
> 「彼女は私のことについては何でも知っているようだ」

《前置詞とは？》

> …（名詞・代名詞・動名詞）の前に置かれて様々な関係を表す語のこと。
> in や on や with といった前置詞が作る語句を前置詞句と言う。
> 前置詞句は形容詞的に働いたり副詞的に働いたりする。

{in / at / on / to / of / about / between / by / with / under / from /for など}

> (e.g.)
> a) The book <on that desk> is mine.
>
> 「あの机の上に置いてある本は私のです」
> （前置詞句の on that desk は The book を修飾するので形容詞句と言える）
>
> b) Your book is **on that desk** .
>   C
> 「あなたの本はあの机の上にあります」
> （前置詞句の on that desk は補語になるので形容詞句と言える）
>
> c) I put your book **on that desk**.
>
> 「あなたの本ならあの机の上に置いたよ」
> （前置詞の on that desk は put を修飾するので副詞句と言える）

《接続詞とは？》

> 語（１つの単語のこと）・句（２つ以上の単語の固まりで、
> SV を含まないもののこと）・節（SV を含んだ固まりのこと）
> を結びつける語のこと。
> 対等の関係で結び付けるものは等位接続詞、主従関係があるもので、
> 主節に従属する節を作るものは従位接続詞という。

{and / but / if / as / unless / lest S'+V'「S'+V' しないように」など}

(e.g.)

a) Time **and** tide wait for no man.
　「時や風潮は人を待たない⇒歳月人を待たず《諺》」

b) **Though** he doesn't know much about the world, he pretends to know everything.
　「彼は世の中のことを大して知っていないくせに、知ったかぶりをする」

《間投詞とは？》

> 驚き・喜び・悲しみその他の感情を表す語のこと。
> 他の語句とは関係を持たない。

{hello / oh / hi / wow / well / hurray「フレー、万歳」why「あら」など}

(e.g.)

a) **Oh**, how happy I am!
　「ああ、僕はなんて幸せなんだ！」

b) **Why**! It's already ten.
　「あらもう 10 時だわ」

　以上各品詞を概観しましたが、特に重要なのは、名詞、形容詞、副詞です。この３大品詞の概念をとらえるのがなにせ先決なので、まずはこの３つに習熟してもらうことにします。では名詞から詳述します。

【名詞の働き】

　名詞の働きは、文中で主語［S］や目的語［O］（前置詞の目的語も含む）や補語［C］になることです。以下具体的に見て行きます。

a) <u>Beauty</u> is wonderful.
    S

  「美は素晴らしい」

b) I love **beauty** .
          O

  「私は美を愛す」

c) My chief concern is **beauty** .
                        C

  「私の主な関心は美です」

　上記下線部は、beautiful という形容詞や beautifully という副詞になってはいけないのです。やはり <u>beauty という名詞でなくては文にはならないのです</u>。ですから、以下の英文は間違いということになります。

---

d) **Here** is famous.（×）
  「ここは有名です」

e) I have seen **there**.（×）
  「私はそこを見たことがある」

f) He remains **angrily**.（×）
  「彼はまだ怒っている」

　これらはそれぞれ、d）→ This place is famous.　e）→ I have seen the scene.　f)→ He remains angry. に直します。<u>副詞の Here, there, angrily は主語・目的語・補語にはなれない</u>からです。ですから<u>文を作る時はいくら意味的に正しいように見えても、品詞の性質上許されない</u>ということを肝に銘じておいて下さい。

【形容詞の働き】
　次に形容詞。<u>名詞を修飾したり、補語になったり</u>します。以下参照。

---

a) I saw a **beautiful** lady in my neighborhood.
  「近所できれいな女性を見かけたんだ」

b) Your wife looks **beautiful** in black, doesn't she?

「君の奥さん、黒を着るときにきれいに見えるね」

（下線部双方共、他の品詞（副詞〈beautifully〉や名詞〈beauty〉は使えない）

【副詞の働き】

次は副詞。あくまで修飾するだけなので、削除しても文は成立します。

a) She was singing songs (**merrily**).
   S   V   O

「彼女は陽気に歌を歌っていた」

b) He looked at me (**angrily**).
   S   V   O

「彼は怒った様子で私を見た」

（動詞と前置詞が連続する時は 2 つで 1 つの V ととらえる）

cf. He looked angry at me.

「彼は私のことで怒っているように見えた」

（angry が補語になっている。at me「私のことで」= about me）

c) (**Every morning**) they go (**there**).
                    S V

「毎朝、彼らはそこへ通っている」

　これらの（　）内の語（句）はいずれも副詞で、文の要素［主語、述語、目的語、補語］にはなっていないので、削除しても文は成立します。

　以上、英語の構造を読み解く上で基本中の基本となる非常に大切な 3 大品詞を確認しました。では、修得演習で練習しましょう。

《3大品詞のまとめ》

〈1〉　名詞　＝ S/O/C
〈2〉　形容詞 ⇒ 名詞／＝ C
〈3〉　副詞　⇒ 名詞以外（動詞／形容詞／副詞／SV など）

※名詞は文の要素である名詞／目的語／補語になるということ。
※形容詞は名詞を修飾したり、補語になったりするということ。
※副詞は名詞以外、つまり動詞や形容詞などを修飾するということ。

■ 修得演習 ■

（解答と解説は P.207）

【1】 以下の各英文の要素 ［S,V,O,C］ を示して和訳せよ。〈基本〉

(1) I found an easy book.

(2) I found the book easy.

(3) I found the book easily.

(4) I will find you an instructive book.

(5) The red car in that parking lot looks cool.

(6) You should keep your room in order.

(7) Of all the members in the laboratory the scholar studies hardest.

(8) Many students in his class considered his remarks of importance.

(9) They usually book a place for us.

(10) She sometimes places some books on my desk.

〈Words & Phrases〉

(4) instructive「ためになる」 (5) parking lot「駐車場」、cool「かっこいい」
(6) in order「整理されて」 (8) consider O＋C「O を C とみなす」、remark
「発言」

【2】 以下の英文を日本語にせよ。〈盲点〉

〈1〉 To be happy, a man must feel, firstly, free and, secondly, important. 〈2〉 He cannot be really happy if he is compelled by society to do what he does not enjoy doing, or if what he enjoys doing is ignored by society as of no value or importance.

〈Words & Phrases〉

〈2〉 compel「強制する」、ignore「無視する」、value「価値」

第2講 準動詞1（不定詞）

（準動詞とは？　不定詞の各用法）

■ 総括的説明 ■

> 主語になる品詞は名詞でしたね！

　英文を作るとき、文の主人公であるS「主語」や動作・状態を表すV「動詞」が不可欠なのは分かりますね。つまり、以下のようなことです。

〈1〉 My son's smile makes me happy.
　　　　　S　　　　　V

「息子の笑顔が僕を幸せにする」
⇒「息子の笑顔を見ると僕は幸せになる」

　主語の無い makes me happy「僕を嬉しくさせる」とか、動詞の無い My son's smile me happy「息子の笑顔僕を幸せに」では文になりませんね。やはり英文を作るときにはSやVが必要なわけです。ここはいいですね？　では、この文を応用して、「僕は息子と一緒にいると幸せになる」という文を作ってみましょう。まずは「僕は息子と一緒にいる」という文を英訳すると、I am with my son. となります。これを上の〈1〉の英文の My son's smile の所に代入してみると、I am with my son makes me happy.（×）という形になりますが、主語＋動詞という形でS［主部］を作ることはできないので、I am with my son という部分を主語としてふさわしい形（＝名詞）にする必要が出てきます。つまり、

> I am with my son の部分をこのように名詞（to 不定詞名詞用法）にすることで主語として働く。

〈2〉 To be with my son makes me happy.
　　　　　S

「息子と一緒にいることが僕を幸せにさせる」
⇒「僕は息子と一緒にいると幸せになる」

となるわけです。あるいは動名詞を使って Being with my son makes me happy. と

なります。本来動詞であった am を to be や being といった名詞に変えることで、初めて主語として機能するというわけです。

　このように文を作るときには主語や動詞が必要ですが、主語には主語にふさわしい形というものがあり、それが名詞（句）というわけです。

　以下のような具合です（下線部が名詞）。

(e.g.)
a) The sun rises in the east.
　「太陽は東から昇る」

b) *Of all the persons Jesus had the greatest influence on human beings.
　「あらゆる人間の中で、イエスが最も人類に影響を与えた」

c) There is a big tree in the park.
　「公園には大木がある」

d) *With the development of technology, wars will have become more deadly.
　「技術の発達と共に、戦争はますますひどいものとなるだろう」

---

*b) の Of all the persons や d) の With the development of technology という前置詞句は主語にはなれないことに注意。

　このように主語は全て名詞でなければいけないので、「犬を散歩に連れて行く」とか、「彼と気持ちを分かち合う」とか、「息子を寝かしつける」といった状態や動作を主語にしたいときは、下の英文のように不定詞（名詞用法）を使ったり動名詞を使ったりして、動詞を名詞に変えるわけです。

(e.g.)
e) Walking my dog is my daily routine.
　「犬を散歩に連れて行くことが僕の日課です」

f) Sharing various emotions with him makes me composed.
　「彼と様々な気持ちを分かち合うことが私を落ち着かせる」

---

g) To put my son to sleep is a hard job.
　「息子を寝かしつけるのはひと仕事だよ」

　つまり、動詞を名詞や形容詞、副詞といった別の品詞に変えるときに登場するのが、不定詞、分詞、動名詞という準動詞なのです。そう、**準動詞**とは、動詞を文中で機能させるために動詞の要素は残しつつも別な品詞（名詞、形容詞、副詞）になったものと言えます。つまり、

$$
準動詞　=　
\begin{cases}
不定詞（名詞用法、形容詞用法、副詞用法）\\
分　詞（形容詞用法、副詞用法）\\
動名詞（名詞用法）
\end{cases}
$$

という関係になっているのです。
　まずはその準動詞の一つ、不定詞をモノにしましょう。

【不定詞の用法】

　不定詞は、形としては **to 不定詞**（to～）と**原形不定詞**（～）（または原形動詞とも言う）の 2 種類あります。go を例に取れば、to go が to 不定詞で、go が原形不定詞ということになります。

　to 不定詞は、名詞用法として文中で主語や目的語や補語を作ったり、形容詞用法として名詞を修飾したり、副詞用法として動詞や形容詞、または他の副詞を修飾する働きを持ちます。

　原形不定詞の方は、知覚動詞（see, watch, hear, feel）と使役動詞（make, have, let）のときと help を使うときに登場します。

　例えば to 不定詞は、I would like to talk with that girl.「その女の子と話をしてみたいな」のように、would like の目的語になったり、My dream is to talk about various things in English.「私の夢は英語でさまざまな事を話すことだ」のように be 動詞の補語になったりします。一方原形不定詞は They made him talk about her.「彼らは彼に彼女の話をさせた」とか、I saw her talk to him in familiar terms.「僕は彼女が気軽に彼に話しかけるのを見た」のように使役動詞や知覚動詞と一緒に使います。

Point!

〈to 不定詞〔to do〕の働き〉

〈1〉名詞用法	= 文中で主語[S]、目的語[O]、補語[C] になる。
〈2〉形容詞用法	= 名詞を修飾
〈3〉副詞用法	= 動詞や形容詞や他の副詞を修飾

＊原形不定詞〔～〕は、8 つの動詞、すなわち使役動詞 (make, have, let) や知覚動詞 (see, watch, hear, feel) と help のときに使用。

【不定詞名詞用法（S になる to～）】

まずは to 不定詞の名詞用法を修得しましょう。以下の文をご覧ください。

> 〈1〉To do that is good.
> 　　　　　S
> 「それをすることはいいことだ」

To のない Do that. だと「それをしなさい」という命令文になり、is good につながらないので、to を付けて To do that「それをすること」という主部を作ります。またこの to～の部分を後ろに回して、形式主語（あるいは仮主語）の It で書き出して、*It is good to do that. という英文を作ったりもします。また、誰がそれを行うのかを明示したいとき、例えば「彼がそれをするのはいいことだ」のように言いたいときは、for him を to do の直前に置き、It is good for him to do that. と表します。このときの him を to 不定詞の意味上の主語と言います。この時、for him の訳出に注意のこと。

＊聞き手や読み手に情報を効果的に与える時は、新情報（＝新しい話題）は後ろに回す傾向が強い。従って To do that is good. と It is good to do that. は使う場面が異なることになる。前者は To do that の部分が旧情報（＝前に触れた話題）の時に用い、後者は to do that が新情報の時に用いる。詳しくは☞ p.139。

〈2〉 It is possible **for him** to have an affair with another girl.
「浮気をするのは**彼にとって**はあり得ることだ／**彼が**浮気をするのはあり得る」

〈3〉 It is natural **for babies** to cry when they are hungry.
「お腹がすいて**赤ちゃんが**泣くのは自然なことだ」

　〈2〉の方は「彼にとって」とも、「彼が」とも訳せますが、〈3〉の方は「赤ちゃんにとって」と訳してしまったら少々不自然ですね。このように for…はあくまでも to~の意味上の主語なので、場合によっては「…が」とか「…は」と訳せるようにしてください。

(e.g.)
It is impossible **for that bridge** to collapse.
「**あの橋が**崩壊するなんてありえない」

　さらに、ここでもう1つ重要なことがあります。それは、

It is ○ of…to~

のように、to~ の意味上の主語が of…になることがあるということです。では、どういう場合に of…になるか？　それは、

・It is の次にくる形容詞が行為・事柄の性質を表す場合は、for… になり、
・It is の次にくる形容詞が、人の性質を表す場合は、of… になる。

ということです。次のような要領です。

〈4〉 It is **natural for him** to help her with her work.

〈5〉 It is **kind of him** to help her with her work.

　〈5〉は It is a kind **part** of him to help her with her work.「彼女の仕事を手伝ってあげるのは彼の優しい部分だね」が元の形で、この a と part が抜けただけなのです。訳し方も少々異なり、〈4〉が「彼が彼女の仕事を手伝うことは当然だ」となり、〈5〉は「彼女の仕事を手伝うなんて彼は優しいね」となります。

また、☆ It is *good［kind/ nice］of you to〜というように to〜の意味上の主語が you になっていた場合は、「〜してくれてありがとう／ありがたい」と訳した方が自然になります。だって、相手（特に目上の人）に向かって「〜するなんてあなたはいい人だね」なんて言ったりすると、「お前何様だ!?」ってことになりかねませんからね。

> *good のように行為・事柄の性質を表すこともあれば、人の性質を表すこともある形容詞の場合、It is good for him to do that. であれば「彼がそうすることはいいことだ」となるし、It is good of him to do that. であれば「そうするなんて彼はいい人だ」となる。

【不定詞　名詞用法（O になる to〜）】

以下のようなパターンです。

〈1〉She wants to speak English fluently.
「彼女はぺらぺらと英語を話したがっている」

〈2〉I've decided to live a heroic life.
「俺はかっこいい生き方をすると心に決めた」

上記の動詞 want（欲求）や decided（決意）のように、不定詞は未来志向の動詞の目的語になります。

また、この to〜に疑問詞が付けば、以下のような具合になります。

(e.g.)
a) I've decided **what** to do in the future.
「将来何するか決めた」

b) He asked me **how** to reach the summit.
「どのようにして登頂したかを彼は聞いてきた」

c) He debated with himself **whether or not** to hand in his resignation.
「彼は辞表を出すべきかどうか思案した」

【形式目的語の it】

　また、S＋V＋O＋C の構文のときなどは、目的語のところに to～ や that 節は置けないので目的語に当たる部分を後ろに回し、代わりに形式目的語として it を添えた形式目的語の構文もあります。〈2〉がそうです。

《形式目的語を使わない構文》

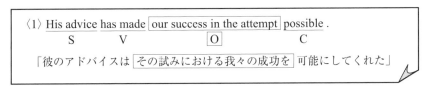

《形式目的語を使った構文》

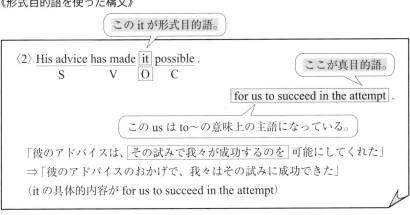

【不定詞　名詞用法（C になる to～）】

　以下の各英文の下線部や波線に注意して和訳してください。

> 〈1〉My wish is <u>to pass</u> the examination.
>
> 〈2〉My wish is <u>for my daughter to pass</u> the examination.
>
> 〈3〉My wish is <u>to pass</u> the examination <u>for my daughter</u>.

　それぞれの訳は〈1〉「私の願いはその試験に<u>合格すること</u>だ」、〈2〉「私の願いは<u>娘が</u>その試験に<u>合格すること</u>だ」、〈3〉「私の願いは<u>娘のために</u>その試験に<u>合格すること</u>だ」となります。いずれも補語［C］になっている不定詞ですが、〈2〉に

は意味上の主語の my daughter が挿入されていることに注意してください。そう、〈1〉は試験に合格しようとしているのは「話し手の自分」ですが、〈2〉は合格するのは「娘」です。to〜の意味上の主語を設定する時は必ず to〜の直前に置きます。〈3〉の for my daughter は「娘のために」という意味で to pass に係っているだけです。〈1〉同様合格する主体は「自分」です。

　では、修得演習に入ってください。

《不定詞　名詞用法のまとめ》

文中で、主語 [S]、目的語 [O]、補語 [C] として働く用法。

【S になる to〜】

a) To be here is good.
　「ここにいるのがよい」

b) It is good for him to be with me.
　「彼はここにいるのがよい」

c) It is good of him to be with me.
　「ここにいてくれるなんて彼は親切だ」

d) It is good of you to be with me.
　「ここにいてくれてありがとう」

【O になる to〜】

a) She refused to marry me.
　「彼女は僕と結婚することを拒んだ」

b) She didn't know what to do with him.
　「彼女は彼をどう扱ったらよいかわからなかった」

c) I think it better for you to concentrate on your work instead of criticizing others.
　「人の非難なんかしてないで、君は自分の仕事に集中した方がいいと思うよ」

【C になる to〜】

a) All I can do is to give you some advice.
　「せいぜい僕にできることと言ったら君に何らかのアドバイスを与えることぐらいだよ」

b) The best way is for her to love me.
　「最高なのは彼女が僕を愛してくれることさ」

●不定詞 名詞用法：to〜

■ 修得演習 ■

（解答と解説は P.213）

【1】次の英文を日本語に訳しなさい。

(1) To become an actress has been my dream since a child.　　　　〈基本〉

(2) To err is human, to forgive divine.

(3) It is one thing to know and another to teach.　　　　〈盲点〉

(4) For them to close a mutual contract would be of great significance.

(5) It is impossible for that shrewd man to make such a careless mistake.

(6) It was foolish of me to take the wrong train.

(7) It was very good of you to carry the suitcase for me.

(8) How kind of you it is to come all the way to see me!　　　　〈盲点〉

(9) Brian agreed to pay half of the cost.

(10) All you have to do is to want her to recover from illness.

(11) All we can do is hope for her success.

(12) My wish is for the handicapped to be cared for by those around them.

(13) Young children are naturally self-centered in their view on the world and often find it difficult to see things from other people's point of view.　　〈盲点〉

(14) The wealth of Japan is due in large part to education. Education has made it possible for the average person to contribute to the national wealth.

(15) The most important difference between the United States and other more formal societies is that it is easy for people in America to move from one class to another by their own efforts, rather than by birth.

(16) Her remarks gave him a stinging sense of what it was to want and not to have — to wish to win and yet to feel that he was destined not even to win a glance from her.　　〈発展〉

〈Words & Phrases〉

(1) actress「女優」(2) err「誤る」forgive「許す」、divine「神（の業）の」(4) close a mutual contract「相互契約を結ぶ」(5) shrewd「抜け目の無い」(13) self-centered「自己中心の」、their view on the world「世界観」、point of view「視点」(14) wealth「富」、A is due to B「AはBによる」、in large part「大いに」、contribute to…「…に貢献する」(16) stinging「突き刺すような」、be destined to〜「〜の運命にある」

第 2 講　準動詞 1（不定詞）　**19**

【不定詞　形容詞用法】

　不定詞の形容詞用法とは文字通り形容詞的に働く to〜 のことで、名詞を修飾するものです。常に後ろから前の名詞に係ります。

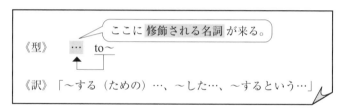

《型》　… 　to〜
ここに 修飾される名詞 が来る。

《訳》「〜する（ための）…、〜した…、〜するという…」

　この用法で注意したいことは、…と to〜 との関係です。つまり、…が to〜 との関係で〈1〉**主語、述語関係**［**S＋V 関係**］なのか、〈2〉**目的語、述語関係**［**O＋V 関係**］なのか、それとも to〜 が…の内容を説明する〈3〉**同格関係**なのかということです。例えば、

〈1〉I have | some people | to take care of me.
「私には世話をしてくれる人が何人かいます」

なら、some people が to take care of me の主語になっているわけで、いわば、| Some people | take care of me.「何人かの人が 私を世話してくれている」という関係になっています。これに対して、

〈2〉I have | some people | to take care of.
「私には世話をする（＝すべき）人が何人かいます」

の方は、some people は to take care of の目的語になっています。つまり I take care of | some people |.「私は 何人かの人 を世話しています」という関係になっているというわけです。また、これらに対して、同格関係もあり、

〈3〉| The attempt | to describe the system of the human brain has been made.
「人間の脳の仕組みを記述しようという試みがこれまでなされてきた」

のように | The attempt | の内容を to describe the system of the human brain の部分が説明しているというパターンもあります。また、この英文は S と to〜 を離して、

| The attempt | has been made to describe the system of the human brain.

と記述する場合もありますから要注意です！☞ p.139

他の同格用法は I had no chance to get away.「僕には逃げる機会が無かった」とか、The woman had the kindness to show me the way to the bus stop.「その女性はバス停までの道を親切に教えてくれました（「その女性は私にバス停までの道を教えてくれるという親切心を持っていた」が直訳）」とかいったものがあり、それぞれ chance の内容を to get away が、the kindness の内容を to show me the way to the bus stop が示す同格関係になっています。

Point!

〈…と to〜の関係〉

・book、paper、chair、friend、money、*problems、place といった具体名詞（＝見える物や体感できるもの）のときは

⇒ to〜 と主語的な関係か、目的語的な関係。

(*problems と place を具体名詞と呼ぶのは語弊があるが、ここでは都合上そう呼ぶことにする)

・chance、need「必要性」、kindness、way「方法」、decision「決意」、ability「能力」、promise「約束」、courage「勇気」、time といった抽象名詞（＝目に見えないもの、体感しにくいもの）のときは

⇒ to〜 がその内容や性質を説明する同格関係。

【 … to〜 ＋ 前置詞】

　また、to〜 の中に前置詞（at, in, on, for, with, without, about, of, by）が登場した時にもご注意を。以下の各英文を正確に訳してみてください。

> 〈1〉 I have some friends to talk with.
> 〈2〉 I have some friends to talk about.
> 〈3〉 Do you have anything to write on?
> 〈4〉 Do you have anything to write with?
> 〈5〉 Do you have anything to write about?

　それぞれ、〈1〉「私には一緒に話をする友人が何人かいます」、〈2〉「私には話題になる友人が何人かいます」、〈3〉「何か上に書けるものある？（紙やメモ帳など）」、〈4〉「何か書くものある？（ペンや鉛筆など）」、〈5〉「何か書くことある？（事柄、出来事など）」となります。それぞれ基底構造は以下のようになります。

〈1〉← I talk with some friends .
「私は何人かの友人と一緒に話をする」

〈2〉← I talk about some friends .
「私は何人かの友人のことを話す」

〈3〉← You write on something .
「あなたはある物の上に（ものを）書く」

〈4〉← You write with something .
「あなたはある物で／ある物を使って（ものを）書く」
（材料の with…「…で／…を使って」）

〈5〉← You write about something .
「あなたはある事について書く」

では、**修演**（終焉ではありませんよ。**修得演習**の略語です）に入りましょう！

《不定詞　形容詞用法のまとめ》
後ろから名詞を修飾する to～。

【具体名詞 to～】
● S ＋ V 関係
The old man needs somebody to console him.
「そのおじいちゃんにはなぐさめてくれる人が必要だ」
　　← Somebody consoles him.
　　　　　S　　　　V

● V ＋ O 関係
I want something interesting to read.
「楽しく読めるものが欲しい」
　　← I read something interesting .
　　　　V　　　　　O

cf. I want something interesting for young children to be able to read.
「幼い子供たちが読めそうな面白いものが欲しい」
（形容詞用法においても to～ の意味上の主語は for… で表す）

22

【抽象名詞 to〜】

● 同格関係

They had no liberty to publish their opinions.
「彼らには意見を公表する（という）自由が無かった」

【名詞 to〜 前置詞】

a) I have some friends to talk to.
「私には話しかける友人が何人かいる」

b) I have some friends to talk about.
「私には話題になる友人が何人かいる」

●不定詞 形容詞用法

■ 修得演習 ■

（解答と解説は P.218）

【1】次の英文を日本語に訳しなさい。

(1) He has nothing to talk about with her

(2) I have a lot of things to study with.　　　　　　　　　　　〈盲点〉

(3) Do you have anything new to tell to me?

(4) Such a boy will have many friends to talk with.

(5) The question to be debated tomorrow is whether income taxes should be decreased.

(6) The man, who appeared to be busy, had no time to listen to me.

(7) There is no need to tell the police about the incident

(8) John F. Kennedy was the first Catholic to be elected President of the United States.

(9) He is the last boy to tell a lie.

(10) He was the last person to get out of the room.

(11) I want something for young children to read.

(12) There are a great number of problems for people in general to deal with.

(13) Perkin became a wealthy man. But he also paved the way for generations of industrial chemists who used the organic chemistry he pioneered to create everything from plastics and perfume to explosives.　　　　〈発展〉

〈Words & Phrases〉

(5) debate「議論する」(7) incident「出来事」(8) Catholic「カトリック教徒」(12) in general「一般的な」、deal with…「…を扱う」(13) Perkin「パーキン（最初の合成染料を発見した英国の有機化学者）」、pave「切り開く」、generations of…「各世代の…」、industrial chemists「産業化学者」、organic chemistry「有機化学」、pioneer「開拓する」、perfume「香水」、explosive「爆薬」

【2】下線部 (1) は何を指しているか日本語で述べ、(2) を日本語に訳せ。

〈1〉 There is no doubt that a common language used through the world would do much to bring countries closer to each other. 〈2〉 Though (1) **it** is becoming increasingly easy to move from place to place, (2) our inability to communicate with one another gives rise to numerous misunderstandings and makes real contact between people of differing nationalities impossible.

⟨Words & Phrases⟩

⟨1⟩ There is no doubt that S'+V'「間違いなく S'+V' である」(no doubt だけで副詞的に働くこともある) ⟨2⟩ increasingly「ますます」= more and more、inability「できないこと、無能」、give rise to…「…をもたらす」= lead to… = cause… = bring about… = result in…、numerous「多くの」= a number of…、differing「さまざまな」= various、nationalities「国籍」

【3】下線部 (1) の内容を日本語で記せ。さらに (2) を訳せ。

⟨1⟩ When we talk about intelligence, we do not mean the ability to get a good score on a certain kind of test, or even the ability to do well in school. ⟨2⟩ (1) **These** are at best only indicators of something larger, deeper and far more important. ⟨3⟩ By intelligence we mean a style of life, a way of behaving in various situations, and particularly in new, strange, and perplexing situations. ⟨4⟩ (2) <u>The true test of intelligence is not how much we know how to do, but how we behave when we don't know what to do.</u>

⟨Words & Phrases⟩

⟨1⟩ intelligence「知性」、do well in school「学校で立派にふるまう」、⟨2⟩ at best「せいぜい (よく言って)」、indicators「指針、示すもの」、⟨3⟩ a style of life「生活様式」、perplexing situations「戸惑うような状況」、⟨4⟩ test「試金石、(価値の程度を) 測る基準」

【不定詞　副詞用法】

まずは一般的な副詞の働きを見てみましょう。

《A グループ》

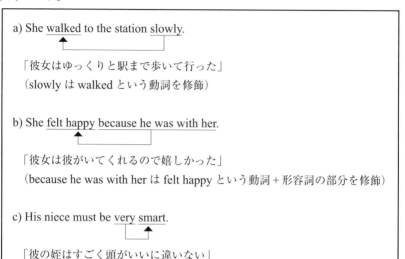

a) She <u>walked</u> to the station <u>slowly</u>.

「彼女はゆっくりと駅まで歩いて行った」
（slowly は walked という動詞を修飾）

b) She <u>felt happy</u> <u>because he was with her</u>.

「彼女は彼がいてくれるので嬉しかった」
（because he was with her は felt happy という動詞＋形容詞の部分を修飾）

c) His niece must be <u>very</u> <u>smart</u>.

「彼の姪はすごく頭がいいに違いない」
（very は smart という形容詞を修飾）

　下線部は全て副詞的な働きをしています。これと同じことが次の《B グループ》の各英文にもいえるのです。

《B グループ》

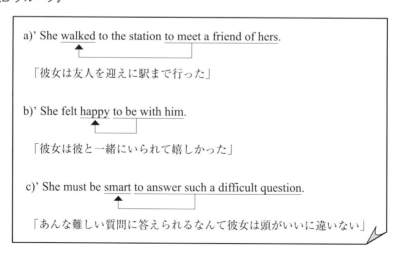

a)' She <u>walked</u> to the station <u>to meet a friend of hers</u>.

「彼女は友人を迎えに駅まで行った」

b)' She felt <u>happy</u> <u>to be with him</u>.

「彼女は彼と一緒にいられて嬉しかった」

c)' She must be <u>smart</u> <u>to answer such a difficult question</u>.

「あんな難しい質問に答えられるなんて彼女は頭がいいに違いない」

a)' の to meet a friend of hers は動詞である walked を、b)' の to be with you は happy という形容詞を、c)' の to answer such a difficult question は smart という形容詞を修飾しているという点で、機能自体は《A グループ》も《B グループ》も全く変わりがなく全て副詞的になっているというわけです。つまり、

> 名詞以外（動詞、形容詞、他の副詞、SV）を修飾する to~を
> 不定詞副詞用法と呼んでいる。

というわけです。意味は全部で 8 通りあります。

Point!

〈不定詞副詞用法の表す意味は8つ〉

〈1〉《目的》「～するために」

〈2〉《感情の原因》「～して」

〈3〉《判断の根拠》「～するなんて」

〈4〉《形容詞の限定》「～するには、～するのに」

〈5〉《程度》「～するぐらい、～するほど」
　　（enough to~や so- as to~という形で登場）

〈6〉《条件》「～すれば」

〈7〉《結果》以下5パターンあり。
　　1. awake to find―「目を覚ますと ― 」
　　2. grow up to~「成長して~する」
　　3. live to~「~するまで生きる」
　　4. ― only to~「―したが~だった」
　　5. ―never to~「―して2度と~しなかった」

〈8〉《慣用句》

それでは、これらを一つ一つ解説していきますね。

　まずは〈1〉の《目的》「～するために」の用法ですが、これは、何かを行うときの意図や目標事項を述べる表現方法のことです。例えば、She did her best to get over the difficulties. であれば、「彼女は困難を乗り越えるために最善を尽くした」となり、下線部は「意図」や「目標事項」を示すことになります。また、この文は、to get over the difficulties「困難を乗り越えるために」の行為主は主語の She ですが、She did her best for her son to get over the difficulties. となれば、her son「息子」が行為主（to~の意味上の主語）となるので、「彼女は息子が困難を乗り越えるために最善を尽くした」となることに注意してください。

次に〈2〉の《感情の原因》「〜して」ですが、「驚いた」とか「嬉しい」といった感情の原因を示す言い方で、I'm happy to be with you.「君と一緒にいられて嬉しいよ」といった感じです。

　〈3〉《判断の根拠》「〜するなんて」は、人や物事に関して何らかの判断をするときの、きっかけや根拠を示す言い方です。例えば、You must be foolish to talk big.「でかい口をきくなんてお前はバカだな」といった感じです。

　〈4〉《形容詞の限定》「〜するには、〜するのに」は、This book is hard to read.「この本は読むには大変⇒この本は読みにくい」のように hard「大変」という形容詞を限定する to〜です。単に、This book is hard. と言っても、何に関して hard なのか不明なので、それを明示した表現だと思ってください。「この本は持ち運ぶには大変」と言いたければ This book is hard to carry. となるし、「手に入れるには大変」と言いたければ This book is hard to get. とやればいいのです。ところで、「誰にとって大変」なのかを明示する場合は、やはり to〜の前に for…という形になり、This book is hard for her to read.「この本は彼女には読みにくい」となります。また、これに too を付け足して、This book is too hard for her to read. にすると「この本は彼女には読みにくすぎる。⇒この本は難しすぎて彼女には読めない」となります。また、この用法は型が決まっていて、主語が to〜の意味的な目的語になっているのが特徴です。つまり、

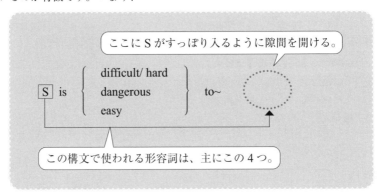

　このように、文の主語［S］が同時に to〜の目的語にもなっている型になります。要は to〜 の次に主語が戻られるよう隙間を空けておくのです。具体例を示しましょう。

　a) This baggage is hard to carry.
　　「この荷物は運びにくい」

b) That man is hard to please.
　「あの男性は機嫌をとりにくい」

c) That girl is easy to get along with.
　「あの子は付き合いやすい」

d) This river is dangerous to swim in in September.
　「この川は 9 月に泳ぐのは危険だ」

以上は全て先ほどの型通りなので正しい文ですが、以下は全て間違いです。

e) This baggage is hard to carry it.
f) That man is hard to please him.
g) That girl is easy to get along.
h) This river is dangerous to swim in September.

というのも、e) は it が邪魔して、This baggage がそこに戻れない状態になっているからです。f) も同様で、him が邪魔してますね。g) は get along that girl〔her〕とは言えません。get along with that girl〔her〕のように with が必要です。h) も swim this river とは言えず、in を付け足して、swim in this river のようにしなければいけません。つまり a) ～ d) が正しいのは、

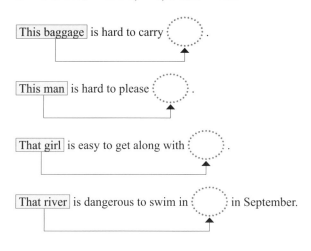

This baggage is hard to carry ⋯⋯ .

This man is hard to please ⋯⋯ .

That girl is easy to get along with ⋯⋯ .

That river is dangerous to swim in ⋯⋯ in September.

という型になっているからです。

さあ次は〈5〉です。《**程度**》「〜するぐらい、〜するほど」は「どれほどなもの なのか」を示す表現で、もっぱら、− enough to〜や so − as to〜という形で出て きます。「ビートルズは見ただけで女の子みんなを気絶させるほどかっこよかった」 と言いたいなら、The Beatles were exciting <u>enough to</u> make all the girls faint just by their presence. = The Beatles were <u>so</u> exciting <u>as to</u> make all the girls faint just by their presence. のようにします。またこれは so — that 構文でも同じように表現 でき、The Beatles were so exciting that they made all the girls faint just by their presence. と言ったりします。

　ところで、この so — that S'+V' 構文を「非常に — なので S'+V' だ」とだけ訳 す人がいますが、実はこれ、危険で、その訳では意味が通らない時がありますから 注意してください。試しに下の英文を訳してみてください。

〈1〉 He is so rich that he can buy the expensive car.
〈2〉 He was so foolish that he couldn't answer the question.
〈3〉 He is not so rich that he can buy the expensive car.
〈4〉 He was not so foolish that he couldn't answer the question.

　さて、どうでしたか、できましたか？
　〈1〉と〈2〉は何も問題はないでしょう。〈1〉は「彼は非常にお金持ちなのでそ の高級車を買うことができる」でもいいし、「彼はその高級車を買うことができる ほどお金持ちだ」でもいい。〈2〉も同様で、「彼はあまりにも愚かでその質問に答 えることができなかった」も「彼はその質問に答えられなかったほど愚かだった」 もオッケーです。でも、〈3〉と〈4〉は「非常に金持ちではないのでその高級車を 買える」とは訳せませんね。これはやはり、「彼はその高級車を買えるほど金持ち ではない」とすべきで、〈4〉も「彼はその質問に答えられないほど愚かではな かった」と訳さざるをえないでしょう。というのも、so − that S'+V' の so は本来、 that 以下を受ける語なので、「that 以下するほど − だ」が本来の訳だからです。だ からこそ、不定詞の程度・結果と同義になり、書き換え可能となるのです。
　ずいぶん程度・結果の副詞用法に長居しましたが、続けましょう。

　次は〈6〉《**条件**》「〜すれば」ですね。これは、<u>なんらかの条件や仮定をして、 状況を推測するときの表現</u>です。

(e.g.)
<u>To hear him speak English</u>, you will take him for an American.
「彼が英語を話すのを聞けば、君は彼をアメリカ人だと思うだろう」

〈7〉の《結果》ですが、これは to が元々持っている矢印（→）のイメージ通り訳していけばいいのです。考えてみれば、He went to the station to meet her.「彼は彼女を出迎えに駅まで行った」は went to the station → meet her の感じから、「彼は駅に行って彼女を出迎えた」と訳しても良いのです。なので、以下の表現が出てくるのです。

特にこの 5 つの表現は頻出なので丸暗記してください。

---

1. awake to find －「目を覚ますと －」
   I awoke to find a stranger lying with me.
   「目を覚ますと知らない人がそばで寝ていた」
2. grow up to～「成長して～する」
   My daughter grew up to be a doctor.
   「うちの娘は成長して医者になったよ」
3. live to～「～するまで生きる」
   My grandfather lived to be 100 years old.
   「祖父は百歳まで生きた」
4. － only to～「－したが～だった」
   She went to the library only to find it closed.
   「彼女は図書館に行ったが閉まっていた」
   ＝ She went to the library but found it closed.
5. － never to～「－して 2 度と～しなかった」
   The soldier left his country never to return.
   「兵士は祖国を出て 2 度と戻ってこなかった」
   ＝ The soldier left his country and never returned.

〈8〉以下の《慣用句》は全て暗記してください。院入試頻出のものばかりを集めました。

1. not to speak of…「…は言うまでもなく」
   ＝ to say nothing of… ＝ not to mention…
   She has experience, not to speak of great learning.
   「彼女には豊かな学識は言うまでもなく経験もある」

2. not to say －「－とは言わないまでも」
   He is frugal, not to say stingy.
   「彼はけちとは言わないまでも倹約家だ」

3. to tell the truth「実を言うと」

To tell the truth, I thought I only had a fifty percent chance of passing the entrance exam.

「実を言うと大学合格の可能性は半分しかないと思っていました」

4. to be frank with you「率直に言うと」

= frankly speaking = to be honest

To be frank with you, I don't like the way you talk.

「はっきり言わせてもらえば、あなたの話し方が気に食わないんだ」

5. to make matters worse「さらに悪いことには」

= to make the matter worse = what is worse

To make matters worse, a thunderstorm broke before she had run half the distance.

「さらに悪いことに、道のりの半分も走らないうちに彼女は雷雨に教われた」

6. to begin with「まず始めに、まず第一に」

To begin with, his opinion is not impartial.

「まず第一に彼の意見は公平でない」

7. to be sure「確かに」

To be sure, concentration is to some extent inherited, but for the most part it is due to learning and training.

「確かに集中力はある程度遺伝によるが、しかしほとんどの場合、学習と訓練によって得られる」

8. needless to say「言うまでもなく」

Needless to say, you'll have to listen to other people, in order to form your own opinion.

「言うまでもなく自分の意見をまとめるには他人の話を聞かなくてはならないだろう」

（1の to say nothing of が直後に名詞が来るのに対して、needless to say の場合は直後に S+V が後続する）

9. strange to say「妙な話だが」

Strange to say, they go naked all the year round.

「奇妙なことに彼らは一年中裸だ」

10. so to speak「いわば」

= as it were

He is, <u>so to speak</u>, a walking dictionary.

「彼はいわば歩く辞書だ／博覧強記だ」

11. to say the least of it「控えめに言っても」

= to put it mildly

The politicians are a bit self-centered <u>to say the least of it</u>.

「その政治家たちはごく控えめに言っても自己中心的だ」

12. to put it concisely [differently]「簡単な［別の］言い方をすれば」

= To put it simply, = To put it briefly,

<u>To put it concisely</u>, I don't agree.

「簡単に言えば、僕は反対だ」

13. to do … justice「…を公平に評価すれば」

<u>To do him justice</u>, he is a dreamer.

「彼を公平に評価すれば、夢想家だ」

《不定詞　副詞用法のまとめ》

動詞・形容詞・他の副詞を修飾する用法。意味は8つ。

〈1〉《目的》「～するために」

　He went to the station to meet his uncle.

　「彼はおじを迎えに駅に行きました」

〈2〉《感情の原因》「～して」

　I'm happy to be with you.

　「あなたと一緒にいれて嬉しいです」

〈3〉《判断の根拠》「～するなんて」

　He must be mad to say such a thing.

　「彼はそんなことを言うなんて気がおかしい」

〈4〉《用途・適用》「～するには、～するのに」

　The water of this well is not good to drink.

　「この井戸の水は飲むのに適していない」

　This rule is complex to remember.

　「この規則は覚えるのには複雑だ」

　Young ladies are difficult to manage.

「若い女性は扱うのが難しい」

　＊この用法は too － to～「～するには－すぎる、－すぎて～できない」という形で出てくることが多い。This rule is too complex to remember.「この規則は覚えているには複雑すぎる」

　　→この規則はあまりに複雑すぎて覚えられない

　cf. This rule is too complex for children [for them] to remember.

　　「この規則は子どもたちが［彼らが］覚えるには複雑すぎる」

　　→この規則はあまりに複雑すぎて子どもたちは［彼らは］覚えられない。

〈5〉《程度》「～するぐらい、～するほど」

　＊－ enough to～ ＝ so － as to ～「～するぐらい－」という形で出てくる。

　a) He is old enough to drink coffee.

　　「彼はコーヒーを飲めるぐらいの年齢になっている」

　　＝ He is so old as to drink coffee.

　b) He is not so foolish as to do that.

　　「彼はそれをしてしまうほどバカではない」

　　＝ He is not foolish enough to do that.

　　cf. He is not such a fool as to do that.

　　「彼はそれをしてしまうほどバカではない」

　　＊名詞（a fool）のときは such になる。foolish は形容詞。

　c) She is good enough to do that.

　　「彼女はそれをするぐらいいい子だ」

　　＝ She is so good as to do that.

　　cf. She is good enough for all of us to do that.

　　「彼女は僕らみんながそれをしてしまうぐらいいい子なんだ」

　　（意味上の主語を設定するときはこのように to～の直前に置く）

〈6〉《条件》「～すれば」

　To hear him speak English, you would take him for an American.

　「彼が話すのを聞けば、君は彼をアメリカ人だと思うでしょう」

　（him の次に原形動詞（～）がくるのは、hear（知覚動詞）だから）

〈7〉《結果》＊この用法は以下の５つのパターンで頻出。

　1. awake to find －「目を覚ますと－」

　2. grow up to～「成長して～する」

　3. live to～（～するまで生きる）

　4. － only to～（－したが～だった）

　5. － never to～（－して２度と～しなかった）

〈8〉《慣用句》＊全て暗記のこと。

●不定詞 副詞用法

■ 修得演習 ■

（解答と解説は P.223）

【1】以下の各英文を下線部に注意して和訳せよ。〈基本〉

(1) The furniture was taken out to be burnt.

(2) I am sorry to hear that.

(3) To sell a product, advertisers have to make it sound as attractive as possible.

(4) They were delighted to learn of the arrival of our baby.

(5) He is wise enough to see the difference.

(6) He has enough strength to lift that barbell.

(7) We talked so loudly as to be heard by everyone.

(8) We talked loudly so as to be heard by everyone.

(9) To be able to succeed in the attempt, you must listen to others.

(10) To become a leading actor he needs to learn a splendid performance.

(11) To see him walk down the street, you'd never know he is blind.

(12) Some of these boys grew up to be inventors or industrialists.

(13) That old man is hard to please.

(14) This river is dangerous for children to swim in.

(15) To do him justice, he is a man of his word.

(16) To tell the truth, she is expecting.

(17) To begin with, he is too young; secondly he is not so trustworthy as he is thought to be.

(18) Kenji travels a lot. He has been to Africa, not to speak of America.

〈Words & Phrases〉

(3) advertisers「広告主」、sound C「C に聞こえる」、attractive「魅力的な」cf. attract「引き寄せる」(6) strength「体力」cf. strong「強い」(10) leading「一流の」、splendid「見事な」(12) industrialists「実業家」

【2】下線部 (A) (B) を日本語に訳せ。〈盲点〉

〈1〉When people interact, space matters. 〈2〉(A)Spatial arrangements determine what people say, how they say it, and even whether it's necessary to say anything at all. 〈3〉The space between two people can determine the length of an interaction and its emotional tone. 〈4〉(B)Everyone uses distance to tell other people what he or she thinks about them and what he or she thinks about the current situation. ⟨5⟩ Not only is this true in all cultures, it's true for most species.

⟨Words & Phrases⟩

⟨1⟩ interact「ふれあう、交流する」、matter「事柄、重要である」⟨2⟩ spatial arrangement「空間の配置」cf. special「特別な」、determine「決定する、左右する」⟨3⟩ length「長さ」cf. long「長い」、emotional tone「感情の機微」⟨4⟩ current situation「現状」⟨5⟩ species「生物 (種)」

【3】以下の英文を日本語にせよ。⟨発展⟩

Won't the child that has been mercilessly pushed since his kindergarten years to compete with others in order to reach a certain goal finally end up in failure due to stress and hard pressure?

⟨Words & Phrases⟩

mercilessly「無慈悲にも、かわいそうなことに」、kindergarten「幼稚園」、compete with…「…と競う」、others = other children、a certain goal「特定の目標」、end up in failure「失敗に終わる」、due to…「…のせいで」

● 不定詞　総合チェック：名詞用法、形容詞用法、副詞用法

■ 修得演習 ■

（解答と解説は P.229）

【1】以下の英文を全訳せよ。〈基本〉

〈1〉It has become common for social theorists to describe the times in which we live as full of risks and anxieties. 〈2〉Science may have increased our ability to control various aspects of our lives, but it also threatens us with nuclear and environmental catastrophes, and regularly contradicts its earlier findings.

〈Words & Phrases〉

〈1〉social theorist「社会理論家」、describe「述べる」cf. description「描写」、risk「リスク、危険」、anxiety「不安」〈2〉increase「増やす」、threaten「脅かす」、nuclear「核の」、environmental「環境面での」、catastrophe「破滅」、regularly「常に」、contradict「矛盾する」

【2】以下の英文を全訳せよ。〈特に〈3〉が盲点〉

〈1〉Sketching has long been an effective tool to help imagine, think about, define, refine and realize ideas. 〈2〉Inventors, in particular, often depend on this resource to explore concepts, test approaches, clarify ideas, and explain their creative method. 〈3〉Artistic skill is not the point; rather, there seems to be a mysterious relationship between the mind and the hand that stimulates the imagination.

〈Words & Phrases〉

〈1〉sketch「略図を作る、スケッチする」、define「定義する」、refine「洗練させる」、realize「実現させる、実感する」〈2〉inventor「発明家」、resource「資源、手段」、explore「探検する、探す」、concept「コンセプト、考え」、test「実験する、試す」、clarify「明確にする」、explain「説明する」cf. explanation「説明」〈3〉point「重要な点」、rather「むしろ」、stimulate「刺激する」

【3】以下の英文を全訳せよ。〈盲点〉

〈1〉Any time people or groups appear to be cruel to one another, the popular, inadequate view is that it is a manifestation of “the survival of the fittest.” 〈2〉Many people wrongly assume that, in society as well as in nature, to be strong and aggressive is the only condition for survival. ⟨3⟩ In fact, however, evolution requires creatures to show a whole range of different behaviors, not just cruelty, in order to successfully ensure their survival.

⟨Words & Phrases⟩

⟨1⟩ any time S'+V'「S'+V' するときはいつも」、cruel「残忍な」、one another「お互い」、popular「一般的な」、inadequate「不適切な」、manifestation「表明」、survival of the fittest「適者生存」⟨2⟩ assume「思い込む」⟨3⟩ evolution「進化」、a whole range of…「広い範囲の…」、A (,) not just B「B だけではなく A も」、ensure「確実なものにする」

第3講 準動詞2（動名詞）

（動名詞の登場場面、動名詞の意味上の主語）

前回は準動詞の中の1つ、不定詞の用法について学習しました。次は準動詞第2弾、動名詞の登場です。動名詞というくらいですから名詞として働くことは容易に察しが付くと思います。でも、不定詞にも名詞用法があったわけですから、また名詞的に働く用法が登場してこなくてもよさそうにも思えます。ということで、まずは純粋な名詞と準動詞の1つである不定詞名詞用法と動名詞の三者の違いからお話します。以下の3つの英文ですが、意味の違いがお分かりですか？

〈1〉Honesty pays.
〈2〉To be honest pays.
〈3〉Being honest pays.

〈1〉－〈3〉の pays は、いずれも自動詞で、「報われる」という意味。

honesty は名詞だから主語になることができるのでしたね。しかし形容詞（honest）でも to be や being を付ければ主語としての働きを与えられるのです。そう、準動詞の機能を使ったわけです。be という動詞に to や ing を足すことによって名詞になったのです。He is honest. の is が to be やら being になった感じですね。

では、意味（ニュアンス）の違いはどうかと言えば、〈1〉であれば「一般に正直というものは報われるものなのだ」と一般化した表現であるのに対して、〈2〉は「正直にしてごらん。きっといつか報われるから」と相手に対してアドバイスをするときの言い方であり、〈3〉なら「僕も君らも普段正直にしているけど、これって報われるよね」とみんなから同意を求めたり共感しあっている場面での言い方なのです。その違いが分かるように訳したのが次の英文です。

〈4〉Speech in English is a lot of fun.
　　「（一般に）英語でのスピーチは大変楽しい」
〈5〉To speak English is a lot of fun.
　　「英語を話してごらん。すごく楽しいよ」
〈6〉Speaking English is a lot of fun.
　　「英会話ってすごく楽しいね」

> ＊〈4〉は純粋な名詞（speech）なので、English を目的語に取れないため in を
> 必要とするのに対して、〈5〉と〈6〉は動詞の働きを残しているために、直接
> English を O に取れている。

という感じです。いずれにしても、一般的名詞と不定詞名詞用法と動名詞ではニュ
アンスが違うということです。

　では、なぜそのような違いが出るかですが、それは、to 不定詞と動名詞には、

> to～は矢印 (→) のイメージがある（方向を示す前置詞の to…
> 「…に向かって、…に対して」と根本的には同じイメージ）。
> 従って、to と共に使われる動詞は、**未来志向型動詞**、
> 一方、動名詞の～ing は OK (!) のイメージがある（既知、
> 馴染みを表す）。
> 従って、～ing と共に用いられる動詞は、**過去志向型の動詞**となる。

という違いがあるからなのです。ですから、**to～** も **～ing** も名詞故 V の目的語にな
るので **I** wanted **to dance** with her.「彼女と踊りたかった」とは言えますが、**I**
wanted **dancing with her**.（×）とは言えないわけです。なんとなれば、**wanted**
は欲求を表し、「これからの事」に言及する未来志向型の動詞（欲求・決意・命令
・拒絶・躊躇を表す動詞）だからです。逆に、I finished **dancing with her**.「彼女
と踊り終えた」とは言えますが、**I finished to dance with her**.（×）はいけませ
ん。というのも、**finished** は済んだことに言及する動詞だからです。ということ
で、動名詞のニュアンスが見えてきました。次は動名詞が登場する具体的な場面を
確認してまいりましょう。

【動名詞の登場場面】
　では、動名詞はどういう時に登場するのか？　その場面を見ていきます！

1.　主語［S］、目的語、［O］、補語［C］の固まりを作る時に登場。

2.　特に前置詞（**in, of, at, by, on, about, without** など）の目的語として登場。

> それぞれの動詞の頭文字をとって並べただけの意味のない語句です。

3.　**MEGAFEPSDAC**（メガフェプスダク）動詞の目的語として登場。
（**m**ind「気にする」/**m**iss「のがす」、**e**njoy「楽しむ」、**g**ive up「やめる」、**a**void
「避ける」、**f**inish「終える」、**e**scape「免れる」、**p**ractice「練習する」/**p**ut off =
postpone「延期する」、**s**top「やめる」、**d**eny「否定する」、**a**dmit「認める」、

consider「検討する」の頭文字をとり本書ではメガフェプスダクと称す)

(e.g.)
1. 以下 a) ～ c) の下線部はそれぞれ主語・目的語・補語を形成している。

   a) <u>Talking in English</u> is a lot of fun.
              S

    「英会話ってすごい面白いよね」
    （話す方も聞いている方も英会話に馴染んでいるという状況で使う）
  cf. <u>To talk in English</u> is a lot of fun.
    「英会話したらすごい楽しいよ」
    （話す方か、あるいは聞く方が英会話に馴染みが薄い状況で使用）

   b) I like <u>talking in English</u> .
                O

    「英会話は好きだよ」
    （普段英会話をしているか、あるいはしたことがある状況で使用）
  cf. I would like <u>to talk in English</u>.
    「英会話してみたいな」
    （英会話に馴染みが薄い状況で使用）

   c) My hobby is <u>talking in English</u> .
                   C

    「趣味は英会話です」
    （「趣味」は英会話に馴染みがある状況を指すので、動名詞を使うべき）
  cf. My wish is <u>to talk in English</u>.
    「私の願いは英会話することです」
    （「願い」は、英会話に馴染んでない状況を指すので、to 不定詞にすべき）

2. 次の a) と b) は<u>前置詞の目的語</u>になっている動名詞。

   a) I'm interested <u>in</u> <u>talking in English</u> .
                      O

    「英会話に興味があります」

   b) She always complains <u>about</u> <u>being bored</u> .
                         O

「彼女は退屈だといつも不平を漏らしている」

*以上、前置詞 (in, on, at, of. about, for, with. without, between など) の次は名詞相等語句 (・・・) がくるので、以下の各英文の波線部は誤りとなる。

a) I'm good at speak Japanese. (×)
   「僕は日本語を話すのが得意なんだ」
   → speaking Japanese あるいは単に Japanese にする。
b) She apologized to me for she had told a lie. (×)
   「彼女は嘘をついたことで僕に謝ってきた」
   → having told a lie にする。
c) He is proud of succeeded in the attempt. (×)
   「彼はその試みに成功したことを自慢している」
   → his success in the attempt (or) having succeeded in the attempt にする。

3. 以下は MEGAFEPSDAC 動詞の目的語になっている動名詞。

a) I don't mind speaking in public .
                        O
   「人前でしゃべってもいいよ」

b) Because of work he gave up studying .
                                    O
   「仕事のために彼は学業を断念した」

c) I first considered calling on her, but decided not to see her.
                       O
   「初めは彼女を訪れることを検討したが、会わないことにした」

　以上見てきたように、動名詞はやはり文中で名詞の働き (S, O, C の働き) をするわけです。しかし、不定詞の名詞用法と全く同じ意味というわけではなく (形が違えば基本的には表す意味は異なるものなんです)、やはり、不定詞が何かに向かうイメージがあるのに対して、動名詞は既存のもの的なイメージがあるというわけです。それでは修得演習でそのニュアンスを実感してください。

●動名詞（〜ing）の登場場面

（解答と解説は P.233）

【1】次の各英文を日本語に訳しなさい。

(1) Doing your best is the best. 〈基本〉

(2) Seeing is believing.

(3) Discussing things in English is quite difficult for Japanese students.

(4) I don't mind helping you.

(5) We got so tired that we stopped working.

(6) We got so tired that we stopped to take a rest.

(7) You must stop to think about your future. 〈盲点〉

(8) You must stop thinking about such trifles.

(9) At the end of every month he had to put off paying his rent.

(10) I denied behaving like that. 〈基本〉

(11) It is necessary for you to avoid getting involved in her problems.

(12) Her favorite things at school are swimming and singing.

(13) Being young is not having any money; being young is no minding not having any money. 〈発展〉

〈Words & Phrases〉

> (3) discuss「議論する」 (9) rent「家賃」 (11) get involved in…「…に巻き込まれる」 (12) favorite「一番お気に入りの」

【2】以下の英文を日本語にしなさい。

〈1〉Creative thinking is a process of attacking a problem by studying all the available facts, then finding previously unknown or unrecognized relationships among them, and coming up with a solution. 〈2〉It applies equally to the mental processes of a Thomas Edison, a space scientist, or a housewife hitting upon a new and faster way to iron a shirt.

〈Words & Phrases〉

> 〈1〉creative thinking「創造的思考」、attacking「取り組む」、previously「以前は」、come up with…「…を思いつく」= hit (up)on…「…を思いつく」 〈2〉apply to…「…の当てはまる」、mental process「思考過程」、iron「アイロンがけをする」

【動名詞の意味上の主語】

　以下の英文を見てください。

〈1〉 I want to pass the exam.

> この him が to 不定詞の意味上の主語。

〈2〉 I want him to pass the exam.

〈3〉 I remember passing the exam.

> この his や him が動名詞の意味上の主語。

〈4〉 I remember his/ him passing the exam.

　それぞれ〈1〉「私は試験に受かりたい」、〈2〉「私は彼に試験に受かってもらいたい」、〈3〉「私は試験に受かったことは覚えています」、〈4〉「彼が試験に受かったことは覚えています」という意味で、〈1〉と〈3〉では「受かったのは」I「私」で、〈2〉と〈4〉では「受かったのは」him／his「彼」になります。こうした〈2〉のhimをto passの意味上の主語、〈4〉のようなhim／hisのことをpassingの意味上の主語と言います。不定詞の場合、意味上の主語は代名詞であれば目的格になりますが、動名詞の場合は、目的格の場合もあれば所有格になる場合もあります。以下例文です。

(e.g.)
a) I don't like her [you／your] shouting at me.
　「彼女に［君に］怒鳴りつけられるのは好きではない」

b) I don't like my wife [my wife's] talking like that.
　「妻がそんな言い方をするのは好きではない」

c) She insisted on going shopping.
　「彼女は買い物に行くのだと言ってきかなかった」

d) She insisted on me [my] going shopping.
　「彼女は私に買い物に言って欲しいと言い張った」

　ところで、どうして動名詞の意味上の主語は所有格でも目的格でもよいのか？それは、着目箇所によって違いが出ているだけなのです。例えば、book（名詞）とくっ付くにはI / my / meのどれかと言われたら、迷わずmyを選んでmy book

ですね。動名詞も名詞なのですからこれと一緒で、my shouting「私の叫び」とか your shouting「君の叫び」となるのです。

　しかし一方で、左側、つまり動詞や前置詞に着目すれば、目的格と相性が良くなるはずです。例えば、I love **him**. だし I went shopping with **them**. ですね？　ここは he とか their にはなりませんよね？　これと同じで、like や on につられて目的格が来ることもあるということだったのです。ですから次の英文では Tom's と His のみが動名詞の意味上の主語になるのです。

(e.g.)
Tom's（○）／His（○）／Tom（×）／Him（×）taking a shower early in the morning often disturbs my sleeping.
「トムが［彼が］早朝にシャワーを浴びることが、私の睡眠をしばしば妨げる」

ということです。さて、練習しましょうか。

●動名詞の意味上の主語

■ 修得演習 ■

【1】下線部を意識して以下の各英文を和訳せよ。〈基本〉

(1) I'm interested in learning Spanish.

(2) I'm interested in my daughter learning Spanish.

(3) I remember mentioning something about the matter.

(4) I remember to mention something about the matter.

(5) I remember you mentioning something about the matter.

(6) Who could have thought of cheating in the exam?

(7) Who could have thought of the honest boy cheating in the exam?

(8) Would you mind opening the window?

(9) Would you mind my opening the window?

(10) Do you mind picking up something for me at the drugstore?

(11) Do you mind my helping you?

(12) Do you mind helping me?

(13) Would you mind speaking a little more slowly?

(14) On reaching the station, they felt relieved.

(15) I'm ashamed of her being thought of as childish.

(16) A man who is worried about being disliked by people will be ignorant of their true feelings.

(17) He couldn't think of his dog being sold to that cruel man.

(18) His behavior at his office resulted in his colleagues looking down on him.

(19) His behavior at his office resulted in his being looked down on by his colleagues.

〈Words & Phrases〉

(15) be ashamed of…「…を恥ずかしいと思う」、think of A as B「AをBとみなす」⇒ A is thought of as B「A は B とみなされる」、childish「子供っぽい」(16) be ignorant of…「…のことに無知である」(18) result in「…（という結果）を招く」cf. result from…「…から生じる」、look down on…「…を見下す」

46

【2】以下の英文を和訳せよ。〈盲点〉

We are so much in the habit of taking the necessity for academic freedom for granted that there is a danger of our respect for it becoming mere lip-service.

〈Words & Phrases〉

> take O for granted「O を当然だと思う」、mere lip service「単なる口先だけのこと」

《動名詞のまとめ》

文中で、主語 [S]、目的語 [O]、補語 [C] として働く用法。
（不定詞名詞用法は未知のイメージ、動名詞は既知のイメージ）

【動名詞の登場場面】
　1. S,O,C の固まりを作る時に登場。
　2. MEGAFEPSDAC 動詞の目的語として登場。
　3. 前置詞の目的語として登場。

【動名詞の意味上の主語】
　動名詞の直前に置く、代名詞は所有格になったり目的格になったりする。

第4講　準動詞3（分詞）

（分詞の基本用法、感情を表す分詞、分詞構文）

■ 総括的説明 ■

さて、今度は分詞（準動詞の最終章）です。まずは分詞の形からです。

下の表の左から3番目・4番目がそれぞれ過去分詞・現在分詞です。形容詞や副詞として働きます。つまり<u>名詞を修飾</u>したり、<u>補語として働い</u>たり、<u>動詞を修飾</u>したりします。逆の言い方をすれば、動詞に形容詞的な働きや副詞的な働きをさせたいときに用いるとも言えます。従って、表の下にある各英文の波線は誤りになります。

原形動詞（～）	過去形	過去分詞	現在分詞
a) run	ran	**run**	**running**
b) speak	spoke	**spoken**	**speaking**
c) lie	lay	**lain**	**lying**
d) marry	married	**married**	**marrying**
e) do	did	**done**	**doing**

a) The dog <u>run</u> merrily is mine. （×）

「陽気に走っている犬はうちの犬です」

→ The dog <u>running</u> merrily is mine. に直す。

b) The girl <u>was spoken</u> to by a stranger looked <u>surprise</u>. （×）

「知らない人に話しかけられたその女の子はびっくりしたように見えた」

→ The girl <u>spoken</u> to by a stranger looked <u>surprised</u>. に直す。

c) My husband was <u>lay</u> on the bed <u>smoke</u> a cigarette. （×）

「うちの旦那、タバコを吸いながらベッドに横になっていたのよ」

→ My husband was <u>lying</u> on the bed <u>smoking</u> a cigarette. に直す。

d) The woman remains <u>unmarry</u>. （×）

「その女性はまだ独身だ」

→ The woman remains <u>unmarried</u>. に直す。

e) My son is <u>do</u> his homework hard.（×）

　「うちの息子は一生懸命宿題をしている」

　→ My son is <u>doing</u> his homework hard. に直す。

　動詞のままでは名詞を修飾したり補語になったりすることはできないので、これら波線部は全て分詞に訂正されます。ちなみに c) の smoking は副詞的に働いて was lying を修飾しています。

　このように**分詞**は以下のようになります。

> 動詞を形容詞・副詞として働かせる時に登場し、
> 現在分詞は「能動的、進行的」である一方、
> 過去分詞は「受動的、完了的」なことを表す。

Point 1

〈分詞の働き〉

・形容詞用法 ＝ 名詞を修飾したり補語になったりする。

・副詞用法　 ＝ 動詞や節全体を修飾する。（分詞構文）

Point 2

〈現在分詞と過去分詞の違い〉

・現在分詞

《意味》

　（自動詞の場合）進行的になる。「している最中」ということ。

　（他動詞の場合）能動的になる。「する側」ということ。

《機能》

　名詞を修飾したり、補語になったり、be 動詞と一緒になって進行形を作ったりする。

・過去分詞

《意味》

　（自動詞の場合）完了的になる。「し（終わっ）た」ということ。

　（他動詞の場合）受動的になる。「される側」ということ。

《機能》

　名詞を修飾したり、補語になったり、be 動詞と一緒になって受動態を作ったり、have［has／had］と組み合わされると完了形を作る。

【分詞　形容詞用法／名詞を修飾したり補語なったりする用法】

　では、形容詞として働く分詞からです。さあ、思い出しましょう！　形容詞ってどのような働きでしたっけ？

　まずは何と言っても、名詞を修飾するということでしたね。以下確認です。

〈1〉 I have some friends 〈speaking several languages〉.

　　　「私には数か国語を話す友人がいます」

〈2〉 The patterns of spoken languages are distinct from those of writing.

　　　「話し言葉の様式は書き言葉の様式とは明確に異なります」

　speak は他動詞（目的語を持つ動詞）なので、speaking なら能動的で、「話す側」ということを表し、spoken なら受動的で、「話される側」を表します。また、分詞は進行形を作ったり受動態を作ったりしましたが、実は、この時の分詞は補語として働いているだけだったんです。以下がそうです。

〈3〉 Some friends of mine are speaking several languages.
　　　「友人の中には数か国語を話している者がいる」

〈4〉 Many languages are spoken all over the world.
　　　「多くの言語が世界中で話されている」

　〈3〉の speaking にしろ、〈4〉の spoken にしろ、それぞれ Some friends of mine や Many languages といった主語の状態を説明しているので、補語になっているのと同じなわけです。すなわち

Some friends of mine are speaking several languages .
　　　　　S　　　　　　　V　　　　　　　C

Many languages are spoken (all over the world).
　　　S　　　　　V　　C

ということです。もっとも、〈3〉に関しては、

Some friends of mine are speaking several languages .
　　　　　S　　　　　　　V　　　　　　　O

という取り方の方が皆さんは馴染みがあるでしょうが…。それでも少なくとも、分

詞というのは補語的な機能があるということだけは頭に入れておいてください。いずれにしても他動詞においては、「する側なら」〜ing/ 現在分詞。「される側なら」〜ed/ 過去分詞。ということですね。

　次に come とか go といった自動詞の場合ですが、これは、目的語を持たない分、「する側」だとか、「される側」だとかといった考え方はそもそも無理なので、「（ある行動やある状態の）最中／途中」なら現在分詞で、「（ある行動やある状態が）終わった」なら過去分詞と考えればよいです。以下参照。

(e.g.)
a) I was watching the leaves <u>falling</u> to the ground and then began to walk on the <u>fallen</u> leaves.
「私は葉が地面に落ちてくるのを眺めてから、その落ち（た）葉の上を歩いた」

b) I threw a rope to a man <u>drowning</u> (*drowned) in that river .
「私はその川で溺れかかっていた人にロープを投げてやった」

---

*drowned だと「溺れ死んだ人」になってしまう。drown は「溺れさす」という訳もあるので他動詞の過去分詞も考えられるが、その時でも「溺れさせられた人」つまりは死んだことには変わりないので、やはり不自然。

【感情分詞】
　分詞で問題になることの一つに、感情を表す分詞の問題があります。というのも、日本語的な発想では間違ってしまうからです。

　感情系の語句に関して、日本語の場合、「驚く」、「退屈する」、「興奮する」、「喜ぶ」という風に、感情は「自ら自然に出てくるもの」としてとらえていますが、英語の方は、「何かの作用によって感じさせられるもの」というとらえ方をするので注意が必要なのです。下の英文を比べてください。

〈1〉 The news <u>surprised</u> me.
　　「その知らせは私を驚かした」

〈2〉 The news was <u>surprising</u> to me.
　　「その知らせは私には驚きだった」

〈3〉 I was <u>surprised</u> at the news.
　　「私はその知らせに驚いた」

それぞれ英文の下線部は〈1〉が動詞の過去形で、〈2〉が現在分詞で、〈3〉が過去分詞になっています。まずは「〈1〉の動詞（surprise）が最初にあった」と考えてほしい。そしてこの動詞を形容詞に変化させたのが〈2〉や〈3〉です。これらは形容詞なので当然be動詞が必要なわけで、The news good to me.（×）という英語がありえないのと同様、The news surprising to me.（×）という英語も存在しません。

　次はどうして〈2〉がsurprisedではなくsurprisingかということですが、surpriseという動詞の意味をまずは検討すると、「驚く」という自動詞ではなく「驚かす／びっくりさせる」という他動詞なので、「驚かす側／びっくりさせる側」なら ~ing になるし、「驚かされる側／びっくりさせられる側」なら -ed になる。そしてnews「知らせ」は「驚かす側／びっくりさせる側」ですね。ですから現在分詞を使っているのです。逆に、c) では「私」は「ニュースに驚かされる側／びっくりさせられる側」ですから過去分詞を使っているというわけです。これを surprise =「驚く」とやると、「私は驚いている」という表現がなぜに過去分詞の surprised を使って、I am surprised. となるのか、分からぬままになってしまいます。前提が狂うと大変です。

Point!

〈感情分詞の整理〔surprising/ surprised など〕〉

《日本語の発想》	《英語の発想》
「驚いている」	=「驚かされている」I am surprised.
「興味を持っている」	=「興味を持たされている」I am interested.
「興奮している」	=「興奮させられている」I am excited.
「満足している」	=「満足させられている」I am satisfied.
「ほっとしている」	=「ほっとさせられている」I am relieved.
「うんざりしている」	=「うんざりさせられる」I am bored
「驚くべきものだ」	=「驚かすような」It is surprising.
「興味深い」	=「興味を持たせるような」It is interesting.
「興奮するような」	=「興奮させるような」It is exciting.
「満足のいく」	=「満足させるような」It is satisfying
「ほっとするような」	=「ほとさせるような」It is relieving.
「うんざりする」	=「うんざりさせるような」It is boring.

　さあ　修演です。

●分詞　形容詞用法

■ 修得演習 ■

（解答と解説は P.238）

【1】以下の各表現の正確な意味を記せ。〈盲点〉

1. surprise
   a) a surprising look
   b) a surprised look

2. excite
   a) I found her excited.
   b) I found her exciting.
   c) I found the game exciting.

3. bore
   a) You're boring, aren't you?
   b) You're bored, aren't you?

4. disappoint
   a) It was disappointing that she failed in the attempt.
   b) He looked disappointed to hear the disappointing news.

5. fall
   a) falling leaves
   b) fallen leaves

【2】以下の英文を和訳せよ。

〈1〉 Competition is an important feature of capitalism. 〈2〉 The profits made by the individual capitalist in free competition benefit the economy of the whole country. 〈3〉 As the capitalist makes profits he can afford to expand his business and put more people to work.

〈Words & Phrases〉

〈1〉 competition「競争」cf. compete「競争する」、feature「特徴」、capitalism「資本主義」cf. socialism「社会主義」cf. communism「共産主義」〈2〉 profit「儲け」、individual「個々の」、capitalist「資本家」、benefit「利益（を与える）」〈3〉 expand「広げる」、put O to work「O を仕事に就かす」

第 4 講　準動詞 3（分詞）　**53**

【3】以下の英文の下線部を和訳せよ。〈基本〉

〈1〉At first, schools were private and attendance was strictly voluntary. 〈2〉Increasingly, government came to play a larger role, first by contributing to financial support, later by establishing and administering government schools. 〈3〉The first law requiring children to attend school was passed in 1852, but young people were not required to go to school in all states until 1918.

〈Words & Phrases〉

〈1〉at first「初め（のうち）は」cf. for the first time「（生まれて）初めて」、attendance「通学」、strictly「厳密には」、voluntary「自由意志の」〈2〉government「政府」、come to〜「〜するようになる」、play a role「ある役割を果たす」、contribute to…「…に貢献する」、financial「財政の」、support「支援」、establish「設立する」、administer「管理する」〈3〉law「法律」、require O to〜「Oに〜するように要求する」、pass「可決する」、not A until B「BまでAしない／BになつてはじめてAする」

【4】以下の英文の下線部〈3〉、〈6〉、〈8〉を和訳せよ。

〈1〉Japan is one of the safest countries in the world. 〈2〉You may come across many charming women going home on foot without any male escorts in the late evening or sometimes at mid-night. 〈3〉Trains during rush hours in the morning or in the evening carry many passengers packed like sardines but very few pick-pocket cases are reported. 〈4〉The Japanese take it for granted that the streets are as safe as the halls in their homes and foreign countries are as safe as their own gardens. 〈5〉Thus, they are quite defenseless against all kinds of crime. 〈6〉They lack a sense of self-defense as Japan as a whole is a kind of open city being protected by a natural barrier of water. 〈7〉So, they carry a lot of cash in their pockets or in their stomach-bands, a type of money belt. 〈8〉The haramaki is a traditional garment to keep their stomachs warm as well as to keep their money safe.

〈Words & Phrases〉

〈2〉come across…「…に出くわす」= run across…= run into… 〈3〉pack「詰める」、sardine「イワシ」〈4〉hall「玄関ホール、廊下」〈8〉haramaki「腹巻き」、garment「衣服」

【分詞　副詞用法／分詞構文】

　さて次は分詞が副詞的に機能する用法。つまり分詞構文の話になります。分詞構文は英文中における神出鬼没の表現形態の１つですので、ここらでしっかり征服しちゃいましょう。

　では、以下の各英文をご覧になってください。

〈1〉 Running along the river makes us healthy.
　　「川沿いを走ることは私たちを健康にしてくれる」

〈2〉 That girl running along the river looks healthy.
　　「あの川沿いを走っている女の子は健康的だ」

〈3〉 Running along the river, I ran into an old friend of mine.
　　「川沿いを走っていると旧友の一人にばったり会った」

　〈1〉の Running は動名詞。Running along the river の部分が主部を形成しています。〈2〉は分詞の形容詞用法の running で That girl を修飾しています。これに対して〈3〉は分詞構文の running で、Running along the river, の部分が次の節 I ran into an old friend of mine. を修飾しています。このように S + V 全体を修飾する副詞的な働きをする構文を分詞構文と言います。分詞構文は接続詞で書き換えることもあり、ここでは While I was running along the river, I ran into an old friend of mine. と書き換えられます。ただ、分詞構文なら全部接続詞で書き換えられると考えるのは危険で、時には、どの接続詞でも書き換えられない言い方の時もあります。要は分詞構文というのは、接続詞を用いずに、分詞で各表現をつないでいった表現形態だというぐらいの認識で構いません。大事なことは、この分詞構文はどういう意味（ニュアンス）で使われているかを文脈上から設定できる解釈力ということです。分詞構文を定義すると、

分詞（ing）を使って S + V につなげていく表現形式。
（過去分詞を使った分詞構文もあるが、
これは being や having been が省略されたもの）

ということになります。

　次は作り方ですが、おおよそ以下のように考えて結構です。

Point 1

〈分詞構文の作り方〉

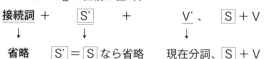

1　接続詞と主語（主節の主語と一致している時）を省略する。
2　動詞は全て~ing にする。
3　以下の３つも省略可。
　　〈1〉being　　〈2〉having been　　〈3〉If we
4　not は~ing の直前に置く。

　　接続詞 ＋　　S'　　＋　　　　V'、　　S ＋ V
　　　↓　　　　　↓　　　　　　　↓
　　省略　　S' ＝ S なら省略　　現在分詞、S ＋ V

(e.g.)

a) When I spoke to him, I found him exhausted.
　　→ Speaking to him, I found him exhausted.
　　「話しかけたとき、彼が疲れきっているのが分かった」

b) While he was walking in the street, he was spoken to by a stranger.
　　→ (Being) walking in the street, he was spoken to by a stranger.
　　「彼は通りを歩いていたら見知らぬ人に話しかけられた」（Being は省略可）

c) As she was spoken to by a stranger all of a sudden, Mary got surprised.
　　→ (Being) spoken to by a stranger all of a sudden, Mary got surprised.
　　「突然見知らぬ人に話しかけられて、メアリーはびっくりしてしまった」
　　（従属節に代名詞 (she)、主節でその正体 (Mary) を明かす方が一般的）

d) After they had eaten supper, the children began to watch TV.
　　→ Having eaten supper, the children began to watch TV.
　　「夕食を終えてから子供たちはテレビを見始めた」

e) Though her son felt sick, she had to go out to work.
　　→ Her son feeling sick, she had to go out to work.
　　「息子が具合悪くても彼女は出勤せざるを得なかった」
　　（主語が異なっているので省略は不可）

cf. Feeling sick, she had to go out to work.

「具合悪くても彼女は出勤せざるを得なかった」

= Though she felt sick, she had to go out to work.

（こちらは彼女自身が具合悪いのである）

f) As the work has not been finished, you are not to go back.

　→ The work not (having been) finished, you are not to go back.

「作業が終わっていないのだから君は帰れないよ」（having been は省略可）

g) Our train left Tokyo Station early in the morning, and it arrived at Osaka Station at noon.

　→ Our train left Tokyo Station early in the morning, arriving at Osaka Station at noon.

「我々の乗った電車は朝早く東京駅を出て、正午に大阪駅に到着した」

Point 2

〈分詞構文が表す意味〉

1. 時「＿するとき、＿した後」
2. 理由「＿なので」
3. *手段「＿によって、＿することで」
4. 条件「もし＿なら、＿すると」
5. 譲歩「＿だけれど、＿でも」
6. 付帯状況「＿しながら、＿して」
7. 結果「＿してその結果＿」

*手段を表す分詞構文は、巷間に出回っている文法書では触れられることが少ないが、長文では散見されるので要注意。

(e.g.)

a) Entering her room, I found her sound asleep.

「部屋に入ると、彼女がぐっすり眠っていた」（時）

(Entering her room, she was sound asleep.（×）とは書けないことに注意。このようにしてしまうと、「部屋に入った」のは彼女ということになってしまう)

b) Having failed many times, he didn't want to try again.
「何度も失敗してきたので、彼はもう二度と挑戦したくはなかった」（理由）

c) It raining heavily, he didn't come to see me.
「ひどい雨だったので、彼は遊びに来なかった」（理由）
（Raining heavily, he didn't come to see me.（×）とは書けないことに注意。このようにしてしまうと、彼が raining の主語になってしまう。raining の主語は天候を表す It のはず）

d) She killed an hours looking around some stores.
「店を数件見て回ることによって1時間時間をつぶした」（手段）

e) Using this coupon, I was able to save 80 cents on the goods.
「このクーポンを使うことで、その商品で80セント節約できた」（手段）

f) Turning to the right at the first corner, you will find the post office.
「最初の角を右へ曲がれば郵便局がありますよ」（条件）

g) Living next door, I seldom see them.
「隣に住んでいるのに、彼らの姿をほとんど見かけない」（譲歩）

h) She was studying mathematics, listening to music.
「彼女は音楽を聴きながら数学の勉強をしていた」（付帯状況）

i) The child visited the school, accompanied by her mother.
「その子はお母さんに付き添われながらその学校を訪れた」（付帯状況）

i) She stood in the rain for hours, catching a cold.
「彼女は雨の中何時間も立っていたので、結果風邪を引いてしまった」（結果）

という要領です。
　さて最後になりましたが、実は非常に大事な情報があるのです。以下ご覧ください。

〈1〉 Mike came to see me the other day, <u>and he said</u> that he would help me with my work.
「マイクは先日来てくれて、仕事手伝うよと言ってくれた」

〈2〉 Mike came to see me the other day, <u>saying</u> that he would help me with my work.

〈1〉を分詞構文で表したのが〈2〉です。これは問題ないでしょう。接続詞のand が消え、主語の he は Mike と同一なので消え、そして動詞を ing にする。定石通りですね。しかし以下はどうでしょう。

〈3〉 Mike came all the way to help me with my work, <u>and this made</u> me feel happy.
「マイクはわざわざ仕事を手伝いに来てくれた。そしてこのことが私を幸福な気持ちにさせてくれた」

〈4〉 Mike came all the way to help me with my work, <u>making</u> me feel happy.

これも〈3〉を分詞構文にしたのが〈4〉です。こちらは主語が this（前の内容を受ける指示語）になっています。Mike と同一ではないので消えないように思えるかもしれませんが、実はこれも消えていいのです！　<u>前の内容を指す this や it も、そう、消えてよいのです！</u>　このことは一般の文法書ではほとんど触れていないことですが（なんで触れないのでしょう？？）、長文を読んでいるとちょくちょく出てくる用法なので要注意です。

(e.g.)
Mariko was waiting for Daisuke in the rain for hours, <u>making</u> her get pneumonia the next day.
「マリコはダイスケを雨の中何時間も待っていたので、次の日彼女は肺炎にかかってしまった」
(Mariko was waiting for Daisuke in the rain for hours, <u>and this made</u> her get pneumonia the next day.
「マリコはダイスケを雨の中何時間も待っていた。そしてこのことが次の日彼女を肺炎にかからせてしまった」ということ)

また、分詞構文は慣用句を作ることも多いです。以下が頻出です。

Point 3

〈分詞構文を使った慣用表現〉

1. Such being the case, I cannot be there.
  「こういう状況なので、そこに行けない」

2. Other things being equal, I prefer smaller ones.
  「他が同じなら、僕は小さいのが好きだ」

3. Night coming on, they went back home.
  「夜が近づいてきたので、彼らは家に戻った」

4. Generally [Frankly / Strictly / Roughly] speaking, he is not diligent.
  「一般的に〔率直に／厳密に／大雑把に〕言えば、彼は勤勉ではない」

5. Speaking [Talking] of the future, what do you want to do best?
  「将来と言えば、君は何を一番したい？」

6. Judging from his behavior, he likes her.
  「態度から判断すると、彼は彼女のことが気に入っているな」

さあ 修演です！

●分詞　副詞用法（分詞構文）

（解答と解説は P.242）

【1】以下の各英文を下線部に注意して和訳せよ。

(1) <u>Having nothing</u> more to discuss, I left the place.

(2) <u>Not getting</u> used to getting up early, Tom was often late.

(3) <u>Admitting</u> that he was in the wrong, my son didn't change his behavior.

(4) <u>Being stupid and having no imagination</u>, animals often behave far more sensibly than men.

(5) <u>Smiling</u> at Susie, Jack said, "Here's an apple for you."

(6) The sea <u>being calm</u>, we decided to swim to the island.

(7) <u>Persuaded</u> by my advisor, I attended the conference.

(8) The Iraqi children greeted us, <u>waving</u> little flags.

(9) <u>Having already seen</u> the film, I wanted to see it once again.

(10) "Hello," said Tom, <u>smiling</u>.

(11) <u>Living in the early 1600s</u>, William Harvey was a physician to King James I of England. 〈盲点〉

(12) While some aspects of disease progression appeared to continue unabated, the frequency and duration of seizures decreased, <u>suggesting</u> a beneficial effect of the drug. 〈盲点〉

〈Words & Phrases〉

(2) get used to… 「…に慣れる」 cf. used to～ 「以前は～だった」（☞ p.179 《used to について》） (4) sensibly「分別を持って」 (7) persuade「説得する」、conference「協議会、会議」 (8) Iraqi「イラクの」 cf. Iraq「イラク」、flag「旗」 (11) William Harvey「ウィリアム　ハーヴェイ（イギリスの医師で血液循環の発見者）」、a physician to King James I of England「イングランドのジェームズ 1 世の侍医（じい）」 (12) aspect「側面」、progression「進行」、unabated「（勢いが）変わらない」、duration「期間」、seizure「発作」、decrease「減る」⇔ increase「増える」、suggest「示唆する、提案する」、beneficial「有益な」

【2】次の英文の下線部〈3〉を和訳せよ。〈基本〉

〈1〉Many people today walk for fitness. 〈2〉Walking can be beneficial for the mind as well as the body. 〈3〉<u>Walking can relieve stress, helping you relax at the end of</u>

the day or after a difficult task.

〈Words & Phrases〉

〈1〉fitness「健康」〈2〉A as well as B「B だけではなく A も」＊ここは定石通りの訳で行けそうだ。直後の英文〈3〉で「ウオーキングが心にもプラスの影響をもたらしている」と語っているから。(☞ p. 177《A as well as B について》)

【3】次の英文の下線部を和訳せよ。

〈1〉A longer life span and a decreasing birth rate are causing the rapid aging of Japanese society. 〈2〉The ratio of those 65 or over grew from 5% to 10% in only 35 years. 〈3〉Already growing faster than any other major industrialized nation, Japan's rate of aging is expected to accelerate, so that by the year 2030 the proportion of the elderly will reach more than 25% of the total population.

〈Words & Phrases〉

〈1〉life span「寿命」、birth rate「出生率」〈2〉ratio「率」= rate〈3〉major「主な」、industrial nation「工業国」、accelerate「加速化する」、so that S'+V'「その結果 S'+V'」(☞ p.91)、proportion「比率」the elderly「高齢者」

【4】次の英文の下線部を和訳せよ。〈盲点〉

〈1〉Alfred Nobel, the great Swedish inventor and industrialist was a man of many contrasts. 〈2〉He was the son of a bankrupt, but became a millionaire; a scientist with a love of literature, an industrialist who managed to remain an idealist. 〈3〉He made a fortune but lived a simple life, and although cheerful in company he was often sad in private. 〈4〉A lover of mankind, he never had a wife or family to love him; a patriotic son of his native land, he died alone on foreign soil. 〈5〉He invented a new explosive, dynamite, to improve the peacetime industries of mining and road building, but saw it used as a weapon of war to kill and injure his fellow men.

〈Words & Phrases〉

〈1〉Alfred Nobel「アルフレッド　ノーベル」(スェーデンの化学者、ダイナマイトの発明家、ノーベル賞の資金提供者)、a man of many contrasts「多くの対照的な部分を備えた人」〈2〉bankrupt「破産者」、millionaire「億万長者」、

literature「文学」、manage to〜「何とか〜しようとする」、idealist「理想主義者」〈3〉fortune「運命、財産」、in company「人前で」= in public ⇔ in private「一人で」〈4〉mankind「人」、patriotic「愛国的な」、one's native land「祖国」、foreign soil「外国の地」〈5〉explosive「爆薬」、improve「うまく利用する」、mining「鉱山業」、fellow men「仲間の人間」

【5】以下の英文の下線部（A）を和訳し、下線部（B）の内容を記せ。
〈1〉Traffic accidents are a major source of death and injury in the world. 〈2〉As technology improves, (A) automated vehicles will outperform their human counterparts, saving lives by eliminating accidents caused by human error. 〈3〉Despite this, there will still be circumstances where self-driving vehicles will need to make decisions in a morally challenging situation. 〈4〉For example, a car can swerve to avoid hitting a child that has run into the road but in (B) doing so endangers other lives. 〈5〉How should it be programmed to behave?

〈Words & Phrases〉

〈2〉improve「進歩する」、automated vehicle「自動運転車」、outperform…「…を凌（しの）ぐ」、counterpart「相当するもの」（ここでは vehicles を指す）、eliminate「除去する」〈3〉despite…「…にも拘（かかわ）らず」= in spite of…、challenging「挑戦的な、難しい」〈4〉swerve「（急に）それる」、endanger「危険にさらす」

【6】以下の英文の下線部を和訳せよ。〈発展〉
"It's frustrating to see doctors and the general public stigmatize patients with obesity and blame these patients, ascribing it to attributes of laziness or lack of willpower," said Dr. Donna Ryan, an obesity researcher and professor emerita at the Pennington Biomedical Research Center in Baton Rouge

〈Words & Phrases〉

frustrating「苛立（いらだ）たしい」、stigmatize…「…に汚名を着せる」、obesity「肥満」cf. obese「肥満の」、ascribe A to B「A を B のせいにする」、attribute「特質、属性」、emerita「名誉教授」

【7】下線部に注意しながら以下の英文を和訳せよ。〈盲点〉

〈1〉 A young man strolls down the road, nodding in time to the music from his headphones. 〈2〉 Moving to the beat, not wanting to break his stride, he doesn't hear a fast approaching car as he steps on to the road. 〈3〉 With a screech of brakes and a sickening thud he flies into the air. 〈4〉 It could easily have been a young woman chatting on her mobile phone, eager to keep an appointment. 〈5〉 A tragic end to a young life.

〈Words & Phrases〉

〈1〉stroll「ぶらつく」、nod「首を振る、うなずく」、in time to…「…に合わせて（テンポよく）」〈2〉stride「歩み」、step on to…「…に足を踏み入れる」〈3〉screech「キーという音」、sicken「嫌な気分にさせる」（☞ p.181《接尾辞／接頭辞の en について》）、thud「ドシンという音」〈4〉could easily (= probably) have been –「恐らく – だったのだろう」、chat「ペチャクチャしゃべる」、eager to~「~したがって」〈5〉tragic「悲劇的な」

《分詞のまとめ》

動詞を形容詞的または副詞的に働かせたいときに用いる用法。

（名詞を修飾したり、C になったり、SV につなげたりする）

【形容詞用法】（形容詞相当語として名詞を修飾したり C になったりする）

a) The girl 〈talking with the boys〉 resembles my cousin.

「少年たちと話しているその女の子は僕のいとこに似ています」

b) I spoke to the people 〈concerned in the incident〉.

「事件の関係者と話をした」

c) I found the spectators excited at the game.
　 S　V　　 O　　　　　C

「観客は試合に沸いていた」

【副詞用法／分詞構文の用法】（副詞相当語として SV につなげる）

d) (Talking in English), I felt happy.

「英語で話していると、嬉しくなった」

= When I was talking in English, I felt happy.

e) (Written in plain English), this book is suitable for beginners.

「明白な英語書かれているので、この本は初心者に合っている」

= As it is written in plain English, this book is suitable for beginners.

f) He said that he loved me, *making me happy.

「彼が愛していると言ってくれたので私は嬉しくなった」

= He said that he loved me, and this made me happy.

---

* このように前の内容を受ける分詞構文は長文に頻出だ。

第5講 仮定法

（直説法との違い、仮定法の基本形、if の省略など）

■ 総括的説明 ■

　さて仮定法です。皆さんの中には、仮定法というと if の形だと思い込んでいらっしゃる方がいるようですが、そういうわけでもないのです。仮定法はあくまで空想ですから if が無くても、「あっ、これって話し手／書き手が空想している場面だな」と思えるならそれはもうすでに仮定法的書き方になっているのです。例えば、

> 助動詞の過去形が仮定法の目印です。

> My students wouldn't make such a mistake.
> 「私が教えている学生ならそんな間違いはしないだろう」

　これなどは if を用いていませんが、れっきとした仮定法の表現で、頭の中で「もしうちの学生がその問題を解いたならそんな間違いはしないだろうな」と空想しているのです。目の前で誰かがある間違いをした場面を見て頭の中で想像しているのです。My students will not make such a mistake. となれば直説法で、「私が教えている学生はそういう間違いは犯しませんよ」と誰かに自分が教えている学生の優秀さをアピールする表現となります。ではまずは手始めに直説法と仮定法の違いから説明します。

【直説法と仮定法】

　英語には3つの表現があります。それぞれ、

> 1. 命令法　　2. 直説法　　3. 仮定法

です。1の**命令法**は、文頭に原形動詞（〜）を置いて「〜せよ」と相手に命じる形態でしたね。

(e.g.)
a) Be honest.

「誠実であれ」

b) Study as hard as you can.
「精一杯熱心に勉強するんだよ」

というものでした。

　次に**直説法**ですが、これは皆さんが仮定法に出会う前に見てきた無数の英文のことで、事実やありそうなことを述べる表現法のことです。

(e.g.)
a) He was／is／will be honest.
　「彼は正直者だった／正直者だ／正直者になるだろう」

b) He studied／studies／may study hard.
　「彼は熱心に勉強した／している／するかもしれない」

c) If he studies hard, he will pass the exam.
　「もし熱心に勉強すれば彼はその試験に受かるぞ」
　（彼は熱心に勉強する可能性あり、だから受かる可能性もありということ）

　これに対して**仮定法**は、事実と逆の想像をしているのです。

(e.g.)
a) If he were honest, they would rely upon him.
　「もし彼が誠実ならみんな頼りにするのに」
　（事実は「誠実じゃないからみんな頼りにしていない」ということ）

b) If he had studied hard at that time, he could have passed the exam.
　「もしあの時熱心に勉強していれば彼は試験に合格できたのに」
　（事実は「熱心に勉強しなかったから受からなかった」ということ）

c) I wish he were here.
　「彼がここにいてくれればなあ」
　（事実は「彼がここにいない」ということ」

どうですか、感じがつかめましたか？　直説法は「あったこと、あること、ありそうなこと」を述べるのに対して、仮定法は「あったことの逆」「あることの逆」そして、「ありそうにないこと」を思い描いているわけですね。

【仮定法の基本型】

次は仮定法の基本の型を確認します。仮定法の動詞群はズバリ、

過去系列で表記する！

ということです。つまり、am, is, are ではなく were、do, does ではなく did、have, has ではなく had、comes ではなく came、will ではなく would、can ではなく could、may ではなく might、shall ではなく should で表記するのです。仮定法は事実を語る表現ではないので、現在形で表すわけにはいかないのです。現在形は事実を表す時制なので、仮定法はそこから一歩遠のくイメージで過去系列になったのです。仮定法には過去形・過去完了形・未来という 3 つの表現があり、以下その基本型をまとめました。（＊be 動詞と一般動詞の know を例にしてみました）

《仮定法過去形》（現状の逆を想像する型）

If S' were／knew ----,
　　S would／could／might／should 〜 ----.
「もしS' が---- なら／---- を知っていれば、S は〜だろうに／できるだろうに／かもしれないだろうに／できるはずだろうに」
（形は過去でも現状の逆を想像していることに注意）

(e.g.)
a) If he were here, I would be happy.
　「彼がここにいてくれたら嬉しいのに」
　（「彼はここにいない」のが現状）

b) If he knew the truth, he might tell it to her.
　「彼が真相を知っていれば彼女に話してしまうかもしれない」
　（「彼は真相を知らないから彼女に話すことはない」というのが現状）

《仮定法過去完了形》(過去に実際起きたことの逆を想像する型)

If S' had been／had known ----,
 S would／could／might／should + have p.p. ----.
「もし S' が ---- だったら／---- を知っていたら、S は〜だっただろうに／できただろうに／かもしれなかっただろうに／できたはずだろうに」
(形は過去完了でも過去の事実の逆を想像していることに注意)

(e.g.)

a) If he had been there, I would have been happy.
 「彼がその場所にいてくれていたら嬉しかったのに」
 (「彼はその場所にいなかった」のが過去の事実)

b) If he had known the truth, he might have told it to her.
 「彼が真相を知っていたら彼女に話していたかもしれない」
 (「彼は真相を知らなかったから彼女に話すことはなかった」ということ)

《仮定法未来》(近い将来なさそうな事を想像する型)

If S' should be／were to be／should know／were to know ----,
 S would／could／might／should + 〜 ----.
「万が一にでも S' が ---- なら／---- を知っていれば、S は p.p. だろうに／できるだろうに／かもしれないだろうに／できるはずだろうに」
(形は過去でも近い将来なさそうな事を想像していることに注意。If 節内の should や were to が目印)

(e.g.)

a) If he *should be there, I would be happy.
 「万が一にでも彼がその場所にいることがあれば嬉しいのだが」
 (「近日中に彼はそこにいなさそうなので、私は寂しい」とうこと)

> *should を were to にすると彼がそこにいる可能性はさらに低くなる。また、この should だけは直説法や命令法と共に使えることに注意。

> (e.g.)
> ・If he should be there, I will be happy.
> 「彼がそこにいてくれたら嬉しいなぁ」

（「もしかしたらそこにいてくれることがあるかも」ということ）

・If he <u>should come</u> to see me in my absence, <u>please give</u> him my best regards.

「万が一不在中に彼がお見えになったらよろしく言っておいてください」

（「来ないだろうけど、断言できないのでよろしく」ということ）

b) If he *<u>should know</u> the truth, he <u>would tell</u> it to her.

「彼が真相を知ることになれば彼女に話すだろうに」

（「近日中に彼が真相を知ることはなさそうなので、彼女に話すこともないだろう」とうこと）

* この should を were to にすると彼が真相を知る可能性はさらに低くなる。

c) If the sun <u>were to rise</u> in the west, I <u>would not change</u> my mind.

「仮に太陽が西から昇るようなことがあっても私の気持ちは変わらない」

（「ありえない事が起きても私の気持ちは変わらない」ということ）

【仮定法の変化球】

《If / if の省略》

　冒頭で述べたように、仮定法はいつも if という姿で登場するわけではありません。以下のように If が無くても仮定法が成立することがあります。

〈1〉<u>Were he diligent</u>, his parents would be relieved.
　「彼がまじめなら親御さんも安心なのに」

〈2〉<u>Had the team done their best</u>, they could have won the game.
　「全力出していればそのチームは試合に勝てたのに」

〈3〉<u>Had my sister known the truth</u>, she might have told it to our mother.
　「姉妹が本当のことを知ってたら母に話したかも」

〈4〉<u>Should John appear there</u>, I could see him.
　「万が一ジョンがそこに現れてくれることがあれば会えるんだが」

〈5〉<u>Were the world to come to an end</u>, what would you do?
　「仮に世界が終わりになるとしたらどうする？」

　これらは If を省略したパターンの仮定法です。ですから下線部を If で表せば、

⟨1⟩ If he were diligent,　　　　　⟨2⟩ If the team had done their best,
⟨3⟩ If my sister had known the truth,　⟨4⟩ If John should appear there,
⟨5⟩ If the world were to come to an end

となります。そう、気づきましたね。If の直後の S と述部（の一部、つまり had done なら had だけ）をひっくり返すだけです。それが If 省略の目印なのです。

⟨1⟩ If he were → were he　　　　　⟨2⟩ If the team had → had the team
⟨3⟩ If my sister had → had my sister　⟨4⟩ If John should → Should John
⟨5⟩ If the world were → Were the world

という要領です。また、この If 節はなにも文頭とは限らず、文中に登場すること もあります。If が省略された時も同様で、

⟨1⟩ His parents would be relieved <u>if he were</u> (= <u>were he</u>) diligent.
⟨2⟩ The team could have won the game <u>if they had</u> (= <u>had they</u>) done their best.
⟨3⟩ My sister might have told the truth to our mother <u>if she had</u> (= <u>had she</u>) known it.
⟨4⟩ I could see John if he should (= should he) appear there.
⟨5⟩ What would you do <u>if the world were</u> (= <u>were the world</u>) to come to an end?

になるということです。

《wish と共に使われる仮定法》
　また、仮定法は wish と共にも使われます。

⟨1⟩ I wish he <u>were</u> here now.
　「彼が今ここにいてくれればなぁ」

⟨2⟩ I wish he <u>had been</u> there at that time.
　「彼があの時あそこにいてくれていたらなぁ」

⟨3⟩ I wish I <u>could speak</u> English.
　「英語が話せたらなぁ」

⟨4⟩ I wish I <u>could have spoken</u> English at that time.
　「あの時英語が話せていたらなぁ」

〈1〉であれば「彼が今ここにいないのが残念」ということを、〈2〉であれば「彼があの時あの場所にいなかったのが残念」ということを、〈3〉であれば「英語が話せないのが残念」ということを、〈4〉であれば「あの時英語が話せなかったのが残念」ということを表しています。

《as if と共に使われる仮定法》

次は as if です。これは「まるで ― であるかのように」と比喩的に表現するものですが、仮定法にならない場合もあることに注意してください。

〈1〉A girl speaks English fluently as if she is a native speaker.
「ある女の子がまるでネイティブのように流暢に英語を話す」

〈2〉The Japanese girl speaks English fluently as if she were a native speaker.
「その日本人の女の子はまるでネイティブのように流暢に英語を話す」

ご覧のように〈1〉では直説法の is が使われていますが、〈2〉では仮定法過去形が使われています。というのも〈1〉では主語が A girl「とある女の子」とあるので、「もしかしたらこの女の子、目は黒いし体型も日本人っぽいけど、もしかしたらアメリカ人とかオーストラリア人かも」ということを表しているわけです。それに対して、〈2〉は主語が The Japanese girl となっているので、英語のネイティブではないわけで、ならば事実に反するので仮定法の時制を使っているのです。

《助動詞の形で仮定法を教えるもの》

以上見てきたように if を省略した形で現れたり、wish や as if と共に使われたりと様々なので、一見神出鬼没に見えますが、ご安心ください。仮定法の形は過去系列なので、そこに着目すればいいのです。特に助動詞に目を付けてください。would, might, could, should が使われていたら仮定法の可能性大です。

(e.g.)
a) An honest man would not behave like that.（仮定法過去形の型）
「誠実な人ならそんなふうには振る舞わないだろうに」
（「誠実な人じゃないから普段そんな振る舞いをしている」ということ）

b) An honest man would not have behaved like that.（仮定法過去完了形の型）
「誠実な人だったならあんな振る舞いはしなかっただろうに」
（「誠実な人じゃなかったからあんな振る舞いをした」ということ）

---

c) A terrible accident <u>might have happened</u> to them.（仮定法過去完了形の型）
　　「恐ろしい事故が彼らの身に起きていたかもしれない」
　　（「実際は起きなくてよかったが、へたしたら彼らは危なかったんだよ」と
　　いうこと）

《慣用句／if it were not for…, if it had not been for…》
　また仮定法にも慣用表現があり、以下の2点が最頻出表現です。
　☆ if it were not for … 「…が無ければ」（仮定法過去形の型）
　☆ if it had not been for … 「…が無かったら」（仮定法過去完了形の型）
　この2つは without…や but for…という表現で書き換えが可能です。

(e.g.)
a) If it were not for his help, I might fail.
　　「彼の助けがなかったら私は失敗しているかもしれない」
　　= Were it not for his help, I might fail.　= If he did not help me, I might fail.
　　= Without his help, I might fail.　　　　　= But for his help, I might fail.
b) If it had not been for her advice, he could not be a star now.
　　「彼女のアドバイスがなかったなら、今頃彼はスターではないだろう」
　　= Had it not been for her advice, he could not be a star now.
　　= If she had not advised him, he could not be a star now.
　　= Had she not advised him, he could not be a star now.
　　= Without her advice, he could not be a star now.
　　= But for her advice, he could not be a star now.

　以上仮定法でした。では、修得演習（修演）にお進みください。

《仮定法のまとめ》
語り手の空想を表現したもの。
（過去系列で表記する）

【仮定法過去形】
《型》If S' + <u>過去形の動詞</u> ― , S + <u>would／might／could／should</u> ～ ―.
《意味》現状の逆を想像。
　a) If he <u>helped</u> us, we <u>would be</u> successful.
　　「もし彼が手伝ってくれれば我々はうまくいくのに」
　　（「彼が手伝ってくれていないから我々はうまくいっていない」ということ）

b) We <u>might not win</u> if it <u>were not</u> for his advice.

　　「もし彼のアドバイスが無ければ我々は勝てないかもしれない」

　　（「彼が（普段）アドバイスをくれるので勝てている」ということ）

【仮定法過去完了形】

《型》If S' + <u>had 過去分詞</u> ―, S + <u>would／might／could／should have p.p.</u> ―.

《意味》過去の事実の逆を想像。

　　c）<u>Had it not been</u> for his help, we <u>wouldn't have succeeded</u>.

　　　「もし彼の助けが無かったなら、我々はうまくいっていなかっただろうに」

　　　（Had it not been = If it had not been）

　　d）What <u>would</u> you <u>have done</u> if such a thing <u>had happened</u> to you?

　　　「もしそんな事態が君の身に起きていたら君は何をした？」

【* 仮定法未来】

《型》If S' + <u>should／were to</u>～ ―, S + <u>would／might／could／should</u> ～ ―.

《意味》近い将来なさそうな事を想像。

　　e）If he <u>should come</u>, please <u>give</u> my best regards to him.

　　　「万一彼がやって来たらよろしく言っておいてください」

　　f）What <u>should</u> we <u>do</u> <u>were</u> the world <u>to come</u> to an end?

　　　「もし世界が終わるようなことがあれば我々な何をすべきか？」

　　　（were the world to come = if the world were to come）

---

　* 仮定法未来の if 節で should を用いた場合は、可能性が少しはあることを示唆するため、主節（S＋would／might／could／should ～）の部分が直説法のS＋will／may／can ～になったり、命令法になったりすることもある。

●仮定法：would, could, might, should

（解答と解説は P.250）

【1】以下の各英文を和訳せよ。〈基本〉

(1) If my boss were a man of his word, he could be relied upon.

(2) If his subordinates had been reliable, they could have been asked to undertake the challenging job.

(3) If it were to be possible for him to do the work, I would ask him to.

(4) If the snow had not done much damage to my car, I wouldn't have to go shopping on foot now.

(5) What would you do should that happen to you?

(6) No matter what your profession may be, or how happy you may be in it, there are moments when you wish you had chosen some other career.

(7) Had it not been for your sound advice, I would have made the same mistake time and again.

(8) Should he need more information, there are plenty of good manuals available.

(9) Many a murderer might have remained innocent had he not possessed a knife or a gun.

(10) Could people be happy without it, the law, as a useless thing, would of itself vanish.

(11) Had it not been for your timely advice, she would be in trouble now.

(12) Were I to be born once more, I would marry such a tender lady as Teresa.

(13) I ran to the station; otherwise I might have missed the train.

(14) Many hardworking people who broke down in middle age could have escaped this catastrophe if early in life they had developed a taste for some recreational activities, and had formed the habit of spending a little time at them every day.

〈Words & Phrases〉

(1) a man of his word「約束を守る人」cf. a man of promise「将来有望な人」、rely upon「頼る」(2) subordinate「部下」(7) time and again「何度も」(9) possess「所持する」(10) of itself「自ずと」、vanish「消えてなくなる」

【2】以下の英文は、ある女性が難病と闘った末に訴えた尊厳死の主張を認める判決を下した裁判長が、最後に言い添えた発言である。下線部の訳としてふさわしいものをその下の選択肢から1つ選べ。〈盲点〉

She is clearly a splendid person and it is tragic that someone of her ability has been struck down so cruelly. I hope she will forgive me for saying that <u>if she did reconsider her decision, she would have a lot to offer the community at large.</u>

① 「その決意を考え直していたら、全社会に提供すべきものがたくさんあっただろうに」
② 「判断を再考していれば、一般社会に大いに貢献していたことだろうに」
③ 「考え直すことがあったら、大まかに言ってコミュニティに提供すべきことを持っていただろうに」
④ 「実際に考え直してくれれば、彼女は社会全体に大いに貢献するだろうに」

【3】以下の英文(1)(2)の下線部を和訳せよ。〈発展〉

(1)

〈1〉Some communities used to flourish by seeing their members as they were. 〈2〉<u>Imagine the good that would have resulted if our society had followed suit.</u> 〈3〉<u>Rather than comparing people to a misguided ideal, we could have seen them — and valued them — for what they are: individuals.</u> 〈4〉Instead, most schools, workplaces, and scientific institutions continue to believe in the reality of "the average person."

〈Words & Phrases〉

〈1〉flourish「繁栄する」、as S be「あるがままのS」(e.g.) I love you as you are.「あるがままの君が好きです」(この as は様態を表す)〈2〉follow suit「前例に倣(なら)う」〈3〉misguided「誤った」、value「評価する」、individual「個人」〈4〉instead「そうではなく」、institution「施設、研究所」、the reality <u>of</u> "the average person"「『平均的人物』の実在」(この <u>of</u> は主体を表し「『平均的な人物』が実在すること」という意味)

(2)

〈1〉<u>If you were to walk on a bridge and see a boy in the water screaming for help, you would feel a much greater urge to leap in and pull him to safety than you would if you were part of a crowd.</u> 〈2〉When it's just you, all the responsibility to help is yours.

〈Words & Phrases〉

〈1〉scream「叫ぶ」、urge「衝動」、leap in「飛び込む」、safety「安全(な場所)」

第6講 接続詞1（等位接続詞）

（等位接続詞が結ぶ要素、A（X＋Y）／（X＋Y）A）

■ **総括的説明** ■

　いよいよ読解らしい文法事項の接続詞に突入です。接続詞こそは文に幅を持たせる主人公です。今回はその学習です。

　接続詞は大きく以下の3つに分類されます。以下がそうです。

> 1. 等位接続詞（and, but or, for など）
> 2. 従位接続詞（if, when, as, though, because など）
> 3. 名詞節を作る接続詞（that, what, who, how, where, why など）

　今回は1の等位接続詞を学習します。

　等位接続詞はその名の通りで、まさに等しい位のもの同士を接続する詞（言葉）です。簡単に「同形同類を結ぶ！」と覚えてください。同形とは、例えば and の右側に SV があれば左の SV と結ばれているということだし、右側に形容詞が来ているなら、左側の形容詞と結んでいるということです。同類とは同じ次元のもの同士を結んでいるということです。

【同形同類を結ぶ等位接続詞】

　「等位接続詞は同形同類を結ぶのだ」と言われても実感が沸かないでしょうから、論より証拠ということで以下の2つの英文を訳してみてください。

> 〈1〉Mary likes to sing and dances.
>
> 〈2〉Mary likes singing and dancing.

　いかがでした？　違いが分かりましたか？　もちろんこの2文は同じ意味なんかじゃありませんよ。〈1〉は and の右側を見ると dances と動詞の dance に三単現の s がついてますね。ってことは左側の likes と結んでいるということになるので、「メアリーは歌うのが好きでそして（普段は）踊っている」となります。Mary likes to sing and dances.「歌うのが好きだ、そして踊っている」という感じです。一方〈2〉の方は、ご想像の通り「メアリーは歌うのと踊るのが好きだ」で結構で

す。and は <u>singing</u> と <u>dancing</u>（同じ形のもの同士）を結んでいるのですからね。では、以下の英文ですが、これは正しい英文でしょうか？　ご検証ください。

〈3〉Mary likes the sea and the color of the sky.

いかがでしょう？　何か変ですよね？　そう、これは and が結ぶものが名詞同士だという意味では結構なのですが、<u>同類を結んでいないから不自然な英文になっ</u><u>ている</u>のです。このままだと「海」と「空の色」を結ぶことになってしまう。風景を表す「海」と物の特徴を表す「色」ではあまりに次元が違います。この英文は Mary likes <u>the color of the sea</u> and <u>the color of the sky</u>. に直すべきです。これなら「色」と「色」を結ぶのでまともな英文になります。でも、ちょっと冗長です。それと英語は同語反復を嫌うので省略する癖があるので、the color of の所をざっくり外して Mary likes the color of <u>the sea</u> and <u>the sky</u>. とやるとスッキリします。この時 and が結ぶのは the sea と the sky ということになります。

【共通項の問題／A(X＋Y)／(X＋Y)A】
　もう一つ等位接続詞で注意すべきことがあります。<u>共通項</u>という問題です。以下でその辺のことを確認しておきましょう。各英文の下線部はどこかとの共通項になっていますが、さて、それはどこかを意識して和訳してみてください。

〈1〉Democracy is <u>the government</u> of the people, by the people, and for the people.
〈2〉He felt, and at least looked, <u>disappointed</u>.
〈3〉My knowledge of, and respect for, <u>other civilizations</u> are acquired.
〈4〉She always looked, but never really was, <u>happy</u>.

　等位接続詞は同形同類を結ぶので、〈1〉であれば and が結ぶのは of the people と by the people と for the people という前置詞句同士です。従ってこの3か所が the government を共通項にして修飾します。the government 〈of the people〉＋ the government 〈by the people〉＋ the government 〈for the people〉という関係性で、言うなれば、AX＋AY＋AZ を A(X＋Y＋Z) で表したものが〈1〉の英文だということです。訳は「民主主義とは＊国民の、国民による、国民のための政治である」となります。〈2〉は〈1〉とちょうど逆で disappointed が felt と looked の共通項（共通の補語）になっています。and が結ぶのは felt と looked という動詞同士です。felt disappointed＋looked disappointed で、XA＋YA という関係になっています。これを (X＋Y)A で表したのが〈2〉の英文というわけです。訳は「彼は落胆しているよう感じたし、少なくともそう見えた」となります。at least「少なくとも」は副

78

詞句なので、and の左側に同形同類のものが無いのでいわばカッコ的扱いとなるわけです。〈3〉は other civilizations が of と for の共通項。and が結ぶのは knowledge of と respect for です。My knowledge of <u>other civilizations</u>, and <u>my</u> respect for other civilizations is acquired. の波線部が省略されたわけです（英語はとにかく省略癖と言い換え癖があります）。訳は「他の文明に対する私の知識と敬意の念は後天的に身につけたものだ」となります。〈4〉に関しては、but が結ぶのは always looked（副詞 動詞）と never really was（副詞 動詞）です。happy は looked と was の共通項（共通の補語）になっています。訳は「彼女はいつも幸せそうだったが実際は決して幸せではなかった」となります。

> ＊一言で「国民<u>の</u>」とは言うが、この「<u>の</u>」、つまり <u>of</u> は<u>目的語の関係を示す</u>ことを意識したい。詳しくは☞ p.194《A of B について》

【not A but B】

　頻出表現に not A but B があります。but は対比関係を表すので、基本的は「しかし」とか「が」と訳しますが、和訳の際違和感が出る場合があります。以下ご検討ください。

> 〈1〉He is not good-looking, but very smart.
> 〈2〉He is not a good teacher, but a good scholar.
> 〈3〉He is not a teacher, but a student.
> 〈4〉We were not able to provide the poor people with houses, but with food.
> 〈5〉We provided the poor people not with houses, but with food.

　いかがでしたか？　〈3〉と〈5〉の but は「しかし」とか「が」とやると違和感があったのでは？　〈1〉なら「彼はイケメンではないが、大変頭はいい」と、but は「が」と訳せるし、〈2〉も「彼はいい教師ではない。しかしいい学者ではある」のように「しかし」とやれますが、〈3〉は「彼は教師ではないが生徒だ」とか「彼は教師ではない。しかし生徒だ」では妙ですね。〈4〉なら「我々はその貧しい人たちに住居は提供できなかったが、食料は提供できた」と but を「が」で処理できますが、〈5〉では but を「が」とか「しかし」とやって、「我々はその貧しい人たちに住居ではないが食料を提供した」とか「我々はその貧しい人たちに住居ではない。しかし食料を提供した」では違和感が出てしまいます。これを自然な訳にするには、not A but B を「A ではなく B」と流すように訳すのです。〈3〉なら「彼は教師ではなく生徒だよ」、〈5〉なら「我々はその貧しい人たちに住居ではなく食料を提供した」とやるのです。

では、なぜそういうことになるのか？　それは日本語の「が」とか、「しかし」という対比的訳は、これまでの流れをぶった切って予想外のことを後続させる時に使うからなのです。〈1〉が「が」や「しかし」で訳せるのは、「彼がイケメンでない」と言われた時点で、聞いている方は、彼に対してネガティブな印象を持ちがちです。当然それ以降もネガティブな内容を予想しちゃいますね。ところがどっこい、「大変頭がよい」という内容が飛び込んでくるわけです。これは予想外だから「しかし」という訳語が合うのです。〈2〉も同様で、「いい教師じゃない」のなら、学者としてもうだつが上がらないだろうと思いきや、違うのです！　学者としては一流なんです。予想外なわけです。これに対して〈3〉の場合、「先生じゃない」と言われたら、そりゃ残る選択肢は「生徒」しかないですよね。そう、想定内なわけです。こういう時は「しかし」という強い対比的訳語はふさわしくないのです。〈4〉も「住居提供ができなかった」と言われたら聞いている方は「あ〜、助けてあげたかったのに、だめだったのね」ってな感じで予想しちゃいますよね。でも、どんでん返しの内容、「食料提供はできた」、そう、しっかり貧しい人たちを助けてあげられたのです。予想外の内容だったので、「しかし」がOKとなるのです。〈5〉は「住居じゃないものを提供した」のですから、聞いている方は「はは〜、ってことは食料提供とか、医療提供で助けてあげたのだな」と予想できる文になっています。なので、ここでは「しかし」がふさわしくないということになるのです。

　とまあ、理屈はそういうことですが、ネイティヴにしてみれば not A but B は A を否定して B を肯定しているってだけのことなので、和訳した時の違和感の有無で判断して下さい。従って、

> not A but B は
> 「A ではないが B、A ではない。しかし B」か
> 「A ではなく B」と訳す。

ということです。

　ところで、この not A but B に only 系が付いて、not only A but (also) B になると A も B も肯定することになります。ご注意を！

　では、修演にて等位接続詞を修得してまいりましょう！

《等位接続詞のまとめ》

等位接続詞は、同形同類をむすぶ！
（等位接続詞には and, or, but, for などがある）

【語句と語句を結ぶ】＊以下波線部分を結んでいる。

a) Mary and Mike spoke to me.
　「メアリーとマイクが私に話しかけてきた」

b) Mary spoke to Mike and (to) me.
　「メアリーがマイクと私に話しかけてきた」

c) Mary approached and spoke to me.
　「メアリーが私の方に近づいてきて話しかけてきた」

d) I thought Mary or Mike spoke to some children.
　「メアリーかマイクのどちらかが子供たちに話しかけたのだと思う」

e) I spoke to apparently kind but in reality unkind children.
　「一見優しそうだが実は冷たい子供たちに話しかけた」

【節（SV 部分）と節（SV 部分）を結ぶ】＊以下波線部分を結んでいる。

f) I spoke to them and they looked at me.
　「僕は彼らに話しかけ、そして彼らは僕を見た」

g) Mary spoke to Mike, but she got no response from him.
　「メアリーはマイクに話しかけたのに何の反応も得られなかった」

h) I spoke to Mary, for she looked disappointed.
　「僕はメアリーに話しかけた。というのも、落ち込んでいる様子だったから」

【not A but B と not only A but also B】

＊i) I did not speak to her but looked at her.
　「僕は彼女に話しかけなかったが、彼女の方を見た／僕は彼女に話しかけた
　のではなく、彼女を見たのだ」
　（speak to her を否定して looked at her を肯定している）

j) I did not only look at her but also spoke to her.
　「彼女を見ただけではなく話しかけもした」
　（look at her も spoke to her も肯定している）

＊ この not A but B は「A ではないが B」とも訳せるし、「A ではなく B」と
も訳せる。

●接続詞1：等位接続詞（and, but, or, for）

■ 修得演習 ■

（解答と解説は P.257）

【1】以下の各英文を和訳せよ。

(1) Nobody can tell you how or what to write.　　　　　　　　　〈基本〉

(2) Our greatest glory consists not in never falling, but in rising every time we fall.

(3) Students in the United States often support themselves by babysitting, working in restaurants, or driving taxicabs.　　　　　　　　　〈基本〉

(4) He felt indeed that he had never met anyone so pleasant to talk to, to look at, or to listen to.　　　　　　　　　〈盲点〉

(5) In middle class ennui is represented by the Sundays and want by the weekdays.
　　　　　　　　　〈盲点〉

(6) We often express a state or feeling of being isolated or excluded with terms referring to coldness.　　　　　　　　　〈発展〉

(7) Human growth hormone was introduced to help children with a hormonal deficiency, but it also works with short, but otherwise healthy, children.

(8) Pursue the truth, get it right, and you will be a more complete, a freer human individual.

(9) Tourists are slowly destroying many fragile but beautiful natural sites, from coral reefs to rainforests. Either tourism must change, or it must begin to have restrictions placed upon it.

(10) Many librarians and scholars believed that Smiley had been responsible for the theft, and permanent loss, of many more items than the 97 with which he had been charged.

(2) glory「栄光」、consist in…「…の中にある」= lie in…、every time S' + V'「S' + V' するたびごとに」= whenever S'+V' (3) support oneself「生計を立てる」(5) ennui「アンニュイ、倦怠」(6) isolate「孤立させる」、exclude「排除する」、term「言葉」、refer to…「…を指す」(7) human growth hormone「ヒト成長ホルモン」、hormonal deficiency「ホルモン欠乏症」、otherwise「それ以外の点では」(8) pursue「追及する」、get … right「…を正しくとらえる」(9) fragile「脆（もろ）い」、coral reef「サンゴ礁」、restriction「規制」(10) permanent「永久の」、charge「告発する」

【2】以下の英文を和訳せよ。

In general, a time filled with varied and interesting experiences seems short in passing, but long as we look back. On the other hand, a tract of time empty of experiences seems long in passing, but in retrospect short.

〈Words & Phrases〉

in general「一般的に（言えば）」= generally speaking、varied「変化に富む」= various、tract「系、経過」、empty of…「…が無い」、retrospect「回顧」

【3】以下の英文の下線部を日本語にせよ。

〈1〉Imaginary companions are in no way an indication of either genius or madness. 〈2〉Children with imaginary companions are not, on the whole, markedly brighter or more creative or shyer or crazier than other children. 〈3〉Imaginary companions aren't the result of distress or trauma, and they aren't precursors of pathology. 〈4〉Some children do seem to use their companions to help sort out problems in their lives, but for most they seemed to be just plain fun.

〈Words & Phrases〉

〈1〉imaginary companion「空想の友達」cf. imaginative「想像力豊かな」cf. imaginable「想像しうる限りの」、in no way -「決して―ない」、indication「兆候」〈2〉on the whole「概して、全体的に見ると」、markedly「著しく」〈3〉distress「悩み」、precursor「前兆」、pathology「異常行動」〈4〉sort out「整理する」、plain「地味な」

【4】以下の英文を読んで下の各設問に答えよ。

[1] 〈1〉 James Smithson, the founding donor of the Smithsonian Institution, was an English chemist and mineralogist. 〈2〉 He was the illegitimate son of Hugh Smithson, the first Duke of Northumberland, and Elizabeth Hungerford Keate Macie, a wealthy widow who was a cousin of the Duchess of Northumberland. 〈3〉 His exact birthday remains unknown because he was born in secret in Paris, where his mother had gone to hide her pregnancy. 〈4〉 In his youth, his name was James Lewis Macie, but in 1801, after his parents died, he took his father's last name of Smithson

[2] 〈5〉 Smithson never married. 〈6〉 He had no children, and he lived a peripatetic life, travelling widely in Europe during a time of great turbulence and political upheaval. 〈7〉 He was in Paris during the French Revolution, and was later imprisoned during the Napoleonic Wars. 〈8〉 (A) <u>Friends with many of the great scientific minds of his age, he believed that the pursuit of science and knowledge was the key to happiness and prosperity for all of society.</u> 〈9〉 He saw scientists as benefactors of all mankind, and thought that (B) <u>they</u> should be considered 'citizens of the world.'

(1) 本文中の第 [1] 段落、第 [2] 段落の内容と一致するものを 1 つ選べ。

第 [1] 段落
    A. James Smithson later changed his name to 'James Lewis Macie.'
    B. James Smithson's mother would not tell him who his father was.
    C. James Smithson was as American mineralogist and chemist.
    D. No one knows exactly when James Smithson was born.
    E. The name of James Smithson's father remains unknown.

第 [2] 段落
    A. During the French Revolution, Smithson was living in Marseille.
    B. Many of the leading scientists of the time were friends of Smithson.
    C. Smithson formed a club called 'Citizens of the world.'
    D. Smithson had many scientist friends, yet he distrusted science.
    E. Smithson settles down in London and raised a large family.

(2) 下線部 (A) を和訳せよ。〈盲点〉

(3) 下線部 (B) が表すものは以下のどれか。選べ。

1. scientists
2. mankind
3. happiness and prosperity
4. science

〈Words & Phrases〉

〈1〉founding donor「設立寄贈者」、Smithsonian Institution「スミソニアン協会（アメリカの国立学術研究機関）」、mineralogist「鉱物学者」〈2〉illegitimate「非嫡出（ひちゃくしゅつ）の、違法の」、duke「公爵」、duchess「公爵夫人」〈3〉pregnancy「妊娠」〈6〉peripatetic「渡り歩いて」、turbulence「動乱」、upheaval「激動」〈7〉imprison「投獄する」〈8〉pursuit「追及」cf. pursue「追及する」〈9〉benefactor「恩人」

【5】以下の各英文 (1), (2), (3) を和訳せよ。

(1) The bombing of London by Germany in World War II was a terror attack, in that the goal was not to cripple the British ability to wage war, but to generate a psychological and political atmosphere that might split the public from the government and force the government into negotiations. 〈発展〉

〈Words & Phrases〉

bombing「爆撃」、terror attack「テロ攻撃」、cripple「機能不全にする」、wage war「戦争を遂行する」、generate「生む」、psychological「心理的な」cf. physiological「生理的な」cf. physical「身体的な、物理的な」、split「引き裂く」、negotiation「交渉」

(2) In the 20th century, Communism, Nazism and Fascism presented powerful challenges to the democratic world not only on the battlefield but also in the realm of ideas, offering models for how societies should be organized that many believed were superior to democracy. 〈発展〉

〈Words & Phrases〉

communism「共産主義」cf. capitalism「資本主義」、challenge「異議申し立て」、realm「領域」、offer「提供する」（ここでは offering と分詞構文になっていることに注意）、organize「組織化する」

(3) Even though Jim's performance in class left much to be desired, he didn't like being singled out for criticism by the teacher, for there were several other students who were much worse.

〈Words & Phrases〉

even though S'V'—, SV「S'V'— ではあるが、SV だ」、leave much to be desired「遺憾な点が多い」cf. leave nothing to be desired「申し分ない」、single out「選び出す」（being singled out for criticism の直訳は「批判のために選び出されること」だが、要は「槍玉にあげられること」といった感じ）

【6】以下の英文の下線部を和訳せよ。　　　　　　　　　　　　　　　〈盲点〉

〈1〉It took hundreds of millions of years to produce the life that now inhabits the earth—aeons of time in which that developing, evolving and diversifying life reached a state of adjustment and balance with its surroundings. 〈2〉The environment, rigorously shaping and directing the life it supported, contained elements that were hostile as well as supporting. 〈3〉Certain rocks gave out dangerous radiation; even within the light of the sun, from which all life draws its energy, there were short-wave radiations with power to injure. 〈4〉Given time—time not in years but in millennia—life adjusts, and a balance has been reached. 〈5〉For time is the essential ingredient; but in the modern world there is no time.

〈Words & Phrases〉

〈1〉hundreds of millions of years「数億年」、aeons「測り知れない長い年月」、develop「発達する」、evolve「進化する」、diversify「多様化する」、state「状態」、adjustment「順応」、surrounding「環境、状況」cf. surround「囲む」〈2〉environment「環境」、rigorously「厳格に」、direct「方向づける」、contain「含む」、element「要素」、hostile「敵意ある、過酷な」、supporting「支援的な」〈3〉draw「引き出す」cf. drawer「引き出し、たんす」、radiation「発光」〈4〉millennia「千年間（millennium の複数形）」（☞ p.181《単数の um/on、そして複数の a について》）〈5〉essential「必要不可欠な、本質的な」、ingredient「要素」

第7講 接続詞2（従位接続詞）

（従位接続詞の役割と様々な意味、名詞節を作る接続詞 that と
疑問詞、そして so ― that - - - と so that - - -）

■ 総括的説明 ■

さあ、接続詞第2弾です。前回の接続詞は対等なもの同士を結ぶ問う接続詞を学習しましたが、今回は対等でないもの同士を結ぶ接続詞（**従位接続詞**）です。

それと that に代表されるように名詞節を作る接続詞についても学習したいと思います。ではまずは、従位接続詞から。

【従位接続詞の役割と様々な意味】

従位接続詞には「時」を表すものやら、「原因」を表すものやら様々あります。以下まとめました。まずはざっと俯瞰してください。

1.「時」編

□ when S'V'	「S'V' する時」
□ while S'V'	「S'V' する間」
□ as S'V'	「S'V' する時」
□ before S'V'	「S'V' する前に」「S'V' しないうちに」
□ after S'V'	「S'V' した後で」
□ till [until] S'V'	「S'V' するまで（ずっと）」（継続）
□ by the time S'V'	「S'V' までには」（期限）
□ since S'V'	「S'V' して以来」
□ once S'V'	「いったん S'V' したら」
□ as soon as S'V' □ the instant [the moment, the minute] S'V'	「S'V' するとすぐに」
□ every time [each time] S'V'	「S'V' するときはいつでも」
□ hardly [scarcely] ―when [before] S' V'	「～するとすぐに S'V' する」
□ no sooner ― than S' V'	「―するとすぐに S'V' する」

2.「原因・理由」編

□ because S'V'	「S'V' なので」（聞き手が知らない理由の時に使う）
□ since S'V'	「S'V' なので」（聞き手が既に知っている理由の時に使う）
□ as S'V'	「S'V' なので」（聞き手が既に知っている理由の時に使う）
□ now (that) S'V'	「今はもう S'V' だから」「S'V' である以上は」

3.「条件・仮定」「目的」編

□ if S'V'	「もしも S'V' ならば」
□ unless S'V'	「もしも S'V' しなければ」
□ in case S'V'	「S'V' の場合には」「S'V' するといけないから」
□ suppose [supposing] (that) S'V' □ providing [provided] (that) S'V' □ granting [granted] (that) S'V'	「もしも S'V' ならば」
□ as [so] long as S'V'	「S'V' である限り」（時間的限界・条件）
□ on (the) condition (that) S'V'	「S'V' という条件で」「もしも S'V' ならば」
□ so (that) S' may [can, will] do □ in order that S' may [can, will] do □ that S' may [can, will] do	「S'V' するために」
□ lest S' (should [might]) do □ for fear (that) S' should [might] do	「S'V' しないように」 「S'V' するといけないから」

4.「程度・結果」編

□ so 形容詞・副詞 (that) S'V' □ such [a] 形容詞 + 名詞 (that) S'V'	「S'V' する程に―、非常に―なので S'V'」
□ ―, so that S'V'	「それで〔その結果〕S'V'」

5.「譲歩」編

□ though S' V' □ although S' V'	「S'V' だけれども」
□ 形容詞（副詞・名詞）as S' V'	「S'V' だけれども」
□ (even) if S' V' □ even though S' V'	「たとえ S'V' であっても」
□ whether S' V' or ―	「S'V' であれ―であれ」
□ no matter 疑問詞 S' V'	「たとえ S'V' であっても」
□ while S' V'	「S'V' である一方で」（対比関係を表す）

6.「様態」編

□ as S' V' □ the way S' V'	「S' が V' するように」
□ as if S' V' □ as though S' V'	「まるで S'V' のように」

7.「比例」編

□ as S' V'	「S'V' につれて」「S'V' に従って」
□ according as S' V'	「S'V' につれて」「S'V' に従って」
□ in proportion as S' V'	「S'V' につれて」

☐ as far as S' V' ☐ so far as S' V' ☐ in so far as S' V'	「S' V' の限りでは」 （人間関係的、空間的、距離的限界を表す）

以上のように従位接続詞には様々な意味がありますが、働きは1つ。

> ### S'V' 部分（従属節／副詞節）を主節につなぐ！

ということです。以下具体的に見ていきます。

〈1〉<u>As</u> he felt tired, he took a rest.（As が従位接続詞）

〈2〉He felt tired <u>and</u> he took a rest.（and は等位接続詞）

〈3〉<u>Though</u> he felt tired, he didn't take a rest.（Though が従位接続詞）

〈4〉He felt tired <u>but</u> he didn't take a rest.（but は等位接続詞）

訳はそれぞれ、〈1〉「彼は疲れを感じたので休憩を取った」、〈2〉「彼は疲れを感じた。それで休憩を取った」、〈3〉「彼は疲れを感じたが休憩を取らなかった」、〈4〉「彼は疲れを感じた。しかし休憩は取らなかった」となり、〈1〉と〈2〉、そして〈3〉と〈4〉でそれほど表す意味に違いはありませんが、構造的にはずいぶん違いがあるのです。〈1〉であれば、As he felt tired の部分を独立した文にすることはできませんよね⁉　つまり、As he felt tired. He took a rest. のようにはできませんよね。しかし、〈2〉の英文は、He felt tired. And he didn't take a rest. のようにそれぞれ独立した2文に分解できるのです。そう、前者の部分も後者の部分も対等だから。だから and は等位接続詞と言うのですね。〈3〉も同様で、Though he felt tired「彼は疲れたのだが」では独立した文にはなれませんが、〈4〉は He felt tired.「彼は疲れを感じた」But he didn't take a rest.「しかし彼は休憩を取らなかった」と2文に分けられます。

　この As he felt tired や Though he felt tired の部分を**従属節**（SV の固まりを「節」と言います。文とは言いません。文は大文字で始まってピリオドで終わる全体を言います）と言い、he took a rest の部分を**主節**と言います。また従属節は主節を修飾しているという意味で、品詞的に言えば**副詞節**とも言います。そう、従属節も副詞節も同じことだったのですね。ですから、従位接続詞とは主節につなぐ働きをしていると言えたわけです。また、従属節は後ろから前の主節に係ることもできます。ですから、〈1〉は He took a rest *¹as he felt tired. のように、〈3〉は He took a rest *²though he felt tired とも言えます。

　というわけで、従位接続詞で導かれた従属節はあくまで主節を修飾する飾りなの

で、言ってみれば無くても文が成立する部分です。ですからあまり長い英文の場合は、従属節をざっくり取り払ってみると読みやすくなります。さて次は名詞節を作る接続詞の番です。

【名詞節を作る接続詞／that や疑問詞（what, who, whether, why, how など）】
　名詞節とは名詞の働きをする SV 部分のことです。ですから、**名詞節**とは文中でS・O・C の固まりを作る SV 部分を言います。そしてその名詞節を作る*3 接続詞が、that であったり、what や why や how といった*4 疑問詞であったりするのです。では、具体的な形を見ていきましょう。

〈1〉[That the situation was serious] was evident.（[ ] 内は S を形成）
　　「状況が深刻であるということは明らかだった」
〈2〉I knew [that the situation was serious].（[ ] 内は O を形成）
　　「状況が深刻であるということを僕は知っていた」
〈3〉My chief concern was [that the situation was serious].（[ ] 内は C を形成）
　　「僕の主な関心事は状況が深刻であるということだった」

　形式主語（または仮主語）の it を用いて、〈1〉を It was evident that the situation was serious. と言うこともできます。しかし、上記の〈1〉の英文とこちらの形式主語を使った英文では使う場面が異なることにも注意のこと。詳しくは、第12講の盲点事項その2の情報構造をご覧ください。
　このように、that は S・O・C を作りますが、もう一つ同格を作る that というものもあります。

〈4〉 They told me the fact [that the situation was serious].

（[　] 内は the fact と同格）

「彼らは私に状況が深刻である *5 という事実を教えてくれた」

*5 同格を作る that は「という」と訳す。

　この that 節は the fact とイコール関係にあり、こうした that を同格の that と言います。the fact が名詞なのでイコールである that 節も名詞節となります。the fact の具体的内容を教えてくれているのです。

　さて次は疑問詞が名詞節を作る姿を見ていきます。

〈5〉[Whether he knows the truth or not] is not certain.（[　] 内は S を形成）)
　　「彼が真相を知っているかどうかは定かではない」
〈6〉Please tell me [why they behaved like that].（[　] 内は O を形成）
　　「彼らがなぜあんなこと振る舞いをしたのか教えてくれ」
〈7〉The point is [how he will solve that difficult problem].

（[　] 内は C を形成）

　　「大事なことは彼があの難問をどう解決するかということだ」

　いかがでしょう？　確かに疑問詞は接続詞的な働きをしているのではないでしょうか⁉　これらはあくまでも文中で S・O・C の部分を形成しているので、従属節とは異なり、取っ払えないということもしっかり銘記してください。では次で最後です。そう、so that です。

【so that 系】

　上記で見てきたように that は主に名詞節として働きますが、時には従属節（＝副詞節）として働き、主節を修飾するときがあります。その時の印は so です！以下ご覧ください。

〈1〉He was so wealthy that he could buy that expensive car.
〈2〉He wasn't so wealthy that he could buy that expensive car.
〈3〉He studied so hard that he could pass the examination.
〈4〉He studied hard so that he could pass the examination.
〈5〉He studied hard, so that he could pass the examination.
〈6〉He studied hard so that he passed the examination.

どうですか、違いが分かりましたか？　よく、so — that --- 構文と称して「大変
—なので that --- だ」とだけ訳す人がいますが、ならば〈2〉はどう訳すのでしょ
う？　まさか「大変裕福じゃないので彼はあの高級車を購入できた」なんて訳には
なりませんよね。裕福じゃないんだったら高級車は買えるはずがないんだから。そ
れと、so が出てくるとやたら「非常に」とか「大変」とか「すごく」のように訳
す人がいますが、so は本来そんな意味なんかじゃなくて、何らかの状況を受けた
指示語で「そんなに」とか「それほど」という意味なんです。例えば以下のような
状況を考えてください。

(e.g.)
A: "Do you think that it will snow tomorrow?"
B: "Yes, I think so."

　これって、A「明日雪降ると思う？」B「うんすごく思う」となりますか？　な
りませんよね。やはり B はただ「うんそう思う」と言っているだけですよね。「非
常に思う」とか「大変思う」にはなりませんよね。それもそのはず、so は that 節
を受けていたんですから。つまり B は Yes, I think that it will snow tomorrow. と言
うべきところを簡単に so で済ましたわけです（英語は同語反復を嫌いますから
ね）。これと so — that の場合も一緒です。ですから〈1〉は本来「彼はあんな高級車
を購入できるほど裕福だった」という意味だったのです。その意味をとって前から
訳したのが「彼は大変裕福だったのであんな高級車を購入できた」だったのです。

He was so wealthy (that he could buy that expensive car).
(that 以下を受けて「それほど」という意味。

という感じですね。この様に that 節は従属節として so を中心に前の主節に係って
いたのです。ですから〈2〉も that 節以下を so に掛けて「彼は（まあまあ裕福では
あるが）あんな高級車を購入できるほどには裕福ではなかった」となるのです。
〈3〉も同様で「彼はその試験に合格できるほど熱心に勉強した」が本来の訳。この
意味を取って前から「彼は熱心に勉強したのでその試験に合格できた」とやること
もできますが、前半が否定形になっていたらおかしなことになるので本来の訳に戻
すというわけです。
　さて今度は so と that がくっついている場合ですが、これは基本的に「目的」や
「意図」を表して so that 以下を前の主節に掛けます。〈4〉は「試験に合格できるよ
うにと彼は熱心に勉強した」となります。もちろん〈3〉とは意味が異なります。
〈3〉は合格したことを示唆していますが、〈4〉は合格したとは言っておらず、もし
かしたら落ちたのかもしれないことを含意します。ですから、

> He studied hard <u>so</u> <u>that</u> he could pass the examination. But he failed. （○）
>
> 「彼はその試験に合格できるように熱心に勉強した。しかし落ちてしまった」

のようには言えますが、

> He studied <u>so</u> hard <u>that</u> he could pass the examination. But he failed. （×）
>
> 「彼はその試験に合格できるほど熱心に勉強した／彼は熱心に勉強したので
> その試験に合格できた。しかし落ちてしまった」

とは言えないわけです。

さて次はその so that の前にカンマ (,) が付いた〈5〉の場合ですがこれは基本的には結果的に訳すので、〈3〉と同様の趣旨になります。訳的には「彼は熱心に勉強した。その結果その試験に合格できた」となります。そして〈6〉も同様で結果的に「彼は熱心に勉強した。結果試験に合格した」と訳します。so that とくっ付いてはいても that 節内に助動詞が使われていない場合は結果を表します。従ってまとめますと、

> 〈1〉〈3〉so と that が離れて so — that なら ⇒ 程度・結果的に訳す。
> 〈2〉not so — that なら ⇒ 程度的に訳す。
> 〈4〉so と that がくっ付いて so that 内に助動詞があれば ⇒ 目的・意図的に訳す。
> 〈5〉, があって , so that となっていたら、⇒ 結果的に訳す。
> 〈6〉so と that がくっ付いても that 内に助動詞が無ければ ⇒ 結果的に訳す。

ということです。

Point!

〈so — that--- と so that---〉

> 〈1〉so — that---
>   =「--- ほど—、大変—なので ---」と訳す。（程度・結果）
>   ＊ただし、前半が否定形になっていたら本来の訳「--- ほど—」を採用する。
> 〈2〉so that - can/ may/ will～
>   =「～するために、～できるように」と訳す。（目的・意図）
> 〈3〉—, so that---
>   =「—。その結果 ---」と訳す。〈1〉と同趣旨。
>   ＊カンマ (,) が無くても that 節内に助動詞が無かったら結果的に訳す。
>   ＊〈1〉、〈2〉、〈3〉いずれの that も省略されることがあるので要注意。

《従位接続詞と名詞節を作る接続詞のまとめ》
・従位接続詞は従属節／副詞節を作り、主節に係る。
（従位接続詞には as, because, if, unless, lest, though などがある）
・名詞節を作る接続詞は文全体で S,O,C, 同格の固まりを作る。
（名詞節を作る接続詞には that, whether, what, why, how などがある）

【従位接続詞】 ＊（ ）が従属節／副詞節。主節を修飾している。

a) (As you know,) he wants to meet you
「＊知ってると思うけど、彼、君に会いたがっているよ」

b) (Unless you try to be diligent,) you are to be fired.
「真面目になろうとしないなら、君は首だな」

c) You had better do your best (lest you should fail).
「（悪いことは言わないから）、失敗しないようにしっかりやった方がいいぞ」

d) He is not so reliable a man that you depend on him.
「彼は君が頼るほど信頼のおける男じゃないよ」

【名詞節を作る接続詞】 ＊[ ]が名詞節。文中で S、O、C、同格を作っている。

e) [That he told a lie] is surprising.
「彼が嘘を言ったということは驚きだ」（S の部分を作っている）

f) [Whether he told a lie (or not)] is a mystery.
「彼が嘘を言ったかどうかは謎だ」（S の部分を作っている）

g) They told me the fact [that she told them my secret].
「彼女が僕の秘密を話したという事実を彼らは教えてくれた」
（同格の部分を作っている）

h) Please tell me [why she behaved like that].
「なぜ彼女があんな行動に出たか教えてください」（O の部分を作っている）

i) My chief concern is [how he solved that challenging problem].
「僕の主な関心は彼がどうやってあんな難問を解決したかということだ」
（C の部分を作っている）

＊「君の知っているように」ということ。

●接続詞2：従位接続詞 (while, as, in case, so that)

（解答と解説は P.276）

【1】下線部の意味に注意して以下の各英文を和訳せよ。

(1) While I was standing there, I saw a stranger enter the bar.

(2) I remembered the key while I was leaving home.

(3) Some people waste food while others don't have enough.

(4) Let's get back home before it begins to rain heavily.

(5) It will not be long before his wife appears.

(6) He had hardly reached the station before she turned up.

(7) Once you see her, you'll be sure to like her.

(8) As she didn't want him to leave her, she made him stay that night.

(9) He loved her as she loved him.

(10) As she came to like him more and more, she couldn't spend a day without being with him.

(11) Much as she loved him, she said to him goodbye.

(12) She did not marry him just because he was likely to succeed in society. 〈盲点〉

(13) She didn't marry him, because he was likely to succeed in society. 〈盲点〉

(14) Suppose a war broke out in this country, what would you do?

(15) I will come to see you provided I have time.

(16) You cannot enter this building unless you show an ID card.

(17) I may be late in case traffic is heavy.

(18) Take this thing with you in case something happens.

(19) He is so foolish that he cannot understand what she means.

(20) He is such a fool that he cannot understand what she means.

(21) He is not so foolish that he cannot understand what she means. 〈盲点〉

(22) You may stay here as long as you keep quiet.

〈Words & Phrases〉

(6) turn up「姿を現す」= appear= show up、(7) be sure to～「必ず～する」

【2】以下の各英文 (1) － (4) を日本語にせよ。

(1) When we encounter a life-threatening situation, our mental activity may accelerate to such a degree that things around us seem to move quite slowly.

(2) Parents are tempted to use genetic technologies for their children so that they may become winners in a competitive society. 〈基本〉

〈Words & Phrases〉

be tempted to〜「〜したくなる」cf. tempt「誘う」、genetic technologies「遺伝子技術」cf. gene「遺伝子」、competitive society「競争（の激しい）社会」cf. compete「競争する」cf. complete「完成する」

(3) A good argument is like a well-written mathematical paper, as it has a fully watertight logical proof, but it also has a good explanation in which the ideas are sketched out so that we humans can feel our way through the ideas as well as understand the logic step by step.

〈Words & Phrases〉

watertight「防水の、水も漏らさぬ、（文章が）整然とした」、sketch out「概略を述べる」、feel one's way through…「…の中を手探りで進む」cf. work one's way through…「働きながら通過する」(e.g.) he worked his way through college.「彼は苦学して大学を出た」☞ p.182《動詞 one's way について》

(4) 〈1〉 As artificial intelligence develops, it does seem feasible that a computer might one day take control of itself. 〈2〉 Programmed to learn and develop by itself, it chooses certain responses and extends its scope so that it has an intelligence that acts with intention. 〈3〉 Computers have already far surpassed the human mind in some limited aspects.

〈Words & Phrases〉

〈1〉 feasible「実現可能な」、one day「（未来の内容で）いつの日か、（過去の内容で）ある日」、take control of…「…を管理する」〈2〉 by oneself「自分自身で」、extend「広げる」、scope「視野、理解領域」、intention「意図」〈3〉

surpass「凌ぐ、勝る」、limited aspect「限られた側面、特定の面」

【3】以下の英文の下線部〈2〉と〈4〉を和訳せよ。〈発展〉
〈1〉Mars is an especially good mission target due to its closeness to us. 〈2〉It is relatively similar to Earth in a number of crucial ways, making it a better destination for manned missions and potential colonization than any other planet in the solar system. 〈3〉We have loved Mars for centuries. 〈4〉The planet has firmly embedded itself in our culture, so much so that "Martian" is somewhat synonymous with "alien", though the aliens you imagine may vary.

〈Words & Phrases〉

〈1〉Mars「火星」、due to…「…のために」(原因・理由を表す)、closeness「近さ」 cf. close「近い」〈2〉relatively「比較的」、a number of…「いくつかの…」(☞ p.183《動詞 a kind of 系表現について》)、crucial「重大な」(cross「十字架」が変化したもの) = critical、way「点、意味」(数字系語句と絡むと way は「方法」とか「道」とは訳さず「点」や「意味」と訳す)、(e.g.) in a way「ある意味で」、in some/ many ways「いくつかの／多くの点で」、manned「有人の」、potential colonization「潜在的な入植」〈4〉firmly「しっかりと」、embed「埋め込む」、somewhat「幾分、多少なりとも」、synonymous「同義、同じ意味」、vary「多様である」cf. various「多様な」

●接続詞２：名詞節を作る接続詞（that, whether, why, how）

■ 修得演習 ■

（解答と解説は P.283）

【１】以下の各英文を和訳せよ。

(1) That he quit his job all of a sudden was a great shock to me.　　〈基本〉

(2) I liked the house so much except that it faces the busy road.　　〈盲点〉

(3) The fact that he wrote this essay is obvious.　　〈基本〉

(4) The reason most Japanese don't pay much attention to rising African nationalism is that they really do not know modern Africa.

(5) It follows from what he says that he has no awareness that he is a professional.

(6) He asked his wife whether she still loved him even though he met a woman.

(7) Whether Shakespeare existed remains a mystery.

(8) It doesn't matter to me whether or not she dates that guy.

(9) It remains to be seen what the new prime minister wants to do.

(10) One of the nonverbal communications is how people use space.

(11) Please tell me what it takes to be a good doctor.　　〈盲点〉

(12) It is difficult to realize what true consideration is like in a crowded city.

(13) I did not know what being black meant, but I was getting the idea that it was a big deal.　　〈盲点〉

〈Words & Phrases〉

〈1〉all of a sudden「突然」= suddenly (4) nationalism「国家主義」(5) awareness「自覚」(10) nonverbal「言葉を使わない」(12) consideration「思いやり」(13) a big deal「大変な事」

【２】以下の英文の下線部の It の内容を具体的に明示して和訳せよ。〈盲点〉

〈1〉Let us examine our attitude toward peace itself. 〈2〉Too many of us think it is impossible. 〈3〉Too many think it unreal. 〈4〉But that is a dangerous, defeatist belief. 〈5〉 It leads to the conclusion that war is inevitable — that mankind is doomed — that we are gripped by forces we cannot control.

〈Words & Phrases〉

〈1〉Let us= Let's 〈4〉defeatist「敗北主義者」cf. defeat「打ち負かす」〈5〉lead

【3】以下の英文を和訳せよ。

〈1〉While asthma weakened young Roosevelt's body, it indirectly spurred his
mental development. 〈2〉"From the very fact that he was not able originally to
enter into the most vigorous activities," his younger sister Corinne noted, "he was
always reading or writing with a most unusual power of concentration."

〈Words & Phrases〉

〈1〉asthma「喘息（ぜんそく）」、weaken「弱める」（☞ p.181《接尾辞／接頭
辞の en について》）、indirectly「間接的に」、spur「促す」〈2〉originally「もと
もと（は）」、vigorous「活力旺盛な」cf. vigor「活力」、note「述べる」

【4】以下の英文を和訳せよ。〈発展〉

Culture is powerful. So it should come as no surprise that the human actions,
gestures, and speech patterns a person encounters in a foreign setting are subject to
a wide range of interpretations.

〈Words & Phrases〉

setting「状況」、subject to…「…（の影響）を受けやすい」、a wide range of…
「広い範囲の…」☞ p.183《a kind of 系表現について》、interpretation「解釈」

【5】以下の英文はあるダウン症の少女が自らについて語ったものであるが、下線
部を日本語にしなさい。〈盲点〉

〈1〉When people ask me what Down syndrome is, I tell them it's an extra
chromosome. 〈2〉A doctor would tell you the extra chromosome causes an
intellectual disability that makes it harder for me to learn things.
〈3〉When my mom first told me I had Down syndrome, I worried that people might
think I wasn't as smart as they were, or that I talked or looked different.

【6】以下の英文を和訳せよ。〈発展〉

My goal is to try to convince speakers of English, including anglophone scholars in the humanities and social sciences, that while English is a language of global significance, it is not a neutral instrument, and that if this is not recognized, English can at times become a conceptual prison.

〈Words & Phrases〉

convince「納得させる」、A (,) including B「B を含む A」、anglophone「英語使用の」、humanities「(複数形で) 人文科学」cf. humanity「人類、人類愛」、significance「重要性」(of＋抽象名詞については p.165 を参照)、neutral「中立的な」、at times「時折、場合によっては」、conceptual「概念上の、知的な」、prison「牢獄」

第8講 関係詞

（関係代名詞と関係副詞の役割、what の用法、省略）

　さて、いよいよ関係詞です。<u>ある部分とある部分を関係づける橋渡し的存在</u>、関係詞の話です。前の講でも橋渡し的機役割を果す接続詞の話をしましたが、今回は何の橋渡しでしょう？　突然ですが、みなさん、以下の英文訳せますか？

> I think that　that that that that writer used in that book is wrong.
> 　　　　〈1〉　　〈2〉〈3〉〈4〉〈5〉　　　　　　　　〈6〉

　結構世に出回っている英文なので、目にした方も多いかもしれませんが、いざ訳すとなると、それぞれの that の役割を意識しないと混乱しやすい英文ではないでしょうか。ではまずは that をザッと（すみません (-_-;)）分類してみましょう。

〈1〉= 目的語を作る接続詞。（しばしば省略される）
〈2〉= 指示形容詞。「あの」という意味。
〈3〉= that という単語。
〈4〉= 関係代名詞。直前の that を修飾している。（しばしば省略される）
〈5〉= 指示形容詞。「あの」という意味。
〈6〉= 指示形容詞。「あの」という意味。

となります。以下のような構造になっています。

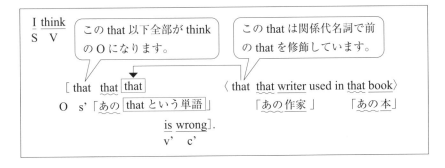

以上から「あの作家があの本の中で使った that（という単語）は間違っていると思う」となります。前回学習した接続詞と今回学習する関係詞を知らないと大変なことになるということを実感してもらいたく、上記の例文を紹介してみました。しかもあろうことか、接続詞の that や関係代名詞の that（や whom や which）はよく消えます。ある箇所とある箇所をしっかり繋いでおいて自らは姿を消すのです。かっこよくありませんか⁉　やるべきことをきちんとやって自分は目立たない場所でニヤニヤしている…。渋すぎ！
　今回はこうした色気たっぷり（なんのこっちゃ）の関係詞がテーマです。

【関係代名詞と関係副詞の役割】

　さて、関係詞には大別すると 2 種類ありまして、関係代名詞、関係副詞です。具体的には以下の通りです。

《関係代名詞》= who, whom, which, *that, whose, what（6 個）
（*that は who, whom, which の代用として使われる）
《関係副詞》　= where, when, why, how（4 個）

　結論から言います。関係詞（関係代名詞、関係副詞）とは、

前の名詞（先行詞）とその後に続く節（SV 部分）を関係づけるもの。

のことです。証明しましょう。以下をご覧ください。

〈1〉 The man 〈who has wanted to see you for a long time〉will come.
　「長い間君に会いたがっていた人が来るよ」

〈2〉 The man 〈whom you have wanted to see for a long time〉will come.
　「長い間君が会いたがっていた人が来るよ」

〈3〉 The man 〈whose name is familiar to you〉will come.
　「君がよく馴染んでいる名前の人が来るよ」

〈4〉 The book 〈which was exciting to children〉is on that desk.
　「子供たちがわくわくする本ならあの机の上にいてあるよ」

〈5〉 The book 〈which you bought a week ago〉 is on that desk.
「君が一週間前に買った本ならあの机に置いてあるよ」

　全て〈　〉内の節が前の名詞を修飾していますよね。これが関係詞の姿です。SV— 部分が前の名詞を修飾する。接続詞は違います。接続詞は SV と SV をつなぐのが基本でした。接続詞は出来事と出来事をつなぐのに対し、関係詞はある名詞を登場させて、それがどういう性質なのかを説明する表現方法なのです。院入試では解釈が中心なので、どんな時に who だとか which だとか where だとか事細かく意識する必要はないのですが、そこが曖昧だと、やはり、本当の意味でその文章の言わんとすることが読み取れないということがあります。ということで、老婆心ながら、ここで念のため各関係詞の機能を説明しておきたいと思います。

　修飾される名詞のことを先行詞と言いますが、関係詞というのは基本的にはその先行詞の関係詞節内での形（主格なのか、所有格なのか、それとも副詞的に働いているのか）を教えるサインなのです。以下の通りです。

《先行詞が関係節の中で》

1. 主格（he／she／they）として働くなら	→ who ＝ that
2. 主格（it／they）として働くなら	→ which ＝ that
3. 目的格（him／her／them）として働くなら	→ whom ＝ that
4. 目的格（it／them）として働くなら	→ which ＝ that
5. 所有格（his／her／their／its）として働くなら	→ whose
6. 補語（be 動詞相当語句の右側に来るような語）として働くなら → that	
7. 前置詞＋him／her／them として働くなら	→前置詞＋whom
8. 前置詞＋it／them として働くなら	→ 前置詞＋which
9. 副詞（here／there）として働くなら	→ where
10. 副詞（then「その時に」）として働くなら	→ when
11. 副詞（reasonably「理由があって」）として働くなら → why	
12. 副詞（in the way）として働くなら	→ how

　ただし 12 の how だけは the way how という言い方はしないので、以下の4つの形の言い方のどれかを採用します。

1 This is the way I answered her question.
2 This is how I answered her question.
3 This is the way in which I answered her question.
4 This is the way that I answered her question.

以上4つとも「これは私が彼女の質問に答えたやり方です。＝こういう風にして彼女の質問に答えました」という意味です。1ではhowを省略し、2では逆にthe wayを省略しています。3では先行詞のthe wayが関係節（I answered her question）の中でI answered her question in the wayという形で働くことを示しています。4は万能選手のthatがhowの代用になっているという感じです。

　ですから、〈1〉ではthe man（先行詞）が〈　〉内でheとして働いているということをwhoは表しているわけです。以下のようなことです。

〈1〉 The man(=He) has wanted to see you for a long time.

〈2〉 You have wanted to see the man(=him) for a long time.

〈3〉 The man's(=His) name is familiar to you.

〈4〉 The book(=It) was exciting to children.

〈5〉 You bought the book(=it) a week ago.

　上記同様、関係副詞や前置詞付きの関係代名詞も同じ発想で、以下ご覧あれ。

〈6〉 This is the place 〈where they first met each other〉.
　「ここは彼らが初めてお互い出会った場所です」

〈7〉 Today is the day 〈when he left home〉.
　「今日は彼が家を出てった日です」

〈8〉 That is the reason 〈why he couldn't come〉.
　「それが彼の来られなかった理由です＝そういうわけで彼は来られなかった」

〈9〉 This is the way 〈in which he solved that difficult problem〉.
　「これがその難問を彼が解決した理由です
　　＝こういうふうにして彼はその難問を解決した」

　これらは先行詞をそのままの形（名詞のまま）で関係詞節内〈　〉に入れることはできませんね。〈6〉であればThey first met each other the place . とはなりませんね。このthe place（名詞）は、here「ここで」とかthere「そこで」といった副詞に変えないとこの関係詞節内では働けませんね。そう、副詞に変える必要がある。それを教えるのが関係副詞whereということなんです。つまり、

〈6〉→ They first met each other here／there.
　「彼らはここで／そこで初めて会った」

ってことですね。これと同じ要領で以下の通りになります。

〈7〉→ He left home then.

「彼はその時家を出た」

〈8〉→ He couldn't come reasonably.

「彼は理由があって来られなかった」

〈9〉→ He solved the difficult problem in the way.

「彼はその難問をその方法で解決した」

　以上のように関係詞は基本的に関係詞節内での先行詞の形を教えるものなのです。以上見てきた関係詞の他に what がありますが、これは本質的には正体不明だということを示す語なので、先行詞が無いときに使うものです。

【what の用法】

> (e.g.)
> a) He gave a ring which I have wanted.
> 　「彼は私が欲しかった指輪をくれた」
> b) He gave what I have wanted.
> 　「彼は私が欲しかったものをくれた」

　b) は先行詞が無いから what を使っています。先行詞が無いのだから彼が何を買ってくれたか正体不明ですね。ですから、疑問詞の「何」という意味の what と本質的には何ら変わるところが無いのです。ただ日本語の問題で「何」じゃ不自然だから「もの」とか「こと」と訳しているにすぎません。ですから、b) を「もの」と訳してはいますが、「何」という訳語を採用して、「私は何かを求めていたその何かを彼はくれた」と訳せなくもないわけですが、まあ、まどろっこしいでしょうから「もの」とやっているにすぎないのです。以下の要領です。

> (e.g.)
> c) What she saw is a mystery.
> 　「彼女が何を見たかは謎だ」
> 　（この文は「何」で問題なさそうです）
> d) What she saw is a ghost.
> 　「彼女が何を見たかは幽霊だ」
> 　（不自然な訳なので「彼女が見たものは幽霊だ」と訳します）
> e) What he said wasn't understood by anybody.
> 　「彼が何を言ったかは誰にも理解されなかった」

（「何」で問題なさそうです）

f）<u>What</u> he said cannot be true.
「彼が<u>何</u>を言ったかは本当のはずがない」
（不自然なので「彼が言った<u>こと</u>は本当のはずがない」と訳します）

【関係詞の省略】

さて、厄介なのは、<u>関係詞は省略される</u>ことが多いということです。しかし、ご安心あれ。<u>省略されるのは whom と which と that</u> だけです。そう、この3つだけです。以下確認です。

〈1〉She tends to like a person <u>whom</u> I am interested in.
「彼女は僕が興味を持つ人物を気に入る傾向がある」

〈2〉She tends to like a person <u>in</u> <u>whom</u> I am interested.
「同上」

〈3〉She tends to like a book <u>which</u> I am interested in.
「彼女は僕が興味を持つ本を気に入る傾向がある」

〈4〉She tends to like a book <u>in</u> <u>which</u> I am interested.
「同上」

〈5〉This is the book <u>which</u> I've been looking for for my son for a long time.
「これが息子のためにと私が長年探し求めていた本です」

〈6〉This is the book <u>for</u> <u>which</u> I've been looking for my son for a long time.
「同上」

上記の英文のうち関係詞が省略できるのは〈1〉、〈3〉、〈5〉で、<u>目的格を表す場合</u>です。<u>前置詞が付いた関係詞は省略されません。</u>〈5〉などは for が連続しているので奇妙な感じがしますが、正しい英文です。だって、I've been looking for the book for my son for a long time.「私は息子のためにと その本 を長年探し求めていた」という文の the book が修飾されたくって<u>先頭に出て行った詞</u>（先行詞）になったのですから。その時の the book は目的語として働いているため、この関係代名詞は目的格と言えるわけです。下の例も前置詞が並んでますが全く問題の無い文です。

106

(e.g.)

The book (which) I talked <u>about</u> <u>with</u> you is sold at that bookstore.

「君と話題にしていた本ならあの本屋で売られているよ」

← I talked <u>about</u> the book <u>with</u> you.

「僕は君とその本について話した」

以上関係詞を概観しました。では修演で実演しましょう。

《関係詞のまとめ》

関係詞とは、基本的には前の名詞（先行詞）を修飾する節のこと。

・関係代名詞には、who, whom, which, that, whose, what がある。

(that は who／whom／which の代わりになれる。

また、what は先行詞が無い時に用いる)

・関係副詞には、where, when, why, how がある。

【関係代名詞】

＊目的格 (whom や which) と補語格の that は省略できる。

a) He is the person <u>whom／that</u> I am dependent upon.

「彼は私が頼りにしている方です」

（この whom は that に書き換え可能。また省略も可能）

b) He is the person <u>upon</u> <u>whom</u> I am dependent.

「〃」

（この whom は<u>前置詞</u>が付いているので省略されない）

c) He is not the person <u>that</u> he used to be.

「彼は以前のような人物じゃない」

（この that は補語を表しているので省略できる）

d) He is not <u>what</u> he used to be.

「彼は以前通りじゃない」

（先行詞が無いので what を用いている）

e) This is the book <u>which／that</u> I have been looking for.

「これがずっと探していた本だ」

（この which は that に書き換え可能。また省略も可能）

f) This is the book <u>for</u> <u>which</u> I have been looking.

「〃」

（この which は<u>前置詞</u>が付いているので省略されない）

g) This is the book <u>whose</u> title I have been looking for.

「これがずっと探していたタイトルの本だ」

【関係副詞】

＊(in) the place where の (in) the place や the reason why の the reason は省略
　されることがある

h) This is the place <u>where</u> I first met him.
　「ここが彼に初めて会った場所です」
　（the place は省略可能）

i) Today is the day <u>when</u> I first met him.
　「今日が初めて彼と会った日です」

j) That is the reason <u>why</u> I met him.
　「それが彼と会った理由です／そういうわけで彼と会ったのです」
　（the reason は省略可能）

k) That is <u>how</u> I met him.
　「そういうふうにして彼と会った」
　= That is the way I met him.

●関係代名詞：who, which, that, what, where

■ 修得演習 ■

（解答と解説は P.293）

【1】 以下の各英文を日本語にせよ。〈基本〉

(1) The man who lives in the next-door apartment more often than not helps me with my homework

(2) That is the man who I think is honest.

(3) He is the author that many Japanese people believe is most likely to receive the Nobel Prize.

(4) He is no longer the lazy boy that he used to be.

(5) She is a girl whom it is difficult to get to know well.

(6) I'll introduce you to the man with whom I share a flat.

(7) The man whose book you borrowed is my friend.

(8) That house of which the roof is blue is mine.

(9) I don't know the name of the woman to whom I spoke on the phone the other day.

(10) The amount of your bonus is based on the extent to which you contribute to our business.

(11) Can you give me any reason why I should help you?

(12) New York remains a city thousands of working women live in on their own.

(13) Summer is the season when students want to travel most.

(14) "I spent the whole summer vacation in Australia."
　　"Oh, did you? That's why I haven't seen you for such a long time."

(15) The writer is said to have been born in London, which he often deals with in his novels.

(16) He said that he had read the novel many times, which was a lie.

(17) What she is worried about is the result of the investigation.

(18) The student couldn't understand a word of what the professor said in his lecture.

(19) Do what you think is right.

(20) Tokyo is different from what it was when I was born.

(1) apartment「アパート」cf. mansion「大邸宅」(e.g.) haunted mansion「幽霊屋敷」、more often than not「しばしば」= often (4) no longer「もはや一ない」、used to～「以前～だった」(10) amount「額、量」、contribute to…「…に貢献する」(12) on one's own「独力で」= by oneself (15) deal with…「…を扱う」

【2】以下の英文を全訳せよ。〈盲点〉

〈1〉Most animals have a certain air space around their bodies that they claim as their personal space. 〈2〉How far the space extends is mainly dependent on how crowded were the conditions in which the animal was raised. 〈3〉A lion raised in the remote regions of Africa may have a territorial air space with a radius of fifty kilometres or more, depending on the density of the lion population in that area, and it marks its territorial boundaries by urinating or defecating around them. 〈4〉On the other hand, a lion raised in captivity with other lions may have a personal space of only several metres, the direct result of crowded conditions.

〈Words & Phrases〉

〈1〉claim「主張する」〈2〉extend「広がる」、raise「育てる」〈3〉remote region「辺境地」、territorial「領土的」、radius「半径」cf. diameter「直径」、depending on…「…次第で」= according to…=(being) based on…、the density of the lion population「ライオン個体群密度」、mark「示す、マーキングする」、territorial boundary「領土的境界線、縄張り」、urinate「排尿する」、defecate「排泄する」〈4〉captivity「捕らわれの身」、direct「直接の」

【3】以下の英文の下線部を和訳せよ。〈基本〉

Daniel Kahneman, a Princeton University psychologist who won the 2002 Nobel Prize for Economics for applying psychology to decision-making in the face of uncertainty, wants to develop surveys that ask sophisticated questions. His work investigates how a person's sense of overall life satisfaction diverges from their everyday ups and downs. Early results suggest that the two do not necessarily correlate.

> apply A to B「A を B に応用する」、decision making「意思決定」、in the face of…「…に直面した場合の」、develop「展開する」、survey「調査」、sophisticated「洗練された」、overall…「…全般」、diverge from…「…から派生する」、ups and downs「浮き沈み」、correlate「相関関係がある」

【4】以下の英文の下線部の趣旨を表しているものを下の (1) − (4) から選べ。
⟨1⟩ Like pigs, chickens, and cattle, humans learned to keep dogs and cats around because they were useful to us: we kept dogs for security and hunting, and cats for pest control. ⟨2⟩ Their status as companion animals was initially just a side benefit, but with urbanization that began to change: people living in cities had less and less need for their dogs and cats to do useful jobs about the house, but we kept them around anyway. ⟨3⟩ No longer useful in the traditional sense, dogs and cats became simply part of the family, and we started to ask not what pets could do for us, but what we could do for them.

> (1) Although we never expected our pets to do things they couldn't, we forced them to do too much.
> (2) Although we started to ask what our pets could do for us, we never found a good answer.
> (3) Although we used to keep dogs and cats because of their usefulness, we began to treat them as companions.
> (4) Although we wanted dogs and cats to do useful jobs, they could not do what we wanted.

> ⟨1⟩ pest control「有害生物駆除」⟨2⟩ initially「始めは」、side benefit「副次的利益」、urbanization「都会化」⟨3⟩ no longer—「もはや—ない」、traditional「伝統的な、昔ながらの」、sense「意味」

【5】以下の英文の下線部の researcher に対する RSPCA の回答の説明として最も適切なものを下の (1) − (4) から選べ。〈発展〉

A researcher who asked the Royal Society for the Prevention of Cruelty to Animals (RSPCA) for information about the killings, was told that "there is no evidence in our surviving records of any 'massacre' of pets at the start of World War II," despite the fact that the RSPCA's magazine Animal World had reported in October 1939 that "the work of destroying animals continued, day and night, during the first week of the war."

---

(1) The RSPCA gave an accurate answer because it was their duty to do so.

(2) The RSPCA gave an accurate answer because they needed more cooperation from Londoners during World War II.

(3) The RSPCA's answer was inaccurate because everybody in London knows what happened to pets during World War II.

(4) The RSPCA's answer was inaccurate because they had indeed reported on the work of destroying animals in their magazine.

〈Words & Phrases〉

Royal Society「英国王立協会」(英国最古の自然科学者の学術団体)、ask A for B「A に B を求める」、massacre「大量虐殺」

【6】以下の英文を読んでその下の各設問に答えよ。

〈1〉 Plato, Newton, Da Vinci, Goethe, Einstein: All these great minds and many more struggled with the profound complexity of color. 〈2〉 (1) They sought to understand it, creating systems to explain its mysterious workings. 〈3〉 Some were more successful than others, and from the viewpoint of our current scientific knowledge, many of their attempts now seem funny, strange, or fanciful.

〈4〉 Color is everywhere, but most of us never think to ask about its origins. 〈5〉 The average person has no idea why the sky is blue, the grass green, the rose red. 〈6〉 We take such things for granted. 〈7〉 But the sky is not blue, the grass is not green, the rose is not red. 〈8〉 (2)It has taken us centuries to figure this out.

〈9〉 It stands to reason that for thousands of years, many casual observers must have seen (3) Newton did: that light passing through a prism creates a rainbow on the surface (4) it lands; but Newton saw something (5) no one else had seen. 〈10〉 He deduced that the white light that appears to surround us actually contains all the different colors we find in a rainbow. 〈11〉 White was not separate from these colors — or a color by itself — but was the result of all colors being reflected at once. 〈12〉 This revolutionary theory did not take hold easily. 〈13〉 Some of those greatest minds we mentioned above simply wouldn't accept this theory. 〈14〉 (6)The idea that white light contained all color upset Goethe so that he refused—and demanded others refuse—even to attempt Newton's experiment.

問1　下線部 (1) を和訳しなさい。

問2　下線部 (2) の内容を、this が何を指しているかを明らかにしながら　50 字以内の日本語で説明しなさい。〈発展〉

問3　空所 (3), (4), (5) に入れるべきものを下の選択肢から選びなさい。

what　　which　　where　　while　　when

問4　下線部 (6) を和訳しなさい。〈盲点〉

〈Words & Phrases〉

〈1〉 minds「知性を備えた人々」、struggle with…「…と格闘する、…に取り組む」、profound「深い、深遠な」、complexity「複雑さ」cf. complex「複雑な」〈2〉 seek to〜「〜しようと求める」= try to〜 (seek - sought - sought) 〈4〉 origin「起源」〈5〉 have no idea「わからない」〈9〉 It stands to reason that SV「SV は理の当然だ」(It は that 以下を受けている)、surface「表面」、land「着陸する、到達する」〈10〉 deduce「推論する」、surround「囲む、あたりにある」〈11〉 separate「分かれた」、at once「一度に」〈12〉 take hold「影響力を持つ」、〈13〉 simply not—「決して—ない」cf. not simply—「—だけではない」〈14〉 upset「動揺させる、不快にさせる」

■ **総括的説明** ■

　さて、比較まできました。

　文型（品詞が違えば解釈も違ってくること等）から始まって、準動詞（同じ ing という形でも役割が違うということ等）、空想を表す仮定法、つなぐはつなぐでもつなぎ方が違う接続詞群や関係詞群……。それぞれの文法事項の持つ役割を確認しながらここまで登りつめてきたあなた……。お疲れ様でした！

　しかし、これからはこれまでの知識と考えを総動員してさらに高みを目指してもらいます。意気揚々と頂上を目指してくださいませ！

【比較の基本形】

　では比較の基本形から講義してまいります。

〈1〉Tom is <u>kind</u> at heart.
　「トムは根が優しい」

〈2〉Tom is <u>kinder</u> than John (is). （is は省略可）
　「トムはジョンよりも優しい」

〈3〉Tom is <u>industrious</u> in his work.
　「トムは仕事がまじめだ」

〈4〉Tom is <u>more industrious</u> than any other student in his school (is).
　「トムは学校のどの学生よりも真面目だ」（is は省略可）

　〈1〉の下線部を原級と言います。特に誰かと比べてない表現です。それに対して〈2〉の下線部を比較級と言って、誰かと比べる表現です。形容詞や副詞が比較級になります。名詞や動詞は比較級になりません。比較級の形は基本的には語尾に er を付けて表しますが、〈4〉のように長めの単語（industrious）には more を付けて表します。どういう場合に er でどういう場合に more かは気にしなくてよいです。それよりも、er や more があったら比較級だと認識して、<u>何と比べているのかを意</u>

識することが解釈上大切になります。また以下のものは、今言った規則に当てはまらない特殊な比較級と最上級なので覚えてください。

《特殊な比較級と最上級》

《原級》	《比較級》	《最上級》
good 「良い」（形容詞） well 「よく、上手に」（副詞）	better 「よりよい／ よりよく」	best 「最もよい／ もっともよく」
bad 「悪い」 ill 「具合が悪い」	worse 「(具合が) 悪い」	worst 「(具合が) 最悪の」
many 「(数が) 多い」 much 「(量が) 多い」	more 「より多い」	most 「最も多い」
little 「少ない」	less 「より少ない」	least 「最も少ない」

次は、同等比較と劣等比較と言われるものです。

〈5〉Tom is as <u>kind</u> as John (is).（同等比較）
　「トムはジョン同様優しい」

〈6〉Tom is not as[so] <u>kind</u> as John (is).（劣等比較）
　「トムはジョンほど優しくない」

〈7〉Tom is less <u>kind</u> than John (is).（劣等比較）
　「〃」

　〈5〉は同等比較と言われるもので、トムもジョンも優しさレベルが同じであることを表します。この時は比較級（kinder）ではなく原級（kind）を使います。これは長めの単語でも事情は変わりません。ところで、この<u>同等比較を not で否定する</u>

と劣等比較になることに注意です。「同じように―でない」とはやらないことです。「＿と同様―でない」という表現は後ほど紹介する no 比較級 than という型で表します。また、not が付いた時の as は so なることもあります。そして〈7〉がもう一つの劣等比較の型です。〈6〉と同趣旨です。さあ、次は最上級です。

〈8〉 Tom is the kindest man of all the men in this town.
　「トムはこの町の全男性の中で最も優しい男だ」

〈9〉 Tom is the most industrious man of all the men in this town.
　「トムはこの町の全男性の中で最も勤勉な男だ」

〈10〉 Tom studies (the) hardest in his school.
　「トムは学校で最も熱心に勉強する」

　最上級の基本形は the ―est か、the most ―です。基本的に the が付きますが、副詞の最上級の時は the が省略される（〈10〉）ことが多いです。

【比較対象問題】
　以下の各英文の相違、わかりますか？

〈1〉 I like him better than she.

〈2〉 I like him better than her.

〈3〉 Tom is more considerate of me than Mike.

〈4〉 Tom is more considerate of me than of Mike.

〈5〉 He is not so much considerate as courageous.

　比較の対象（何と何を比べるか）は、同じ形そして同じ次元のものです。ですから、〈1〉の than の後を見てください。she（主格）になっていますね。主格の I と比べているのです。従って「彼女よりも私の方が彼のことを気に入っている」となるし、〈2〉では、than の後ろが her（目的格）になっていますから、him（目的格）と比べているので「私は彼女もいいけど彼の方を気に入っている」となるのです。省略部分を補えば、

〈1〉 **I** like him better than **she** (likes him).

（she と I の比べっこ）

〈2〉 I like **him** better than (I like) her.

（her と him の比べっこ）

となります。

〈3〉、〈4〉も同じです。省略部分を補えば、

〈3〉 **Tom** is more considerate of me than **Mike** (is considerate of me).

（Tom と Mike の比べっこ）

〈4〉 Tom is more considerate **of me** than (he(=Mike) is more considerate) **of Mike**.

（of me と of Mike の比べっこ）

となりますから、〈3〉は「マイクよりもトムの方が私に気を遣ってくれる」となり、〈4〉は「トムはマイクに対してよりも私に対して気を遣ってくれる」となります。以上が「比較対象は同じ形のものである」という意味ですが、〈5〉は「比較対象は同次元のものだ」ということを教えるものです。as の後は courageous になってますね。これは形容詞です。ですから He という代名詞とはそもそも次元が違いますね？　そう、同じ次元（形容詞）の considerate と比べているのです。そしてここで思い出してほしいのは、not so A as B は劣等比較の型で「B ほど A ではない」という意味でしたね。ですから、直訳は「彼は勇敢ほどには思い遣りが多くない」となります。ってことは「勇敢」と「思い遣り」を比べたら「勇敢」の方が勝っているということですね。従って「彼は思い遣りがあるというよりは勇敢なタイプだ」となるのです。つまり、☆ not so much A as B「A というよりはむしろ B だ」となります。非常に大切な表現なのでしっかりマスターしてください。因みにこれ、☆ not A so much as B（意味は同じ）という型になることもあるのでご注意を！

【否定語＋比較級】

　no や not といった否定語と比較級が連結した時には解釈に注意を要します。以下の各英文を訳してみてください。

〈1〉 Tom is <u>no more</u> courageous <u>than</u> Mike (is).

〈2〉 Tom is <u>not</u> courageous <u>any more than</u> Mike (is).

〈3〉 Tom is <u>not as[so]</u> courageous <u>as</u> Mike (is).
　（最初の as は so になることあり）

〈4〉 Tom is <u>less</u> courageous <u>than</u> Mike (is).

〈5〉 Tom is <u>no less</u> courageous <u>than</u> Mike (is).

〈6〉 Tom is <u>as</u> courageous <u>as</u> Mike (is).
　（以上、最後の is は全て省略可）

　それぞれ、〈1〉、〈2〉共に「トムはマイク同様勇敢ではない」となり、〈3〉、〈4〉共に「トムはマイクほど勇敢ではない」となり、〈5〉、〈6〉共に「トムはマイク同様勇敢だ」となります。なぜか？

　まずは〈1〉ですが、no を外してみてください。すると、

〈1〉' Tom is <u>more</u> courageous <u>than</u> Mike (is).
「トムはマイクよりも勇敢だ」

と、優等比較（more courageous）「勇敢さで勝ってるぞ～」になりますね。〈1〉はこれに no が付いただけです。そして、<u>no の意味は「無」（＝ゼロ）ということ</u>です。そう、プラスもマイナスもない零（ゼロ）なのです。ってことは、<u>「トム」も「マイク」も「勇敢さ」において優劣が無い</u>ということになりますね!?　そう、どっちが上ってことが無い状態なんです。でも、〈1〉' の英文で「トムの方が勇敢だ」と思っていたのに、同じって……。「な～んだ、トムも大したことないじゃん。マイク程度の勇気しかないんじゃん」というトーンになりませんか？ねっ!　なるでしょ‼　ですから、本来の訳は「トムはマイク程度の勇気しかない」ということなんです。それを意訳して「トムはマイク同様（大して）勇敢じゃない」となったわけです。決して「トムはマイクほど勇敢じゃない」とはやらないでくださいよ。それって劣等比較ですから〈3〉と〈4〉の型でしたよね!　また、no は not any に分解できますから〈2〉も同じ意味になるわけです。そして〈5〉ですが、これはちょうど〈1〉と逆のパターーで、劣等比較（less courageous）に no が付いた形ですから、「勇敢さで負けてると思ったら決して負けてない。同じレベルだ!」ってことになるので、「トムはマイクぐらい勇敢だよ」という意味になるんです。なので、〈5〉は〈6〉と同意文となります。さらに以下をご参考に。

〈7〉 Tom has <u>no more than</u> 5,000 yen.
「トムは 5 千円しか持っていない」= 5.000 円（否定的）

〈8〉 Tom has <u>no less than</u> 5,000 yen.
「トムは 5 千円も持っている」= 5,000 円（肯定的）

　〈7〉、〈8〉共に所持金が 5,000 円という事実は変わりませんが、話している人の気持ちが変わるんです。〈7〉は「5 千円しかないよ～」と嘆いているのに対して、〈8〉は「ラッキー！　今日俺 5 千円もある」と喜んでいるのです。というのも、〈7〉は、「5 千円よりもあるだろう……」と思っていたら、no!（いや 5 千円だ！）となるわけだから、こりゃ残念ですわな。〈8〉も同様で、「5 千円無いか～」と思っていたら、no!（いや 5 千円だ！）となるんですから、こりゃ嬉しいですよね。このニュアンスが先ほどの〈1〉と〈5〉にも当てはまるということだったんです。さらに以下の英文をご覧なってください。

〈9〉 Tom has <u>not more than</u> 5,000 yen.
「トムはせいぜい 5 千円しか持っていない」≦ 5,000 円

〈10〉 Tom has <u>not less than</u> 5,000 yen.
「トムは少なくとも 5 千円は持っている」≧ 5,000 円

　今度は〈7〉〈8〉に見られた <u>no</u> が <u>not</u> になったパターンです。<u>not</u> は no とは異なり、直後の <u>more</u> や <u>less</u> を否定します。〈9〉であれば「more じゃないよ！」となり、〈10〉であれば「less じゃないよ！」となるのです。つまり、〈9〉は「5 千円を超えている？　違う違う！　超えちゃいないよ！　5 千円かそれ以下だよ」という感じになり、〈10〉は「5 千円を下回っている？　違う違う！　下回っちゃいないよ！　5 千円かそれ以上だよ！」という感じです。従って、〈9〉の表す意味は、所持金の最大値が 5 千円なので、もしかしたら所持金は 3,4 千円かもしれないということ。〈10〉は、所持金の最小値が 5 千円なので、所持金は 6,7 千円かもしれないことを表します。
　さて、もう一つ。以下の英文をご覧になってください。

〈11〉 Tom is <u>no taller than</u> an elementary school child.

〈12〉 Tom is <u>no better</u> at cooking <u>than</u> I (am).（am は省略可）

　これらも原理は〈1〉、〈7〉と一緒で、〈11〉であれば、「小学生よりは身長がある

（taller）」と思っていたところ、no（いや、同じだ！）とやられるので、「な〜んだ、トムは大人でも小学生ぐらいの身長しかないのか」という気持ちから、「トムは小学生程度の身長しかない」という和訳になるし、〈12〉であれば、「トムは私よりは料理が上手だ（better）」と思っていたら、no!（いや、同じだ！）とやられるので、「な〜んだ、トムの料理の腕前は私ぐらいなのね」という気持ちから、「トムの料理の腕前は私程度よ／私同様トムは料理が上手じゃない」という和訳になるのです。

【比例関係】

　最後は比例関係を表す比較表現です。これには鉄板の型があります。すなわち、

The 比較級 S+V―, the 比較級 S+V―.

です。以下確認してまいります。

(e.g.)

〈1〉The more money we have, the more money we want to have.
　「多くのお金を持てば持つほど欲しくなる」

〈2〉The harder you study English, the more interested you become in it.
　「熱心に英語を勉強すればするほど興味を抱くようになる」

〈3〉The better a man's character is, the easier it will be for him to become happy.
　「人は人格が立派になればなるほど幸せになりやすくなるだろう」

　基底構造は、〈1〉なら、We have much money.「お金を持っている」＋ We want to have much money.「お金を持ちたくなる」で、〈2〉なら、You study English hard.「英語を熱心に勉強する」＋ You become interested in it.「それ（＝英語）に興味を持つ」で、〈3〉なら、A man's character is good.「人格は立派だ」＋ It will be easy for him to become happy.「人は幸せになりやすいだろう」です。以上の下線部が the を伴い比較級になって前に出ることで比例関係を作るのです。是非慣れてください。では修演です。

《比較級のまとめ》

　比較には、優等比較、劣等比較、最上級、比例関係がある。

【優等比較】

a) I am better at cooking than my elder sister.
　「私は姉より料理が上手い」

（at cooking を強調したい時は I am better than my elder sister at cooking. となる）

b) I am more interested in cooking than my elder sister.
「私は姉以上に料理に興味がある」

【同等比較】

c) I am as good at cooking as my elder sister.
「私は姉ぐらい料理が上手い」

【劣等比較】

d) I am less good at cooking than my elder sister.
「私は姉ほど料理は上手くない」
= I am not as／so good at cooking as my elder sister.

e) I am not so much shy as cautious.
「私は内気というよりは用心深いのよ」
= I am not shy so much as cautious.
= I am less shy than cautious.
= I am more cautious than shy.
= I am cautious rather than shy.

【最上級】

f) I am the best at cooking in my family.
「私は家族で一番料理が上手です」

g) I ran *(the) fastest in my class.
「私はクラスで一番足が速い」

【比例関係】

h) The higher you go up, the colder the air becomes.
「上空に登れば上るほど空気は冷たくなっていく」

i) The harder I study a foreign language, the more difficult it seems to become to me.
「外国語を熱心に勉強するほど、私には難しくなっていくように思われる」

---

* 副詞の最上級の時は the が省略されることが多い。

●比較級：-er, more, as — as、the 比 — the 比

（解答と解説は P.308）

【1】以下の各英文を日本語にせよ。

(1) I know a better doctor than Sam does.

(2) The doctor I know is better than Sam.

(3) Sam knows a doctor who is better than I am.

(4) Sam knows a doctor who is better than himself.

(5) The doctor I know is better than the doctor Sam knows.

(6) The population of Osaka is larger than that of Kobe.

(7) No other mountain in Japan is so high as Mt. Fuji.

(8) He is not so young as he looks.

(9) I lay down not so much to sleep as to think.

(10) She is no better at cooking than he is.

(11) It took no more than five minutes to go there on foot.

(12) The film was not interesting any more than its original book.

(13) The better I got to know him, the less I liked him.

(14) Social psychologists have studied the bystander effect and they have determined that the more people are present when a person needs emergency help, the less likely it is any one of them will lend a hand.

〈Words & Phrases〉

(9) lie「横になる」(lie-lay-lain と変化する) (11) on foot「徒歩で」(13) get to ～「（自然に）～するようになる」= come to～ cf. learn to～「（努力して）～できるようになる」

【2】以下の各英文を和訳せよ。

(1) Children who better understand minds are more socially skillful than those who do not.

(2) It can be said that men are somewhat more likely to switch jobs than women when they are both younger, but the difference disappears after their mid-30s.

(3) Living in an English-speaking environment and studying issues of cross-

cultural communication made me understand that speaking good English and building successful communication entail much more than using the right grammar and vocabulary.

〈Words & Phrases〉

(1) socially skillful「社会的に長けている、人付き合いがうまい」(2) somewhat「幾分」、switch「（切り）替える」(3) cross-cultural communication 「異文化コミュニケーション」、entail「伴う、必要とする」

【3】次の各英文の下線部を和訳せよ。ただし (3) のみは this の内容を含めて和訳すること。

(1) It is not easy to accept the idea that an electrical appliance has a defined life span. Usually the appliance is so new, so shiny, so magic and so expensive when we buy it that its mortality is no more questioned by us than our own.
〈盲点〉

(2) Mass tourist destinations can often seem false: they fail to show the local culture accurately, but instead offer a fantasy which is no better than a trip to Disneyland.

(3) Life necessarily implies change, but this does not mean that change always implies life. There is always a limit to the amount of change of which an organism is capable, and this is no less true of the social than of the physical organism.
〈発展〉

(4) I dare say, the more seriously you take yourself, and the more carefully you strive to clarify your own thoughts and convictions, the more you will come to find that suspension of belief is closer to the truth than a simple yes or no.
〈発展〉

(5) It is certainly possible that we could discover life on Mars over the next few decades, and if the microbial Martians share our biochemistry and our genetic code, we might be forced to assume a common origin on either planet, or perhaps somewhere else in the Solar System. This would make the search for the origin of life more difficult, because it is far easier to explore our own

<u>planet's deep history than it is to explore the history of another world.</u>　〈発展〉

〈Words & Phrases〉

(1) electrical appliance「電気器具、電化製品」、magic「（不思議なほど）魅力的な」(2) destination「目的地」、false「偽り」、accurately「正確に」、instead「代わりに」、offer「提供する」(3) imply「意味する」、organism「組織体、生命体」、amount「量」、capable「受け入れられる、可能な」、A is true of B「AはBに当てはまる」(4) I dare say「恐らくは」、take oneself seriously「真剣に自分を受け入れる、自分に正直になる」、strive to～「～しようと格闘する」、clarify「明確にする」、conviction「確信」、suspension「保留」(5) Mars「火星」cf. Martian「火星人」、microbial「微生物の」cf. microbe「微生物」、biochemistry「生化学的特質」（☞ p.173《接頭辞、接尾辞について》）、genetic code「遺伝子コード」、be forced to～「～せざるを得ない」= be compelled/ obliged/ made to～、assume「想定する」、common origin「共通の起源」、explore「探索する」

【4】以下の英文の下線部についてその下の英文の問いに答えよ。

〈1〉 The 19th-century image of factories persists in the minds of many people. 〈2〉 They were dark, smoky places where underpaid workers, many only children, spent long hours at unsafe machines. 〈3〉 To the philosopher Friedrich Engels, factory work was "nothing less than torture of the severest kind ... in the service of a machine that never stops." 〈4〉 His colleague, Karl Marx wrote this: "<u>In *manufacture and handicrafts, the workman makes use of a tool; in the factory, the machine makes use of him.</u>"

*manufacture and handicrafts =「手工業と手工芸」

Q. Based on the underlined quotation "<u>In manufacture and handicrafts, the workman makes use of a tool; in the factory, the machine makes use of him</u>," with which one of the following would Karl Marx agree? The answer is: [　].

1 Engels was mistaken about the very nature of factory work

2 Factory-produced goods had been replaced by handicrafts

3 A sense of human dignity is achieved by factory workers

4 Factories transform workers into the parts of a machine

〈Words & Phrases〉

〈1〉persist「持続する」〈3〉Friedrich Engels「フリードリッヒ エンゲルス」
(1820-1895)（ドイツの経済学者。マルクスと共にマルクス主義を提唱）、
torture「拷問」〈4〉make use of…「…を利用する」= put … to use

【5】以下の英文を読んで下の設問に答えよ。

〈1〉One of the major pleasures in life is appetite, and one of our major duties
should be to preserve it. 〈2〉Appetite is the keenness of living; it is one of the
senses that tell you that you are still curious to exist, that you still have an edge on
your longings and want to bite into the world and taste its multitudinous flavours
and juices.

〈3〉By appetite, of course, I don't mean just the lust for food, but any condition of
unsatisfied desire, any burning in the blood that proves you want more than you've
got, and (A) [you／used／that／yet／up／haven't／your] life. 〈4〉(B)A famous
writer said he felt sorry for those who never got their heart's desire, but still sorrier
for those who did. 〈5〉I got mine once only, and it nearly killed me, and I've
always preferred wanting to having since.

問1　(A) の [　　] 内の語句を意味が通るように並べ替えよ。
問2　(B) の英文を日本語にせよ。〈盲点〉
問3　本文の内容に一致しているものを2つ選べ。
　1. I mean only the lust for food by appetite.
　2. We should be far from satisfied.
　3. As we grow older, we should not insist on anything.
　4. I like seeking for anything better than having acquired what I wanted.

〈Words & Phrases〉

〈1〉pleasure「喜び」cf. please「喜ばす」、appetite「欲望、食欲」、preserve「維
持する」〈2〉keenness「激しさ」、be curious to〜「〜したいと思う」(☞ p.175
《表裏一体的単語について》)、edge「鋭さ、激しさ」、bite into…「…にかみつ
く」、multitudinous flavo(u)r「多数の香り」〈3〉lust「渇望」、condition「状況」、
prove「証明する」〈4〉feel sorry for…「…を気の毒に思う」、still「（比較級を
強めて）さらに」〈5〉prefer A to B「B より A を好む」

第**10**講 盲点事項 1

（punctuation「句読点記号」／コロン、セミコロン、ダッシュ）

■ 総括的説明 ■

　英文中に出てくる句読点（punctuation）、特にコロン（：）、セミコロン（；）、ダッシュ（―）は文章を読み解く上でとても大切な記号なのに、結構疎かにされているのではないでしょうか。ということで、ここでしっかり確認しておこうと思います。以下各 2 組ずつの英文の印象はいかがでしょうか？　何か違いを感じますか？　〈2〉、〈4〉、〈6〉、〈8〉、〈10〉の英文の下線部に注意して考えてみてください。

〈1〉I like such sports as tennis, table tennis, and badminton.
〈2〉I like sports <u>:</u> tennis, table tennis, and badminton.

　〈1〉では such A as B「B のような A」という表現を使っているのに対して、〈2〉ではコロンを用いています。2 文とも趣旨は同じですが、読者に与える印象が違ってきます。これから紹介する 3 つの句読点（コロン、セミコロン、ダッシュ）はいずれも読者に誤解無く言いたいことを効果的に訴えかけるための手段なのです。ですから、〈2〉はコロンを用いることで我々読み手に 3 つのスポーツを印象深く訴えかけたと読み取れるのです。そう、コロンはそのあとに前文で述べた内容の具体例を示すことができます。その違いが分かるように訳出すれば、
*〈1〉「私はテニスや卓球やバドミントンのようなスポーツが好きです」
*〈2〉「私はスポーツが好きです。<u>つまり</u>テニスや卓球やバドミントンがね」
となります。

> *〈1〉ではこの 3 つのスポーツ以外にも好きなスポーツがあるように聞こえるが、*〈2〉では特にこの 3 つのスポーツが好きだと強調しているように響く。

〈3〉Paul seldom speaks to Yoko. He doesn't like her.
〈4〉Paul seldom speaks to Yoko <u>:</u> he doesn't like her.

　ピリオド（.）は文と文を完全に仕切る時の記号なので、〈3〉では 2 文（Paul seldom speaks to Yoko. と He doesn't like her.）がどういう関係か見えづらくなっていますが、〈4〉ではコロンがその補足説明をしてくれているため、「ポールが

ヨーコに滅多に話しかけない」のは「忙しいから」でもなければ「対人恐怖症だから」なわけでもないことが読み取れます。違いが分かるように訳出すれば、

〈3〉「ポールはヨーコに滅多に話しかけない。彼は彼女が好きじゃない」

〈4〉「ポールはヨーコに滅多に話しかけない。つまり彼は彼女が好きじゃないってことなんだ」

となります。

〈5〉 I secretly look up to him because he is an unsung hero.

〈6〉 I secretly look up to him ; he is an unsung hero.

　次はセミコロン。セミコロンは文と文に何らかの関係性を持たす機能を持ちます。ですから、〈6〉は I secretly look up to him と he is an unsung hero. が何らかの関係にはあります。しかし、セミコロンは単語ではなく記号なので、その2文がどういう関係なのか、はっきりはしません。〈5〉は because という単語を使っているので、それ以降が前半の理由をはっきり述べているのに対して、〈6〉はセミコロンを使っているので、その辺がはっきりしませんね。だけに、読み手がその辺を斟酌しなくてはならないということになります。この2文は、恐らくは因果関係ではあるのだろうが、その関係性を筆者は明確に言葉にしたくない。この時こそセミコロンの出番なのです。つまり、解釈の余地を読者に委ねているわけです。読者に対する一種の敬意の表れとも言えるのではないでしょうか。ですから訳出に躊躇するかもしれませんが、訳出パターンは決まっており、後ほど詳しくその辺を解説していきますのでご安心ください。さて、両者の違いを意識して訳せば、

〈5〉「彼は縁の下の力持ちなので、私は彼を密かに敬愛している」

〈6〉「私は彼を密かに敬愛している。というのも彼は縁の下の力持ちだからだ」

となります。

〈7〉 We have a plan to visit Bern, Cairo, Helsinki, Amsterdam, Tallinn,and Athens.

〈8〉 We have a plan to visit Bern, Switzerland ; Helsinki, Finland ; and Tallinn, Estonia.

　これもセミコロンですが、この〈8〉のセミコロンは固まりを明示するもので、Bern と Switzerland が固まり、Helsinki と Finland が固まり、Tallinn と Estonia が固まりだよ！ と教えてくれているセミコロンです。〈7〉は6都市訪問で、〈8〉は3都市訪問となります。訳は、

〈7〉「私たちはベルン、カイロ、ヘルシンキ、アムステルダム、タリンそしてアテネを訪れる予定です」

〈8〉「スイスのベルンと、フィンランドのヘルシンキと、エストニアのタリンを訪れる予定です」

となります。

> 〈9〉 Liberty is so precious that it must be utilized effectively.
> 〈10〉 Liberty is precious ― so precious that it must be utilized effectively.

　さて3番目はダッシュです。ダッシュの機能は注意喚起です。<u>読み飛ばさないでしっかり解釈してくれ！</u>と訴えているのです（何せ書き手というものは理解されない事よりも誤解される方を恐れるものですから）。ここではただ precious「貴重な」と言ってハイおしまいではなく、どれほど、そしてどういうふうに貴重なのかを我々に訴えかけているのです。precious という語に対して我々読者の注意を促しているのですね。以下和訳です。

〈9〉「自由は大変貴重なので効果的に利用されなければならない」

〈10〉「*自由は貴重なものである。そう、大変尊いものだからこそ効果的に利用されなければならない」

となります。

> *「ひと言で『自由』と言うけれど、他から強制されることなく真に自分の判断で事を為す状態（＝自由）はありそうで実は大変稀有なものなのですよ。だからこそ、どうでもいいものに自由を使っちゃもったいないよ！」と言っている。

　以上大体の感覚はつかめたことと思います。次は、それぞれの punctuation について詳述してまいります。

【コロン（：）】

　まずはコロン（colon/ :）ですが、コロンの役割は4つ。

> 1.《具体例の列挙》　　2.《補足説明》
> 3.《セリフの引用》　　4.《強調》

具体的には以下の通り。

1《具体例の列挙》「それは何かというと、つまり」

> (e.g.)
> a) There are three kinds of lies: lies, damned lies, and statistics.

「嘘には3種類ある。それは何かというと、（一般的な）嘘と、ひどい嘘と、統計学である」

（嘘の具体例が列挙されている）

b) A good illustration of sympathetic behavior comes from an ape, which is just as close to us genetically as the chimpanzee: the bonobo.

「同情的な行動を表す端的な例は、とある類人猿によるもので、チンパンジーぐらい遺伝子的に我々人間に近いものだ。つまり、ボノボである」

（「とある類人猿」（an ape）の具体例がボノボという類人猿なのだと示している）

c) Darwinism raised a series of difficult questions for future generations: If other animals are similar to humans in blood and bone, should they not share with man other characteristics, including intelligence?

「ダーウィン説は未来の世代に一連の困難な問いを提起した。それは何かというと、もし他の動物が血液と骨格において人類と似ているなら、彼らは知能を含めて、他の特徴をも人類と共有しているはずではないのかということだ」

（「困難な問い」（difficult questions）の具体例が If 以降である）

2 《補足説明》「つまり」

(e.g.)

a) Doing business without advertising is like winking at a girl in the dark: you know what you are doing, but nobody else does.

「広告なしでビジネスをするのは、暗闇で女性にウインクをするようなものだ。つまり、自分では何をしているか分かってはいても、他の人にはわからないということだ」

（前半だけでは何の比喩か分かりにくいため、コロン以降で補足説明をしている）

b) Play is absolutely fundamental to learning: it is the natural fruit of curiosity and imagination.

「遊びは学習に絶対に不可欠なものだ。つまり遊びというものは、好奇心と想像力が自然に実を結んだものなのだ」

（「遊びが学習に必要なものだ」と言っただけでは、なぜそんなことが言えるか読者には伝わりにくいので、補足説明的に「遊び」を定義したわけだ）

c) In 2008, our species crossed a significant Rubicon of habitat: for the first time, a majority of us lived in cities.

「2008 年、我々の種は生息地という重要なルビコン川を渡った（＝居住地について大変重要な一線を越えた）。つまり初めて、都市部に住む人々が多数派となったのだ」

（「ルビコン川を渡った」だけでは何の比喩か分かりにくいため補足説明をした）

3 《セリフの引用》「『…』と（いう）、すなわち…ということだ」

(e.g.)

a) Whenever I feel down, I remember my mother's words: "Stick to it!"

　「気がふさいでいる時はいつも、母の『目をそらさずに！』という言葉を思い出す」

　（母親のセリフの引用である）

b) William James wrote in 1890: "In general, a time filled with varied and interesting experiences seems short in passing, but long as we look back.

　「1890 年、ウィリアム ジェームズは記している。『一般的に、変化に富んだ興味深い経験で満たされる時間は過ぎていくのが短く思えるが、それを振り返ったときには長く感じられる』と」

　（William James の言葉の引用である）

c) The fundamental question that researchers have been asking is this: "Does using social media make you lonely?"

　「研究者が問い続けている根本的な疑問はこうである。すなわち『ソーシャルメディアを利用すると孤独を感じるようになるのだろうか？』ということだ」

　（研究者の問いかけをセリフ的に引用している）

*a), b), c) いずれも、" " があるので引用であることが分かる。和訳するときは鍵カッコ（「　」）で表すとよい。ここでは「」の中に入っているためセリフを『』で表しているが、答案を書くときは「」で表せばよい。

4 《強調》「すなわち、つまり」

(e.g.)

a) Only one student in the class has passed the difficult test: me.

　「そのクラスでその難しい試験に合格した生徒は一人だけだ。すなわち私だ」

　（「私だけがテストに合格した」というよりも、「テストに合格した生徒が一人いる、すなわち私だ」と言った方が、いかにも「私」を強調しているように感じるはず）

b) The people who are best placed to make a change are those who, in the right conditions, can have the most impact on the quality of learning: the teachers.

「改革を行うのに最もふさわしい立場に置かれている人たちは、適切な状況では、学習の質に最も影響を及ぼしうる人たち、<u>すなわち</u>教師なのだ」

(「__な人たちは教師だ」と表現するよりも、「__な人たちは__な人たち、すなわち教師だ」と言った方がインパクトがあるだろう）

Point!

4つに分類してはみたが、結局コロンの根元の役割は<u>前で述べた内容の具体化</u>だ。また、意味が判然としない時は訳出しないのも一考。

【セミコロン（；）】

次はセミコロン（semicolon／；）。セミコロンの役割は2つ。

> 1.《文と文に何らかの関連性を持たせる》
> 2.《固まりを明示する》

ということだ。1については、セミコロンは何らかの接続詞（相当語）の代用になっているということ。*because、and、but、that is (to say)「すなわち」などの<u>働きを担っている</u>と考えるとよい。

> *ならばいっそのこと because や but を使えばいいじゃないか、という言い方もできるが、時には筆者がはっきり述べたくない場合もあるはず。つまり<u>読み手に解釈の余地を与えたい</u>わけだ。

以下具体例。

1《文と文に何らかの関連性を持たせる》「というのも、__だからだ、また、むしろ、そうではなく、一方で、しかし、すなわち」

(e.g.)

a) An insincere and evil friend is more to be feared than a wild beast; a wild beast may wound your body, but an evil friend will wound your mind.

「不誠実で悪意ある友人は野獣よりも恐れられなければならない。<u>というのも</u>、野獣はあなたの体を傷つけるかもしれないが、悪意ある友人はあなた

の魂を傷つけるからだ」

（このセミコロンは because の役割を担っている）

b) China is already half urban; so is Liberia, and the percentage of urbanites in Bangladesh and Kenya quadrupled in recent years.

「中国はすでに半分ほど都市化している。また、リベリアでもそうであり、バングラデシュやケニアでの都市部居住者の割合は近年 4 倍になった」

（このセミコロンは and の役割を担っている）

c) We are not limited by our old age; we are liberated by it.

「我々は老齢によって制限されるのではない。むしろそれで自由になれるのだ」

（このセミコロンは but の役割を担っている。☆ not A but B「A ではなく B」の but がセミコロンになった）

d) For adults, learning mostly requires effort and attention; for babies, learning is automatic.

「大人にとって、学習は努力や注意力を必要とすることが多いが、一方で赤ん坊にとって学習は自然に起こるものである」

（このセミコロンは while の役割を担っている）

e) All living things must have a selfish streak; they must be concerned about their own survival and well-being, or they will not be leaving many offspring.

「全ての生物は利己的な性質を持たなければならない。すなわち自分自身の生存と安寧を気遣わなければならず、さもないと多くの子孫を残せないのだ」

（このセミコロンは that is to say「すなわち」の役割を担っている）

Point!

セミコロンは接続詞的な働きを持つため、S+V; S+V という形で前半の S+V と後半の S+V をつなぐ。コロンの場合は語句や引用符（" "）が後続したりするが、セミコロンの場合はもっぱら S+V が後続する。また、意味が不明瞭な時は訳出しないこともある。逆に筆者が意味を明確にするために、; therefore や、; however とやる時もある。この時はセミコロンを訳出せず、therefore「それゆえ」と however「しかしながら」だけを訳出する。因みに、therefore や however は副詞なので、セミコロンが無いと前後の S+V はつながらないことに注意。

(e.g.)

a) I think; therefore I am.

「我思う、ゆえに我あり」

b) I always think of her; however she never thinks of me.

「僕はいつも彼女のことを考えている。しかしながら彼女は僕のことは決して考えてはくれない」

c) I felt sick; therefore I was absent from school.

「具合が悪かったので学校を休んだ」

d) I felt sick; however I went to school.

「具合が悪かったが学校へ行った」

2 《固まりを明示する》「と、そして」（and やカンマ (,) の代わりをする）

(e.g.)

a) We have a plan to visit Tokyo, Japan; Beijing, China; and Seoul, Korea.

「我々は日本の東京と、中国の北京と（そして）、韓国のソウルを訪れる予定だ」

（このセミコロンは、Tokyo, Japan と Beijing, China と Seoul, Korea の 3 つの固まりを明示するもの。）

cf. We have a plan to visit Tokyo, Rome, Beijing, Paris, Seoul, and Bern.

「我々は東京、ローマ、北京、パリ、ソウル、ベルンを訪れる予定だ」

（6 都市を訪れるということ）

b) All the great things are simple, and many can be expressed in a single word: freedom; justice; honor; duty; mercy; hope

「すべて偉大なるものは単純で、多くはたった一つの言葉で表現しうる。つまり、自由、正義、名誉、義務、慈悲、希望である」

（初めのコロン（：）で a single word の具体例を列挙している。そのあとのセミコロン（；）は、一つ一つの言葉を見やすくしてくれている）

c) *¹It was Alex Osborn, an advertising executive in the 1940s and '50s, who invented the term brainstorming. He passionately believed in the ability of teams to generate brilliant ideas, *²provided they follow four rules: Share any idea that comes to mind; build on the ideas of others; avoid criticism; and, most notably, strive for quantity, not quality.

「ブレーンストーミングという用語を発明したのは、1940 年代および 50 年代の広告担当役員であるアレックス＝オズボーンだった。彼は、素晴らしいアイデアを生み出すチームの能力の存在を熱心に信じていたが、その条

件は4つのルールに従うことだった。つまり、思い浮かんだアイデアは何であれ共有すること、他人のアイデアに基づいて事を進めること、批判は避けること、そしてとりわけ質ではなく量を追求することである」
（初めのコロンは「4つの規則」（four rules）の具体例を列挙している。次の3つのセミコロンは、分かりやすく意味の固まりを明示している）

---

*¹It was 人 who ＿「＿したのは人だ」という強調構文になっている。
*² この provided は条件を表し「もし SV すれば」という意味。上の訳例は意訳だ。

Point!

結局のところ、コンマ（,）だと見づらいので、セミコロンを使って見やすくするということ。
a, b, c, d, and e, f だと、どことどこが区切れなのか不明になるため、a, b; c, d; and e, f とやるということ。これで句切れが明確になり、「ab と cd と ef」となる。ところで、a, b, c, d, e, and f とあれば、「a、b、c、d、e と f」となる。

【ダッシュ（―）】

最後にダッシュ（dash/―）だ。働きはズバリ、

言い換えによる注意喚起

ということだ。途中で流れを止めてその箇所（ダッシュの前後）に注目を集めようとするもの。訳としては、「そう」とか、「すなわち＿（ということだ）、つまり＿（といった）」と訳すとよい。ただし、and, but, or などといった接続詞が一緒に使われていたら、その接続詞だけを訳出すればよい。以下確認。

(e.g.)
a) The greatest obstacle to discovery is not ignorance—it is the illusion of knowledge.
　「発見への最大の障害は無知ではない。そう、それは（＝最大の障害は）知っていると勘違いすることである」
　（「発見を妨げるのは無知じゃない」だけだと、「へ〜、なら知らなくてもい

いのね」となるのを恐れた筆者は、我々の意識を喚起すべくダッシュを使用した）

b) I am not concerned that you have fallen—I am concerned that you arise.

「あなたが倒れたことはどうでもよい。そう、私はあなたが起き上がることに関心があるのだ」

（「あなたが倒れたことには関心が無い」と述べただけだと、「あんたのことなんてどうでもよい」と誤解されかねないので、注意喚起としてダッシュを使用した）

c) The key to everything is patience. You get the chicken by hatching the eggs —not by smashing them.

「全てのものの鍵は忍耐である。卵をかえすことによってひよこは得られる。つまり、つぶすことによってではなく」

（hatching the eggs「卵をふ化させること」だよ。決して「たたき割ること」じゃないよ、と注意を喚起している）

d) The importance of play has been recognized in all cultures; it has been widely studied and endorsed in the human sciences and demonstrated in practice in enlightened schools throughout the world. And yet the standards movement in many countries treats play as a trivial and unimportant extra in schools—a distraction from the serious business of studying and passing tests.

「遊びの重要性はあらゆる文化で認識されてきた。つまり遊びは、人間科学において幅広く研究され、支持され、世界中の啓発された学校で実際に行われてきたのだ。それにもかかわらず、多くの国における標準化の動きは、遊びを学校では、取るに足らないどうでもよい付け足し、すなわち勉強や試験の合格という大事なやるべきことの合間の気晴らしという扱いをしているということだ」

（「取るに足らないどうでもよい付け足し」（a trivial and unimportant extra）という表現を読者に誤解されないよう a distraction from the serious business of studying and passing tests という表現に言い換えている）

e) If curiosity can, like any other human drive, be put to ignoble use—the invasion of privacy that has given the word its cheap and unpleasant implication—it nevertheless remains one of the noblest properties of the human mind. For its simplest definition is "the desire to know."

「もし好奇心が、他の人間の衝動と同様、卑しい使われ方、つまりその言葉に安っぽい不快な意味合いを与えてきたプライバシーの侵害といった、卑しい使われ方をされたとしても、それでもそれ（＝好奇心）は依然として人間の精神の最も崇高な性質の１つなのである」

（「卑しい使われ方」（ignoble use）を厳密にすべく言い換えている）

f) Man is the only animal that blushes—or needs to.

「人間は赤面する、あるいはそうなる必要のある唯一の動物だ」

（ダッシュが無くて or だけでも訳は変わらないが、ダッシュを用いること
で、単に blushes「赤面するという事実」ではなく、needs to (blush)「赤面
する必要性」のことを言ってるんだよ、と読者に注意を呼び掛けている）

Point!

結局ダッシュは、左で述べたことが誤解されないようにと読者に注意喚起
の言い換えをしているということ。訳出は、「そう」とか、「つまり」とか、
「すなわち」とやる。意味が判然としなければ訳出しない。

《3 句読点のまとめ》

〈1〉：＝1．具体例の列挙。　2．補足説明。　3．セリフの引用。　4．強調
（「つまり」や「という」や「すなわち」と訳す。また訳出しないこともある）

〈2〉；＝1．接続詞的な役割。　2．固まりの明示。
（「また」や「しかし」や「すなわち」や「なぜなら―だからだ」と訳す。
また、；however とか、；therefore といった形になっていたら however
や therefore だけを訳す。時に訳さなくてもいい場合もあり）

〈3〉― ＝言い換えによる注意喚起。
（「そう」や「すなわち」や「つまり」と訳す。時に訳さなくていい場合も
ある）

＊これらの句読点の訳に自信が無い場合は訳出しないでおくこと。

●盲点事項その１：コロン（：）、セミコロン（；）、ダッシュ（―）

■ 修得演習 ■

（解答と解説は P.322）

【１】下線部のコロン、セミコロン、ダッシュを意識して、以下の各英文を和訳せよ。

(1) The earth does not belong to man; man belongs to the earth.

(2) If you want work well done, select a busy man: the other kind has no time.

(3) The only means of strengthening one's intellect is to make up one's mind about nothing—to let the mind be a thoroughfare for all thoughts.

(4) What counts is not necessarily the size of the dog in the fight; it's the size of the fight in the dog.

(5) When you take stuff from one writer, it's plagiarism; however when you take it from many writers, it's research.

(6) Do your work with your whole heart, and you will succeed—there's so little competition.

(7) Do your job and demand your compensation—but in that order.

(8) It is not enough to be busy; so are the ants. The question is: What are we busy about?

(9) Each of us has the choice—we must make money work for us, or we must work for money.

(10) We often forgive those who bore us; we cannot forgive those whom we bore.

〈Words & Phrases〉

(3) strengthen「強化する」cf. strength「強さ」、make up one's mind「決意する」、thoroughfare「通り抜けできる道」、thought「思想、考え」(4) count「重要である」= be important (5) stuff「物、素材」cf. staff「従業員」、plagiarism「盗作、剽窃（ひょうせつ）」(6) with one's whole heart「全力で」、competition「競争相手、ライバル」(7) compensation「報酬」

【２】以下の英文の各下線部を和訳せよ。

〈1〉Hurricanes, house fires, cancer, plane crashes, vicious attacks in dark places. 〈2〉Nobody asks for any of it. 〈3〉But to their surprise, many people find that enduring such a hardship ultimately changes them for the better. 〈4〉They might say something like this: "I wish it hadn't happened, but I'm a better person for it."

〈5〉We love to hear the stories of people who have been transformed by their suffering, perhaps because they testify to a psychological truth, one that sometimes gets lost amid endless reports of disaster. ⟨6⟩ There is a natural human capacity to flourish under the most difficult circumstances. ⟨7⟩ Positive reactions to profoundly disturbing experiences are not limited to the toughest or the bravest. ⟨8⟩ In fact, roughly half the people who struggle with hardship say that their lives have in some ways improved.

⟨9⟩ This and other promising findings about the life-changing effects of crises are part of the science of post-traumatic growth. ⟨10⟩ This field has already proved the truth of what once passed as a common saying: what doesn't kill you can actually make you stronger. ⟨11⟩ Post-traumatic stress is far from the only possible outcome. ⟨12⟩ In the wake of even the most terrifying experiences, only a small proportion of adults become troubled. ⟨13⟩ More commonly, people rebound —or even eventually flourish.

⟨14⟩ Those who survive hardship well are living proof of one of the paradoxes of happiness: we need more than pleasure to live the best possible life. ⟨15⟩ Our contemporary quest for happiness has become a hunt for bliss—a life protected from bad feelings, free from pain and confusion.

⟨Words & Phrases⟩

⟨1⟩ vicious「邪悪な」cf. vice「悪徳」⟨2⟩ ask for…「…を求める」⟨3⟩ to one's …「…することには」(…には感情的な名詞が来る)、endure…「…に耐える」⟨5⟩ transform「変貌させる」(☞ p.175)、suffering「苦しみ」、testify to…「…の証人となる」、psychological「心理的な」cf. physiological「生理的な」、get lost「見失われる」、amid…「…のただ中で」、⟨6⟩ flourish「繁栄する」⟨7⟩ profoundly「深く」、disturbing…「混乱するような…」⟨8⟩ in fact「事実、いやそれどころか」(☞ p.185)、roughly「約」、struggle with…「…と闘う、…で苦労する」、in some ways「ある点で、何らかの意味で」⟨9⟩ promising「有望な、頼もしい」、crisis「危機」(crises は複数形。☞ p.183)、post-traumatic growth「心的外傷後成長」⟨10⟩ pass as…「…として通用する」、⟨11⟩ outcome 「結果」⟨12⟩ in the wake of…「…の結果として」、a small proportion of…「ごくわずかな割合の…」(☞ p.183)⟨13⟩ more commonly「一般的には」、rebound「元に戻る、立ち直る」⟨14⟩ survive…「…を乗り越える」、paradox 「逆説」、the best possible…「考えられる最高の…」⟨15⟩ contemporary「現代の、同時代の」(☞ p.174)、quest「追及」、hunt「狩猟(する)、追跡」、bliss 「無上の喜び」e.g. Ignorance is bliss.「知らぬが仏」、confusion「混乱」

■ 総括的説明 ■

　さあ、最終章です。よくぞここまでいらっしゃいました。本当にご苦労様でした。ここまで来ればあとは、「うん、そうだった」「そりゃそうだ」といったように確認作業が多くなっていきます。そういった意味でこれからの作業は随分楽でスムーズなものになっていきます。是非これからの応用系問題を楽しまれてください。

　さて、この章では、巷間に出回っている受験参考書ではあまり扱われることのない（扱われてはいても詳しくなかったり、練習することが少ない）パートとなりますが、しかし、そう、しか～しです。実はこのパートは英文読解の上でとっても大事な内容なのです。心して取り組んでくださいまし。では、まずは情報構造から。

【情報構造という考え方】

　皆さんは情報構造という言葉を耳にしたことがありますか？　「情報」を耳にしたことが無い人は皆無でしょうし、「構造」という言葉を聞いたことが無い人も絶対おられないしょうが、この二つが合体するとどういう意味なのか、分かったような分からないような印象を持たれたのではないでしょうか？

　これは、

> ### 重要な情報は後方に置く

という英語における考え方のことなんです。以下をご覧なってください。

> 〈1〉Lucky are the children who are loved by those around them.
>
> 〈2〉The children who are loved by those around them are lucky.
>
> 〈3〉The children are lucky who are loved by those around them.

　いかがでしょうか。3 文は全て同じ意味だと思いますか？　実は訳自体は大差なく全て「身近な人たちに愛されている子供は幸運だ」ということで結構ですが、それぞれ強調されている箇所が違うのです。上記で述べたように情報構造上、後半の

表現が強調されるので〈1〉では the children who are loved by those around them が、〈2〉では lucky が、〈3〉では who arc loved by those around them が強調されていたのです。ですから、その状況を反映させて訳してみれば、〈1〉「幸運なのは、身近な人たちに愛されている子供だ」、〈2〉「身近な人たちに愛されている子供は幸運だ」、〈3〉「こんな子供は幸運と言える。つまり、身近な人たちに愛されている場合は」という感じ。因みになぜ強調するかというと、聞いたり読んだりしている相手にとって未知な情報だからです。ですから、下の場合もそういうことが絡んでいる場面です。〈4〉と〈5〉の違いが分かりますか？

〈4〉 You seem to believe that he is sincere. So, that he has told lies to us is surprising.

〈5〉 You seem to believe that he is sincere, but it is surprising that he has told lies to us.

that 節を前に出した構文が〈4〉で、形式主語 it で表したのが〈5〉ですが、これはそもそも使う場面（状況）が違うのです。情報構造で言えば、強調したい部分が後方に来るわけですから、〈4〉なら surprising が強調したい部分で、〈5〉なら that he has told lies to us が強調したい部分ということになります。

ですから、その辺が分かるように訳せば、〈4〉「君は彼を誠実だと思っているようだね。だけに、（君も知っているように）彼が俺らに嘘をついたというのは驚きだね」（下線部が強調したい部分）、〈5〉「君は彼を誠実だと思っているようだけど、（君は知らなかっただろうけど）驚くことがあるんだ。（実は）彼、俺らに嘘ついていたんだって」（下線部が強調したい部分）となります。ですから、

英語は主語が長くなるのを嫌うために that 節の部分を後ろに回して、それを受けた形式主語の it を使う。

という説明は正しくないということになります。that を前に出すのは旧情報／既知情報だということ、後ろに回したら新情報だということだったんです。

そう考えると以下の英文の転倒もうなずけるのではないでしょうか。

〈6〉A: "I am busy today." 「今日俺忙しいんだ」
B: "So am I." 「俺も」

主語のIは決して長くないのに、後ろに回っていますね。そう、Iを強調したい

から（相手にとって未知の情報だから）です。ですから、I を強調するのでなく、am を強調する文脈では下のように、

(e.g.)
a) A: "You look busy." 「忙しそうだね」
　 B: "So I am (busy)." 「本当に忙しいんだ」

となるわけです。

　以下同様で、それぞれ下線部が強調されています。

---

b) A red car ran down that cliff.
　「ある赤い車があの絶壁を走って下りて行った」
　→ Down that cliff ran a red car.
　「あの絶壁を下りて行ったんだ。ある赤い車が」

c) A man who has a sound mind in a sound body is happy.
　「健全な肉体に健全な精神を持っている人は幸いだ」
　→ Happy is a man who has a sound mind in a sound body.
　「幸いなのは健全な肉体に健全な精神を持っている人だ」

　ですから、通常 SV O という並びでも O が既知情報の場合は前に出ることもあるのです。

(e.g.)
My father left us a large fortune. and its power we *are to realize in later years.
　「父は僕らに多大な財産を残してくれた。そして後年、僕らはその威力を知ることになる」
　（its が前の a large fortune を指し既知情報になるので、realize の目的語である its power が前に出ている）

:...:
: * この are to は「運命」を表す be to。
:...:

　よく強調するため O が前に出ることがあるという人がいますが、逆です。既知情報だから前に出るのですね。相手が知っている情報なので、強調なんてしていな

いのです。

　このことは以下の動詞と副詞の並びにも影響を与えることになります。以下の各英文のうち、よろしくない英文が一つあります。どれかお分かりですか？

〈7〉Taro saw off Hanako.
　　「太郎は花子を見送った」

〈8〉Taro saw Hanako off.
　　「〃」

〈9〉Taro saw off her.
　　「太郎は彼女を見送った」

〈10〉Taro saw her off.
　　「〃」

　解答は〈9〉です。代名詞は既知情報ですね。既知だからこそ代名詞になるのですね。ならば、最後に代名詞を置く（強調する）のは不自然ということになるはずです。Hanako は初登場であるからこそ Hanako と表記しているのですね。初登場ですから聞いている者にとっては新情報（未知な情報）です。当然強調されて然るべきなので、〈7〉のように最後に置いてよいわけです。よく巷間では、

　動詞と副詞が連続して特定の意味を成すとき、代名詞が目的語の場合は動詞と副詞は離す。

という言い方がなされることが多いですが、この表現は間違いなのです。「動詞と副詞が連続して特定の意味を成す」という言い方も、「離れる」という言い方も正しくはないのです。なんとなれば、上記の例文で言えば、see off という形で「見送る」という特定の意味を成しているわけではないのですから！　別に see と off がくっ付いているわけでもないのです！　そう、元々の形は see O off（副詞）だったのです。これについて詳しめにお話しますが、ここからの話【自動詞か？　他動詞か？】は長くなりますから、興味ある方だけお読みになってください。面白くなさそうだなと思われた方は、この後の【否定表現＋倒置】に進まれてください。

【自動詞か？　他動詞か？】
　よく皆さんからくる質問の一つに「他動詞と自動詞はどう見分ければいいですか？」というものがあります。

そんなときアサシューは、「そんなの意味が分かれば区別できるでしょ。例えば love だったら『愛する』という意味なんだから、『…を』という言葉、つまり目的語を補う必要性感じるでしょ？　それに対して、come とか stand とかだったら、『…を』なんて目的語は来ないでしょ？　『…を来る』とか『…を立つ』なんて言わないもんね！？」なんて言って済ましちゃっている…(^-^;。

　でもよく考えたら、get は他動詞のはずなのに be や feel といった自動詞と同じように、I got [was／felt] tired.「疲れた」と直後に目的語ではなく補語（tired）が来ることができるし、また、他動詞なら前置詞は不要のはずなのに、「…に到着する」という意味の時は get to…のように to が必要だし、「…と仲良くやっていく」は get along with…と with が必要だ（因みに along は副詞）。他の動詞にしても、例えば add は「加える」という意味の時は直接目的語を取るのに「増す」という意味の時は add to という形になる。どうして他動詞なのに、add to…のように to が必要なのか？　そしてそもそも to が付くとどうして「増す」という意味になるのか疑問は尽きない。そこで今回は、それら動詞の基本的な訳と再帰代名詞の省略という観点で、これらの疑問点を解消していこうと思います。

　さて、まずは get から参りましょう。
　大抵の辞書には始めに、⑩（＝他動詞）とか vt（これも他動詞という意味）と表記されて、「手に入れる」という意味が表示されています。最初に登場するこの訳語が get の基本訳になります。この観点で以下の各例文を解釈していきましょう。

(e.g.)
a) get information
　「情報を手に入れる」
b) My son got a good score on a test.
　「息子がテストで高得点を取った」
c) My mother got me a tie.
　「母がネクタイを買ってくれた」
d) I will go and get Bill.
　「行ってビルを連れて来ましょう」

　以上はいずれも他動詞らしく直接目的語を取って、a) の「手に入れる」という基本訳から出発して、b)「高得点を手に入れる（＝取る）」→ c)「私にネクタイを手に入れる（＝買ってくれる）」→ d)「ビルを手に入れる（＝連れて来る）」と訳語が推移した様子がわかりますね。では以下の各英文はどうでしょう？

(e.g.)

e) They got to LA last night.

　「彼らは昨夜ロサンジェルスに到着した」

f) A man got into a taxi.

　「ある男性がタクシーに乗った」

g) Please get back soon.

　「すぐ戻って来てね」

h) You must get along with your wife.

　「奥さんとはうまくやっていかないとね」

　この辺になると、原義の「手に入れる」では間に合いそうにないので、get to で「到着する」、get into で「（車やタクシーなどに）乗る」とかやっちゃうのではないでしょうか？　でも、もう一度基本に戻ってみましょう。つまり辞書には初（しょ）っ端（ぱな）に、⦿「手に入れる」と出ている（辞書によって多少訳語が違う場合あり）ので、この観点で上記の各英文を吟味してみると、

e) got to LA「LA までを手に入れた」、

f) got into a taxi「タクシーの中を手に入れた」、

g) get back「戻りを手に入れる」、

h) get along with your wife「奥さんとの寄り添いを手に入れる」

　　（以上波線部を目的語的にとらえてみました）

となるのではないでしょうか？　こう考えれば「到着する、乗り込む、戻る、上手くやる」という訳語が派生してくるのも見えてくるというもの。

　えっ！　でも get は他動詞なのになぜ to LA とか back みたいな前置詞句や副詞を後続できちゃうの？

　う〜ん、そりゃそうだ。その疑問、ごもっともです。ところでみなさんは英語が省略癖のある言語だということをご存知ですね？

そうなんです。e)〜h) の get は直後に再帰代名詞が省略されたものだったのです。つまり、

e) They got themselves to LA last night.

「彼らは自分たち自身を昨夜ロサンジェルスへと手に入れた」

f) A man got himself into a taxi.

「ある男性が自分自身をタクシーの中へと手に入れた」

g) Please get yourself back soon.
「すぐ自分自身を元の場所に手に入れてね」

 h) You must get yourself along with your wife.
「奥さんと寄り添うように自分自身を手に入れなさいよ」

ということだったのです。再帰代名詞なら堂々と他動詞の目的語になれますから。
だから、I got tired.「疲れた」も I got myself tired.「自分自身を疲れた状態に手に
入れた」と考えればよいわけ。
　これを、さらに他の他動詞に応用してみましょう。例えば apply。apply の基本
訳は「応用する、当てはめる」。

(e.g.)
i) Chemists often apply the findings of physics to chemistry.
　「化学者たちは物理学上の発見を化学に応用することが多い」

j) The traffic rules apply to walking as well as to driving.
　「それら交通規則は運転同様歩行にも当てはまる」

　i) は基本訳通り「応用する」となっているけど、j) は「当てはまる」という自動
詞的な訳になっている。apply は他動詞のはずなのに……。
　な〜んてことはない。再帰代名詞を補って考えればいいんです。

j) Those traffic rules apply themselves to walking as well as to driving.
　「それら交通規則はそれら自信を運転同様歩行にも当てはめる」

　すなわち、apply oneself to…「自分自身を…に当てはめる」＝「…に当てはま
る」というわけです。以下同様。

(e.g.)
k) I applied for work in his office.
　「僕は彼の会社の仕事に応募した」
　← I applied myself for work in his office.
　「僕は彼の会社の仕事を求めて自分自身を当てはめた」

以下、同じような他動詞群をまとめてみました。

● adapt「適合させる」

・She adapted to the new environment.
「彼女は新しい環境に順応した」

　← She adapted herself to the new environment.
「彼女は自分自身を新しい環境に適合させた」

● prove「証明する」

・The man proved to be a stranger.
「その人は赤の他人であることが判明した」

　← The man proved himself to be a stranger.
「その人は自分自身を赤の他人であると証明した」

● turn「向ける」

・He stopped and turned toward me.
「彼は立ち止まって私の方を向いた」

　← He stopped and turned himself toward me.
「彼は立ち止まって彼自身を私の方へ向けた」
（turn up「現れる」は turn oneself up「自分自身をアップに向ける」が元。
「アップ」は「ネットに自分の写真をアップする（上げる）」と言う時のアップの
イメージ。turn down「断る」は turn oneself down「自分自身を下の方へ向ける」
が元。辞退のお辞儀ってことね）

● pull「引っぱる」

・The car suddenly pulled up.
「その車は突然止まった」

　← The car suddenly pulled itself up.
「その車は突然自らを上に引っぱった」
（その昔、そう、自動車が無かった頃、主な交通手段は馬であった。馬を止める
時、馬上の者は自分と一体の馬の手綱を引き、その時馬の足は上に上がり、結果
止まったはず）

● take「取る、連れて行く」

・Our plane took off from London.
「私たちの乗った飛行機はロンドンを発った」

　← Our plane took itself off from London.
「私たちの乗った飛行機は自らをロンドンから離れるように取った／連れ去った」
（take to…で「…が好きになる」の訳になるが、これも take oneself to…「…の

146

方向に自らを連れて行く」→「…に近づく」→「…の癖がつく、好きになる」と
考えればよい）

● add「加える」
　これは通常 add A to B「A を B に加える」の形で、She added salt to the dish.
「彼女は塩をその料理に加えた」のように使われるが、add to…となると「…を
増す／高める」という意味になる。これは add A to B の形の A と B が同性質の
ものが来たため、同語反復を嫌う英語の性質上、A を省略したと考えられる。
つまり、
・His behavior added to his reputation.
「彼の振舞は彼の名声を高めた」
　← His behavior added a reputation to his reputation.
「彼の振舞は彼の名声に名声を加えた」
ということ。

　さて、いかがでした？　納得してもらえましたか？

　他動詞は直接目的語を取るはずなのに、目的語が無く前置詞句が後続する時があ
るのはなぜ？という問いに対して、それは自動詞扱いだからだという説明がなされ
る時が多いようですが、でもそれって、「それは前置詞句が後続する用法だからだ」
と言ってるようなものではないでしょうか？　質問の言葉と同じ意味なのに、別な
言葉で返して相手を納得した気にさせることを詭弁と言います。例えば、

A：「あいつ、何でそんなことも知らないのかな？」
B：「そりゃ無知だからだろう」
A：「なるほどな」

という類のものです。これって、「なんでそんなことも知らないのか」という問い
に対して「それはそんなことも知らないやつだからだろ」と言っているのと同じで
同語反復（tautology）です。
　この B の発言はせめて、「だって、まだ小学生だもの（＝経験値が低いのだから
知識が無くて当たり前）」とか、「お前、そんなことって簡単に言うけど、案外その
知識って特殊なんだぜ（＝お前の当然は他の人の当然じゃないこともあるんだぞ）」
的なものであるべきでしょう。

　ということで、みなさんも機械的な作業だけに陥ることなく、時には深く疑問に
思ったことを突き詰めて考えてみるのも一興ではないでしょうか？

そう言えば、

He saw off his girlfriend at the station.
　「彼は彼女を駅で見送った」

という英文は

He saw his girlfriend off at the station.

とも表せますが、目的語が代名詞 (her) の時は、

He saw off her at the station.（×）

のようには表記できず、

He saw her off at the station.

と表記せねばなりませんでした。でもこれってなぜ？

　「それは動詞と副詞が一緒になって一定の意味を成すとき、目的語が代名詞の場合はその動詞と副詞を離さなければならないから」

なんて間抜けな回答はやめてくださいよ！

　「目的語が代名詞の時はなぜ動詞と副詞を離さなければならないの？」という質問に、「それは目的語が代名詞の時は離さなくてはならないからだ」と答えているようなもので、それこそ、tautology です。
　さあ、「動詞＋副詞と代名詞の関係」ですが、どうですか皆さん、そのカラクリに気づきましたか？
　例えば、動詞 bring は副詞の up と共に使われると、「育てる」という意味になりました。そしてこれは、名詞が目的語であれば、bring と up は連続させてもよければ離してもよいが、目的語が代名詞の時は離さなければならないのでした。ですから、「彼らは太郎をニューヨークで育てた」と言う英文は、

a) They brought up Taro in New York.
　でもよければ、

b) They brought Taro up in New York.

　でもよいのですが、この Taro という目的語が代名詞の him になった時は、

c) They brought up him in New York.（×）

　とは言えずに、

d) They brought him up in New York.

と表記しなければならないということでした。

　では、普通に副詞のことを考えてみましょう。例えば happily。これって、She sang a song happily.「彼女は幸せそうに一曲歌った」のように使いますよね。She sang happily a song. という型には普通ならないですよね。

　そう、これと一緒のことで、本来は b) や d) の型が基本なのです。そもそも bring は他動詞なのだから直に目的語を取るはずです。副詞の up は bring という動詞を飾っているだけです。ですから、They brought Taro up in New York. の直訳は「彼らは太郎を上へと運んだ」です。「上へと運んだ→1歳から2歳、5歳、10歳へと運んだ＝育てた」というわけです。

　以下全てそういうことです。

e) I saw Mary／her off.
　「メアリー／彼女を見送った」
　（直訳はメアリー／彼女を離すように見た」）

f) I will carry my plan／it out.
　「計画／それを実行しよう」
　（直訳は「計画／それを＊外に運ぼう」）
　　＊心の内にしまっていないで、衆目に晒すようにするということ

g) He took those clocks／them apart.
　「彼はそれらの時計／それらを分解した」
　（直訳は「それらの時計／それらをバラバラに取った」）

といった具合です。

　でも、じゃあなぜ動詞と副詞がくっ付く時があるわけ？　という問いかけが当然起こると思いますが、それは**情報構造**という考え方が関係してくるんです。

みなさんは以下の英文に馴染みがありますね。

---

h) That he told a lie was surprising to Mary.
「彼が嘘をついたということはメアリーにとっては驚きだった」

　これは一般的には It was surprising to Mary that he told a lie. に書き換えられると教わると思いますが、実はこの両者は同じ意味ではないのですよ。少なくとも、使われる場面が違うんです。

　話はちょっと飛んで、会社の良し悪しってどこで判断されていると思いますか？社会人になったことの無い方は想像の域を出ないかもしれないけど、ちょっと想像してみてください。

　会社の良し悪しの決め手は、実は受付の応対なんです。笑顔が自然で声に張りがある……。そんな受付ならだれでも好印象を受けるはずですものね。電話の応対なんかでも、その差がはっきり出ます。受話器を取ってすぐ「浅野電機です」とやっちゃうようではダメです。「ハイ、お電話ありがとうございます。こちらは浅野電機です！」とやるのがいいんですね。なんでか分かります？　だって電話取るなり「浅野電機です」なんてやられたら、向こう様が聞き漏らして、「ええっと浅野電機さんですね……？」って聞き返されるかもしれないじゃないですか。唐突に言われる言葉は聞き漏らされることがあるから、挨拶言葉（枕詞）があるのです（もちろんそれだけじゃないけど）。「おはようございます」とか「お電話ありがとうございます」とか、枕の言葉を言ってあげて初めて、相手は聞く準備が出来るんです。ですから、聞き漏らされたくない言葉は初めに言ってはならないんです。情報を正確に伝えるには、相手の注意を喚起してから伝えたい情報を持って来るというのがしっかり伝えるコツなのです。そう、伝えたい情報は後回しにするのです。

　ということで、先ほどの英文、That he told a lie was surprising. の That he told a lie の部分は聞き漏らしてもいいから最初に置いているのです。じゃあ、なぜ聞き漏らしてもいいのか、それは聞いている相手がそこの部分はすでに知っているからです。つまり旧情報／既知情報だからです。この文で伝えたいのはむしろ、後ろの部分 surprising to Mary だったのです。聞いている相手にはこの部分が新情報になります。ですから、この英文の正しい訳は「（お前が知っているように）彼嘘ついたじゃん。それってメアリーかなり驚いたらしいよ」となるんです。ですから、It was surprising to Mary that he told a lie. も同様に考えて、後半部（that he told a lie）が新情報になり相手に伝えたい部分なので、無意味な It（ごめん It くん (>_<)）を添えて相手の注意を促しているのです。ですから、正しい（？）訳は「メアリー驚いたみたいな（ここで聞いている者が、えっどうしたんだろと気になります）。実は彼、嘘ついたんだって！」となります。

さあ、本題に戻りましょう。They brought Taro up in New York. や They brought him up in New York. という型が本来の型であれば、なぜに They brought up Taro in New York. という型があるのか？　という問題でしたね。

　気づきましたね？　そう、それは <u>Taro が新情報だから</u>です。<u>新情報だから本来の場所（brought の直後）から後ろに飛んだ</u>のです。そして、<u>旧情報／既知情報である him（代名詞は当然旧情報です！）は本来の位置に留まっている</u>というだけのことでした。旧情報（知っている事）を後ろに置いていちいち強調されてもウザイだけですものね。I gave Mary a dictionary. 「メアリーに辞書をあげた」なんかも、a dictionary が代名詞 it（旧情報）になったら、I gave Mary it . （×）とは表記しません。これは I gave it to Mary. (to Mary が新情報／強調部分）となります。ですから一般に熟語と認識されている give rise to…「…を生む」(rise は「発生」という名詞）や give thought to…「…を考慮する」(thought は「考慮」という名詞）も…の所が強調されるので <u>give … rise や give … thought と語順を換えたりはしない</u>わけです。以下参照。

---

i) His behavior gave rise to many misunderstandings. （○）
　「彼の振舞は多くの誤解を生んだ」
　　←「多くの誤解に発生を与えた」が直訳。
　(His behavior gave many misunderstandings rise . は×)
　(rise を強調したら妙だ)

j) They always give thought to my private things. （○）
　「彼らはいつも私の私的なことを考慮してくれる」
　　←「私的なことに考慮を与える」が直訳。
　(They always give my private things thought . は×)
　(thought を強調したら妙だ)

cf. He gave her a book. （a book が新情報〈＝強調部分〉）
= He gave a book to her. （to her が新情報〈＝強調部分〉）

では確認問題。以下の英文の正誤を判定してみてください。

---

(1) I put my coat on.
(2) I put on my coat.
＊「私はコートを着た」という意味で考えた時どちらが正しいか？

---

(3) I put it on.

(4) I put on it.

＊「私はそれを着た」という意味で考えた時どちらが正しいか？

---

(5) I got on the train.

(6) I got the train on.

＊「私は電車に乗った」という意味で考えた時どちらが正しいか？

---

(7) I got on it.

(8) I got it on.

＊「私はそれに乗った」という意味で考えた時どちらが正しいか？

答えを言います。正しい英文は (1), (2) ,(3), (5), (7) で、(4), (6), (8) は誤りです。なんと、(7) が正しく (8) が誤りなのです。

これまでの話を正しく理解してきた人からすると違和感があるのではないでしょうか…？　なぜそうなるのか。

ところでみんなさんは前置詞って知ってますよね。そう、名詞の前に置いて物と物、あるいは状況と物との関係を示す言葉ですね。例えば以下のように。

(e.g.)

a) a pen in/ on/ near the box

「箱の中のペン／箱の上のペン／箱のそばのペン」

b) They arrived at the station .

「彼らは駅に到着した」

といった感じですね。ということはこの前置詞、前に置く詞（ことば）というぐらいですから直後に何かが欲しいわけですね。そう皆さんご存知の名詞相当語句が。例えば、

---

c) He looked at me.

「彼は私を見た」

d) You must take care of the dog.

「お前はその犬の面倒をみなくちゃな」

この波線部を外して、He looked at. とか You must take care of. とかはさすがに
やれませんね。そう、これと同じで、課題文の (5), (6), (7), (8) の on は前置詞だっ
たのです。直後に名詞が欲しいのです。ですから、前置詞で終わらすわけにはいか
ないのです。on と the train／it はくっ付いていなければならないのです。最初の
他動詞で考えた再帰代名詞の用法を思い浮かべて欲しい。こうでしたね。get は
「手に入れる」という意味の他動詞なのになぜ直接目的語が来ないことがあるの
か？　という問いかけに再帰代名詞の省略ということを考えたのでした。

---

e) I got myself on the train.
　「私は自分をその電車の上にと手に入れた→その電車に乗った」

f) I got myself on it.
　「私は自分をその上にと手に入れた→それに乗った」

という文の再帰代名詞（myself）が省略されたってことでしたね。ですから、そも
そも myself という目的語があるのに、目的語の the train や it を got の目的語にで
きるわけなどないのです。
　では、今度は (1) と (2) の場合を考えてみましょう。これは my coat が put の直
後に来ても良ければ、離れても良いのに対して、(3) と (4) に関しては、it が put
の直後に来るのが正しく、(4) はいただけないということでした。それは、この on
が副詞で、on it「その上に／それと密着して」と読んではいけないからです。
slowly it とか、beautifully it とかおかしいですよね。前に申し上げたように、本来
は I put my coat on. や I put it on. が正しい形で、(2) の I put on my coat. はその応
用形だったのでした。これは強調したい語句は後ろに置くという情報構造上の英語
のパターンに則（のっ）ったまでのことだったのです。そして、実は副詞の中に
は補語的に働く副詞というものがあるのです。up, back, away, off, on, in がそうで
す。例えば以下のごとくです。

---

g) The book is *back.
　「その本は戻っているよ」

h) My appetite was *away.
　「食欲がなくなった（←食欲が遠のいた）」

i) The television set is still *on.
　「テレビはまだついたままである」

上の文と以下の文を比べてください。

g)' Put the book back.
　「その本は戻しておいてくれ」
　（the book を強調したければ最後に置いて、Put back the book とやっても良
　い。しかし代名詞 it の場合は、旧情報ゆえ強調することは不自然なので、
　本来の形のまま Put it back. とする）

h)' The disgusting scene took my appetite away.
　「そのおぞましい場面は私の食欲を減退させた」
　（my appetite を強調したければ最後に置いて、The disgusting scene took
　away my appetite. とやっても良い。しかし代名詞 it の場合は旧情報ゆえ強
　調することは不自然なので、本来の形のまま The disgusting scene took it
　away. とする）

i)' She always keeps the television set and the radio on.
　「彼女はいつもテレビとラジオをつけっぱなしにする」
　（the television set and the radio を強調したければ最後に置いて、She
　always keeps on the television set and the radio. とやっても良い。しかし代
　名詞 them の場合は旧情報ゆえ強調することは不自然なので、本来の形のま
　ま She always keeps them on. とする）

　このように、I put my coat on. は「私はコートを体に密着するように置いた」が
直訳で、on は補語的な働きをしていたわけであります。以下まとめました。

(1) I　put　my coat　on.
　　S　V　　O　　　C

(2) I　put　on　my coat .
　　S　V　C　　O
　「私はコートを着た（←コートを体に密着するようにおいた）」
　（新情報である my coat を強調するため後ろに目的語を飛ばした）

154

(3) I put |it| on.
　　S V　O　C

(4) I put on |it|.
　　S V　C　O

　「私はそれを着た（←それを体に密着するようにおいた）」
　（旧情報である it を強調するのは不自然なので後ろに飛ばせない）

---

(5) I got (myself) on the train.
　　S V　　O　　　　M

　「私は電車に乗った（←自分を電車の上にと手に入れた）」
　（on the train「電車の上に」は前置詞句／修飾語句）

(6) I got (myself) the train on.
　　（これは見るからに破綻してますね…（>_<)）

---

(7) I got (myself) on it.
　　S V　　O　　M

　「私はそれに乗った（←自分をその上にと手に入れた）」
　（on it「その上に」は前置詞句／修飾語句）

(8) I got (myself) it on.
　　（これまた破綻だ〜…（>_<)）

以上、納得していただけたでしょうか？

【否定表現＋倒置】

　同じ趣旨でも表現の仕方が違う場合ってありますね。この講義で最初に話した情報構造にしても、相手に是非伝えたい事があるせいで語順が変わったりしました。今回の否定表現＋倒置もその一つで、言っていることは同じなんですが、ある事のために語順が変わってしまうパターンなんです。そう、その「ある事」とは？

すぐ言いたい！

ってことです。日本語でも、「彼はそんな卑怯な事は絶対しないよ！」を「絶対ないな！　彼がそんな卑怯な事をするなんて」というふうに。<u>特に否定の内容はすぐ</u>

言いたくなるようです。これと同じで英語もまずはすぐ「ない」ということを言ってから言葉をつないでいくという手法があるのです。そしてこの際、「ない」系の語句は、ほとんどが副詞であるために、直後に動詞を置きたくなるのです（副詞は主に動詞を修飾するのですから）。never を例にとって以下に示してみます。

〈1〉Tom is always considerate of others. He never thinks of himself.
「トムはいつも人のことを考えている。彼は自分のことは決して考えない」
→ Never does he think of himself.
「決して考えないんだ、彼は自分のことを」

〈2〉The Japanese language has never been so confusing as it is today.
「日本語が今日ほど乱れていることは決してなかった」
→ Never has the Japanese language been so confusing as it is today.
「決してなかった、日本語が今日ほど乱れていることは」

〈3〉This switch must never be touched.
「このスイッチは絶対に触れてはいけない」
→ Never must this switch be touched.
「絶対ならない、このスイッチに触れては」

この類の倒置は全て疑問形だと考えれば見抜きやすいでしょう。また、never のように否定を表す副詞には以下のものがあります。

---

little「ほとんど―ない」、seldom「滅多に―ない」= rarely、only「しか―ない」、not until/ till ＿「＿まで―ない、＿して初めて―する」、hardly「ほぼ―ない」= scarcely、not only「だけじゃない」、under no circumstances「どんなことがあっても―ない」

などがあります。このうち盲点になりやすいのが not until と hardly の用法なので、以下に詳しく見ていきます。

《not until》

〈4〉I didn't know the truth until yesterday.

〈5〉Not until yesterday did I know the truth.

〈6〉 It was not until yesterday that I knew the truth.

　〈5〉では、n't (=not) と until yesterday が合体して文頭に出たために倒置（＝疑問形）になっています。注意したいのは「昨日まで私は真相を知らなかった」と和訳してはいけないということです。というのも、この訳だと「知った」のが「今」とか「今日」といったふうに誤解されてしまうからです。実はこの文は「知った」のは「昨日だ」ということを言っている文なのです。英語の until __「__まで」は __を含めず、「__に至るまで」のニュアンスが強いので、「真相を知らない状態は昨日に入るまでだ」ということで、知ったのは昨日だと言っているわけです。

(e.g.)
a) The notice said, "Not Open Until 5th."
　「看板には 5 日から営業開始とあった」
b) I will be absent until Sunday.
　「土曜日まで休ませていただきます」
c) He didn't arrive until 5 p.m.
　「彼が到着したのは夕方 5 時だった」
　（彼が到着したのが「ちょうど 5 時だ」ということを言っている）
　cf. He didn't arrive before 5 p.m.
　「彼が到着したのは夕方 5 時過ぎだった」
　（「彼が到着したのは 5 時前ではない」ということは「5 時以降」ということ）

　〈6〉は not until yesterday を It was と that で挟んだ強調構文になっています。いずれも同じ趣旨で「昨日初めて真相を知った」となります。

《hardly ― when》

　〈7〉 He had reached the station when it began to rain.

　〈8〉 He had hardly reached the station when it began to rain.

　〈9〉 Hardly had he reached the station when it began to rain.

　訳は〈7〉が「彼は雨が降り始めた時には（もう）駅に到着していた」となり、〈8〉〈9〉は「駅に到着するとすぐ雨が降り始めた」となります。〈7〉の訳は問題ないと思いますが、〈8〉〈9〉がなぜにそのような訳になるのか訝った方がいらっしゃ

るかもしれません。それは、〈8〉〈9〉に登場する hardly の働きを考えればいいのです。hardly は否定の意味の副詞で、had reached「(＊既に)到着していた」を否定しているわけです。つまり、既にじゃないよということです。ってことはほぼ同時だということです。じゃあ、全く同じ時間なのかといったら、一応過去完了形を使っているのですから、やはり到着時間の方が若干早いということになり、以上のような訳が出来上がったということです。そしてこの hardly を文頭に出せば〈9〉のように倒置が起きるということなのです。

> ＊過去完了形（had+p.p.）はある過去の時間よりも前であることを表す。ここでは、it began to rain「雨が降り始めた時間」よりも前である事を明示している。

【連結語句の補充】

　みなさんは英文を読んでいる時、何らかの唐突感を持ったことはありませんか？「ん？　なんでこんな話になったんだ？」とか、「いまいち前後の文の流れがつかめないなぁ」とか……。その唐突感の原因は英文と英文の間に何らかの語句が省略されているからなのです。ここにも英語の省略癖が現れています。以下の文をご覧ください。少々長いので下線部の個所だけでも着目してもらえれば結構です。

　　On the 30th of November, 1974, near the Awash River, Johanson and one of his students, Tom Gray, were searching for ancient human bones when they found the fragments of an arm bone sticking out from a small hill. After digging there, they found more bones: a jawbone, additional pieces of an arm bone, a thigh bone, and ribs. Over time, they uncovered 40 percent of a female skeleton.

　　The scientists called the skeleton "Lucy" because it was clearly that of a woman. Also, at the time of the discovery, Johanson was listening to the Beatles' song, "Lucy in the Sky with Diamonds." Lucy was about 1.1 meters tall and weighed about 29 kilograms. When the discovery was made, it created a huge sensation. Scientists could tell from the shape of her pelvis that she was definitely the earliest known ape to have definitely walked on two feet.

　「1974年11月30日にアワシュ川近くでジョハンソンと彼の学生の一人とトムグレイが古代の人間の骨を探していて、小さな丘から突出している1本の腕の骨の断片を見つけた。そこで発掘した後に、彼らは、顎骨、最初に見つけた腕の骨とは別の腕の骨の欠片、大腿骨、肋骨を発見した。やがて、彼らは、女性の骨格の40%を発掘した。
　科学者たちはこの骨格を"ルーシー"と呼んだ。なぜなら、その骨は女性の骨であることが明らかだったからだ。さらに、発見当時ジョハンソンはビートルズの

"Lucy In the Sky With Diamonds" を聴いていたからでもある。ルーシーは、身長が約 1.1 メートル、体重が約 29 キログラムであった。ルーシーが発見された時、一大センセーションが巻き起こった。**（というのも）** 科学者はルーシーが間違いなく、明確に二足歩行していたことで最初に知られる猿人類であると、骨盤の形からわかった**（からだった）**」

　もし、このカッコの部分（「**というのも**」「**からだった**」）という言葉が無いと、和訳の際、唐突感が出るのではないでしょうか？　確かに英文にはその日本語に相当する語句（because とか for とか）が記されていませんが、それでも筆者は読者に向かって、英文の勢いから理由や根拠であることを察知してくれ！と言ってるのです。「なぜならば」とか「しかしながら」といった連結語句の多用から来る幼稚性を忌避したいということもあるでしょう。いずれにせよ我々読み手としては、時折体験する唐突性を打破すべく、文脈から適当な連結語句を補う勇気を持つべきでしょう。この辺も念頭に入れて英文を未読していきたいものです。こんなことを百万遍語るよりも、実践練習を経てこそ身になります。さあ、修演です。

《盲点事項２のまとめ》

〈1〉情報構造　　　＝　重要な情報（新情報／強調個所）は後方に置く。

〈2〉動詞　　　　　＝　自動詞か他動詞かを意識する。

〈3〉否定語＋倒置　＝　否定語＋疑問形と考える。

〈4〉連結語句の補充　＝　唐突感がある場合は * 連結語句を考えて訳出する。

* 「しかしながら」、「なぜなら―だからだ」、「すなわち」、「例えば」などといった連結語句の補充を考えてみる。

●盲点事項その２：情報構造、自動詞か他動詞か、否定語＋倒置、そして連結語句の補充

〈解答と解説は P.328〉

【1】以下の各英文を和訳せよ。

(1) I suspect that there is something about living fully in the present that deeply frightens us.　　　　　　　　　　　　　　　　　　　　　〈盲点〉

(2) The new report found that over a five-year period, outwardly healthy old people who smoke are about twice as likely to die as are those who never smoked.

(3) Rarely does an accident happen in such a case.　　　　　　　　〈基本〉

(4) Little did I think that I should stay long.

(5) Hardly had she heard the news when she burst out crying.　　　〈基本〉

(6) Not until she heard the front door close behind him did she make a move.
　　　　　　　　　　　　　　　　　　　　　　　　　　　　〈盲点〉

〈Words & Phrases〉

(1) present「現在」(2) outwardly「表面的には」(5) burst out crying「急に泣きだす」= burst into tears

【2】以下の各英文の下線部を和訳せよ。

(1)

〈1〉 Japan first showed interest in English in 1809, when the Tokugawa shogun-ate ordered Dutch-language interpreters in Nagasaki to study the language. 〈2〉 But not until 1854, when Japan opened itself up to the world, did the study of the English language begin to be taken seriously by a large number of people.

〈Words & Phrases〉

〈1〉 Tokugawa shogun-ate「徳川幕府」、Dutch-language interpreter「オランダ

(2)

〈1〉Across time and cultures, fathers have always been considered essential—and not just for making babies. 〈2〉Marriage and the nuclear family—mother, father, and children—are the most widespread social institutions in existence. 〈3〉<u>In no society has the birth of children outside marriage been the cultural standard.</u> 〈4〉To the contrary, a concern for the legitimacy of children is nearly universal.

〈Words & Phrases〉

> 〈1〉across time and culture「時代と文化を超えて、いつの時代でもどの文化でも」〈2〉nuclear family「核家族」、widespread「出回って」、social institution「社会制度」、in existence「現存する」〈3〉outside… 「…外の」〈4〉to the contrary「(それとは) 反対に」、legitimacy「合法性、嫡出性」、universal「普遍的な」

(3)

〈1〉Psychologists say that holding onto our good memories—and leaving the bad ones behind—helps us to deal with unpleasant situations and retain a positive outlook on life. 〈2〉It was 90 years ago that the idea of negative memories fading faster was first proposed. 〈3〉Back in the 1930s psychologists collected recollections about life events like people's holidays—marking them as pleasant or unpleasant. 〈4〉<u>Weeks later an unannounced request came from the researchers to recall their memories.</u> 〈5〉Of the unpleasant experiences nearly 60% were forgotten— but only 42% of the pleasant memories had faded.

〈Words & Phrases〉

> 〈1〉hold onto/ on to… 「…を保持する」= retain…、leave O behind「O を捨て去る」、deal with… 「…対処する」= cope with…、outlook「見通し」〈2〉fade「しぼむ」〈3〉back in「…に遡って、…のことだが」、recollection「記憶、思い出」、mark O as C「O を C として特徴づける、O を C に分ける」〈4〉unannounced「予告の無い、突然の」、recall「呼び起こす」

【3】以下の英文の下線部 (A) と (B) を和訳せよ。〈盲点〉

〈1〉It has become common for social theorists to describe the times in which we live as full of risks and anxieties. 〈2〉Science may have increased our ability to control various aspects of our lives, but it also threatens us with nuclear and environmental catastrophes, and regularly contradicts its earlier findings. 〈3〉Furthermore, it has failed to replace religious certainties with scientific certainties. 〈4〉These conditions provide an important part of the context in which the body has emerged as a fundamental social issue. 〈5〉While we potentially have the means to control our bodies more than ever, (A)we are also living in an age which has thrown into radical doubt our knowledge of the consequences of this control, and of how we should control our physical selves.

〈6〉As a result of developments in biological reproduction, genetic engineering, plastic surgery and sports science, the body is becoming less of a given, and more a phenomenon of options and choices. 〈7〉While science allows greater degrees of intervention into the body, it also confuses our knowledge of what bodies are, and goes beyond our ability to judge morally how far science should be used to reconstruct the body. 〈8〉Indeed, (B)there are strong reasons for suggesting that the more we have been able to alter the limits of the body, the greater has been our uncertainty about what constitutes an individual's body. 〈9〉For example, artificial insemination and in vitro fertilization have enabled reproduction to be separated from heterosexual experience.

〈Words & Phrases〉

〈3〉furthermore「さらには」= in addition、replace A with B「A を B と交換する」〈4〉emerge「(急に) 現れる」〈5〉potentially「潜在的に」、means「手段」、consequence「結果、重大性」〈6〉plastic surgery「整形手術」、a given「既知事項、与えられたもの」〈7〉intervention「介入」cf. intervene「介入する」、reconstruct「再構築する」〈8〉alter「変える」、constitute…「…を構成する、…になる」〈9〉artificial insemination「人工授精」、in vitro fertilization「体外受精」、reproduction「生殖」、heterosexual「異性の」cf. homosexual「同性の」

【4】以下の英文を和訳せよ。〈盲点〉

Interests have developed among many chronic pain researchers in exploring the ways in which family interactions can impact the experience and course of chronic pain conditions.

【5】以下の英文の下線部 (A)、(B) を和訳せよ。

〈1〉What is evident today is that there are two sporting worlds. 〈2〉(A)By far the larger, by number of participants, is the world of amateur, or mass participation sport. 〈3〉Here, millions of people play their games, for a variety of reasons, with no expectation or desire that they will be paid for taking part. 〈4〉The second world is that of elite sport. 〈5〉Here, many athletes receive payment in the form of salaries from clubs, prize money, as grants from government or national sports organizations, or in the form of financial support for travel, housing, and so on. 〈6〉Given that sport is now such a huge global business and that it is so present across the media in our daily lives, it would be easy to conclude that amateurism, outside of the world of the non-elite athlete, is dead. 〈7〉(B)And yet the sense of an amateur ethos, with its codified morals and ideals, has not only survived but prospered.

〈Words & Phrases〉

〈1〉evident「明らかな」〈2〉by far「はるかに」、participant「参加者」cf. participate「参加する」、mass「大衆」〈3〉a variety of…「様々な…」= various … 〈5〉grant「報奨金」、organization「組織（体）」、financial support「財政援助」、housing「住居」、and so on「など」= and so forth 〈6〉given that S'+V' 「S'+V' を考慮すると」、present「存在して」(これは形容詞。動詞なら「提示する」という意味になる)、conclude that SV「SV と結論づける」、outside (of) …「…の外では」〈7〉ethos「気風、精神」、codify「体系化する」、prosper「繁栄する」cf. prosperity「繁栄」

【6】以下の英文を和訳せよ。〈発展〉

〈1〉We are implicitly forming categories, something that is often overlooked. 〈2〉Category formation runs deep in the animal kingdom. 〈3〉Birds building a nest have an implicit category for materials that will create a good nest, including twigs, cotton, leaves, fabric, and mud, but not, say, nails, bits of wire, melon skins, or pieces of glass. 〈4〉The formation of categories in humans is guided by a cognitive principle of wanting to encode as much information as possible with the least possible effort.

〈Words & Phrases〉

〈1〉implicitly「暗黙の裡に」cf. implicit「暗黙の」、category「カテゴリー、範疇」、overlook「見落とす」〈3〉fabric「布」、say「例えば」、bits of wire「針金の切れ端」、melon skin「メロンの皮」〈4〉encode「コード化する」

【7】以下の英文を和訳せよ。〈発展〉

〈1〉Recently, evidence has accumulated that many commonly used pesticides can suppress the normal response of the human immune system to invading viruses, bacteria, parasites and tumors. 〈2〉Unfortunately, despite the current evidence, the study of the immune suppressive potential for most pesticides is still in its infancy, and little work has been done to clarify the relationship between dose and effect. 〈3〉Thus, consensus has not been reached on how much pesticide exposure is required to compromise the immune system enough to affect health.

〈Words & Phrases〉

〈1〉accumulate「蓄積される、山積みになる」、pesticide「殺虫剤、農薬」、suppress「抑える」、immune system「免疫系」、invade「侵入する」、virus「ウイルス」、bacteria「バクテリア、細菌」、parasite「寄生虫」、tumor「腫瘍」〈2〉current「現在の」cf. currency「通貨」、potential「(潜在)力」、infancy「幼児期、初期段階」clarify「明確にする」、dose「(薬の)服用量」〈3〉exposure「さらされること」、compromise「妥協する、危うくする」（☞ p.175《表裏一体的単語について》）

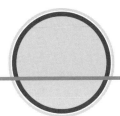

語法研究

1. 《ly について》

ly が付いた語全てが副詞になる訳ではない。形容詞として働くこともある。形容詞に ly が付けば副詞になるが、名詞に ly が付けば形容詞になる。

《ly の区別》

形容詞 + ly = 副詞	kindly	carefully	happily
	「親切に」	「注意深く」	「幸せそうに」
名詞 + ly = 形容詞	manly	timely	friendly
	「男らしい」	「タイミングの良い」	「人なつこい」

従って、以下の英文は誤りということになる。

a) If you had not given me your advice timely, I might have failed.
「もし君がタイミングよくアドバイスをくれていなかったら、失敗していたかもしれない」
→ If you had not given me your timely advice, I might have failed. に直す。

b) Nancy showed me around the town friendly.
「ナンシーはきさくに町中を案内してくれた」
→ Nancy showed me around the town kindly. とか
Nancy showed me around the town in a friendly manner. とか
Nancy showed me around the town like a friend. などに直す。

2. 《of + 抽象名詞について》

of + 抽象名詞 = 形容詞となることに注意（抽象名詞とは色も形も重さもない目には見えない、人間が頭の中で考えた概念のこと）。例えば a man of courage「勇気の人」ということは「勇敢な人」ということなので、a courageous man と同義になるということ。また、形容詞化するということは文中で補語になるということでもある。だから、I think the man to be of courage. とあれば、I think the man to be courageous. と同義で「私はその人を勇敢だと思う」という意味になるし、The book is of great use. とあれば The book is very useful. と同義で「その本は大変役に立つ」となる。以下頻出表現である。

☆ of importance「重要な」= important
(e.g.) a man of importance「重要人物」
☆ of value「価値ある」= valuable
cf. of great value「大変価値ある」= very valuable = invaluable
cf. of no value「無価値の」= valueless
☆ of use「役に立つ」= useful
cf. of no use「役に立たない」= useless
☆ of significance「意義のある」= significant
☆ a man of ability「能力者」= an able man
☆ a man of promise「将来有望な人」= a promising man
(「約束を守る人」ではないことに注意。「約束を守る人」は a man of his word)

《確認問題》

◇以下の英文を、下線部に注意して日本語に訳せ。
・Whenever I met anyone whom I thought to be of importance, I did my best to learn something from him.

《答》
「私が重要だと思った人に会う時はいつも、その人から何かを学ぼうと努めました」

3.《to と for の違いについて》

第4文型を第3文型に書き換える時、to や for になったりするが、この差は「到達」か「未到達」にある。to…なら物（事）が…に到達しているのに対して、for…ならまだ…には到達していないことを表すというわけだ。以下参照。

---

a) He lent a pen to her.
　「彼は彼女にペンを貸してあげた」
　(「貸した」のだから、ペンは彼女の手元に到達している)
b) She showed a hat to him.
　「彼女は彼に帽子を見せた」
　(「見せた」のだから、帽子は彼の目に到達している)

---

c) The teacher has taught how to read English <u>to their students</u>.
「その教師は英語の読み方を生徒に教えた」
(「教えた」のだから、英語の読み方が<u>学生の頭に到達</u>している〈はず…
(;^_^)）

次の各英文は全て<u>未到達</u>なので、for を用いる。

d) His mother made a pair of gloves <u>for him</u>.
「母親は息子に手袋を編んでくれた」
(母が「作った／編んだ」時点では、手袋は<u>まだ息子の手元には到達してい</u>
<u>ない</u>)

e) Her father bought an instructive book <u>for her</u>.
「父親はためになる本を娘に買ってあげた」
(父が「買った／レジでお金を払った」時点では、本は<u>まだ娘の手元には到</u>
<u>達していない</u>)

f) I found a good seat <u>for her</u>.
「僕は彼女にいい席を見つけてあげた」
(僕が「見つけた」時点では、その席は<u>まだ彼女のお尻に到達していない／</u>
<u>座っていない</u>)

4.《使役動詞について》

自分で行うのではなく「人や何かにしてもらったり、させたりすること」を表す
動詞を総称して使役動詞と言っている。代表的なのは **make**, **have**, **let** の3つ。こ
の3つの動詞が独特なのは O の次に〜（原形動詞）来るということだ。

《型》

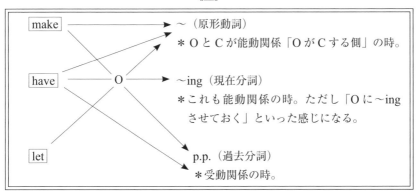

では、下線部に注意して、以下の英文の正誤を考えてみてほしい。

---

　a) They made me going there
　b) I had him went there.
　c) Please let me to go there.

《解答》

　全て誤り。

＊下線部は全て～（原形動詞の go）にしなければならない。let は～（原形動詞）しか取らないので単純だが、make と have は 2 種類あるのでその区別をする必要がある。すなわち O と次に来るものが能動関係にある場合は～。O と次に来るものが受動関係にある場合は p.p. ということ。

(e.g.)

a) I cannot make │him│ understand what I mean.

　「│僕は│ 彼に僕の言いたいことを理解させられない」

　（彼は僕の言いたいことを理解する側）

　← │He│ understands what I mean.

　「彼は僕の言いたいことを理解している」

　（He is understood what I mean. は不可。＊2 重目的語を取る動詞以外では受動態で O が後続することはない）

> ＊give, lend, send という 2 重目的語を取る動詞なら be p.p. O という型はあり。
> (e.g.)
> He gave │me│ a book .
> 　S　　V　　O　　O
>
> → │I│ was given a book by him.
> 　S　　V　　　O

b) I cannot make │myself│ understood in English.

　「僕は英語で自分自身（の言いたいこと）を理解してもらうようにさせることができない／僕は英語が通じない」

　（僕自身は理解してもらう側。ここの myself は what I mean の意味）

　← │I│ am (= │What I mean│ is) understood in English.

　「英語で僕の言いたいことは理解されている」

☆ make oneself understood
「言いたいことが伝わる」
(e.g.)
・I managed to make myself understood.
「私はなんとか言いたいことが伝わった」

☆ make oneself heard
「声が届く」
(e.g.)
・The hall was so large that he couldn't make himself heard.
「そのホールはでかすぎて彼は声が届かなかった。」

以下の例文で、$\boxed{O}$ と ～／p.p. の関係も確認のこと。

(e.g.)
a) I had $\boxed{\text{him}}$ do the work.
　「僕は $\boxed{\text{彼に}}$ その仕事をしてもらった」
　（$\boxed{\text{彼}}$ はその仕事をする側）
　← $\boxed{\text{He}}$ did the work.
　「彼はその仕事をした」

b) I had $\boxed{\text{the work}}$ done.
　「僕は $\boxed{\text{その仕事}}$ をしてもらった」
　（$\boxed{\text{その仕事}}$ はされる側）
　← $\boxed{\text{The work}}$ was done.
　「その仕事はされた」

c) I had $\boxed{\text{my watch}}$ stolen.
　「$\boxed{\text{時計}}$ を盗ませてしまった／僕は $\boxed{\text{時計}}$ を盗まれた」
　（$\boxed{\text{時計}}$ は盗まれる側）
　← $\boxed{\text{My watch}}$ was stolen. 「私の時計は盗まれた」
　cf. I had stolen the watch.
　「私はその時計を盗んでしまった」
　（これだと、私が時計を盗んだ人〈加害者〉になってしまう）

語法研究　**169**

「えっ でも、〜ing はどうなるの？」ということに関しては、"「O に〜ing させておく」という意味にしたいときに使う" と言える。

(e.g.)
a) I had him say so.
　「僕は彼にそう言ってもらった」
b) I had him saying so.
　「僕は彼にそう言わせておいた」

となるので、「君にそんなことは言わせてはおかないぞ」というニュアンスなら、I won't have you saying so. となるわけだ。

　ところで受動態の場合は to〜 になることにも注意のこと。
　（使役動詞の受動態は have, let, make の 3 つのうちで make だけが可能）

(e.g.)
They **made** me do that.
　「彼らは僕にそれをさせた」
　→ I **was made** to do that (by them).
　「僕は（彼らによって）それをさせられた」

　そして、使役動詞のそれぞれの意味相違については以下の通り。

　・make O＋C「O に（無理矢理）C させる」（強制力あり）
　・have O＋C「O に C してもらう、O に C される」（強制力なし）
　・let　O＋C「O に C させてあげる」（許可の感じ）

　以下の英文で確認のこと！

(e.g.)
a) She made her daughter go shopping.
　「彼女は娘を買い物に行かせた」
b) She had her daughter go shopping
　「彼女は娘に買い物に行ってもらった」
c) She let her daughter go shopping.
　「彼女は娘を買い物に行かせてあげた」

> ＊上記の各英文を他の英語で言い換えると〜は全て to〜 になる。a) = She compelled [forced] her daughter to go shopping. b) = She got her daughter to go shopping. c) = She allowed [permitted] her daughter to go shopping. だ。

5.《知覚 [感覚] 動詞について》

　知覚動詞（主に **see, watch, hear, feel**）の型も使役動詞同様決まっている。以下のようになる。ただ知覚動詞の場合、使役動詞とは異なり、みんな等しく C の所には〜も、~ing も、p.p. も来ることができる。

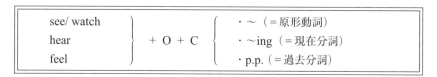

という型になる。以下が具体例である。

(e.g.)

I saw him scold her.

　「私は彼が彼女を叱るのを見た」

I saw him scolding her.

　「私は彼が彼女を叱っているのを見た」

I saw him scolded by her.

　「私は彼が彼女に叱られるのを見た」

＊〜を使う場合は、叱る行為全体を見たというニュアンスになる。一方〜ing を使っているときは行為の途中を表しているので、以下のような場合は〜ing を使うのが正しい。

《確認問題》

◇ 誤りのある箇所を選べ。

・When I saw Nancy (1)study in (2)the library, but I didn't have (3)time to stop (4)and talk to her.

《答》

（1）→ studying に直す。

《訳》

「図書館でナンシーが勉強しているところを見かけたが、立ち止まって彼女に

話しかける時間がなかった」

（study は studying に直すべきだ。というのも、study（〜）だと、「ナンシーの勉強の始まりから最後という全体像を見た」感じになり、後半の内容「立ち止まって彼女に話しかける時間がなかった」という内容にそぐわないからだ）

6.《help について》

help は「助ける、役に立つ」という意味の場合は O ＋ C の C の個所に前置詞句が来たり、〜や to〜も取ることができ、さらに O が外れ、to〜や〜さえも取れる変わった動詞である。以下確認のこと。

《help の型 5 つ》

〈1〉help O 前置詞句

　「O の ― を助ける」

〈2〉help O to〜

　「O が〜するのを助ける、O が〜するのに役立つ」

〈3〉help O 〜

　「O が〜するのを助ける、O が〜するのに役立つ」

　（〈2〉と訳も意味も変わらず）

〈4〉help to〜

　「〜するのを助ける、〜するのに役立つ」

〈5〉help 〜

　「〜するのを助ける、〜するのに役立つ」

　（〈4〉と訳も意味も変わらず）

help もこれまでの使役動詞、知覚動詞同様 O ＋〜という形を取るが、なにせ、この動詞の変わったところは、動詞なのに直後に〜（＝原形動詞）を持ってくることができるという点だ。助動詞ならいざ知らず、動詞であるにも拘らず、動詞の原形（〜）を後置するとは……。数ある動詞の中でもそんな芸当ができるのは help ぐらいのものだ。

(e.g.)

a) He helped me with my work.

　「彼は私の仕事を手伝ってくれた」

　= He helped me to do the work. = He helped me do the work.

b) His advice helped us to solve the problem.

「彼のアドバイスは我々がその問題を解決するのに役立った」
= His advice helped us <u>solve</u> the problem.
c) His advice helped <u>to solve</u> the problem.
「彼のアドバイスはその問題解決に役立った」
= His advice helped <u>solve</u> the problem.

ということで、O の次に原形動詞（〜）を取ることができる主な動詞は全部で 8 個、つまり make ／ have ／ let（使役動詞）と see ／ watch ／ hear ／ feel（知覚動詞）と help ということになる。

7.《接頭辞、接尾辞 について》

単語はどうしても丸暗記に走らざるを得ない場合が多いものだが、それでもやはり、接頭辞（単語の前に着く部分）と接尾辞（単語の最後に着く部分）の意味を知っておくだけで、ずいぶん暗記作業が楽になるものである。以下頻出の接頭辞だ。是非ご利用有れ！

1. anti =「反（対）の」cf. pro「賛成の」／ sym ／ syn「共の」
（固有名詞や母音で始まる単語の場合は hyphen「ハイフン」〈-〉が入る）

<u>anti</u>-American「反アメリカの」cf. <u>pro</u>-American「アメリカ贔屓（びいき）の」、<u>anti</u>nuclear「反原発の、核兵器反対の」cf. <u>pro</u>nuclear「原発推進派の、核兵器支持派の」、<u>anti</u>war movement「反戦運動」、<u>anti</u>biotic「抗生物質」(bio= life)、antidote「解毒剤、（比喩的に）改善策」(anti= <u>against</u> + dote= <u>give</u>)（「対抗して与える」が原義）、<u>anti</u>pathy「反感」cf. <u>sym</u>pathy「共感」(sym= <u>with</u> + pathy= feelings)（「感情の共有」が原義）、<u>anti</u>thesis「対概念」cf. <u>syn</u>thesis「統合」(syn= together + thesis= place)（「一緒の所に位置付けること」が原義）

2. mal =「悪」

<u>mal</u>aria「マラリア」(<u>mal</u>= <u>bad</u> + aria= <u>air</u>)（マラリアは沼地の悪い空気から生じるものと思われていた）、<u>mal</u>ignant「悪意のある」= <u>mal</u>icious= <u>mal</u>evolent ⇔ benevolent「情け深い」(bene= good)、<u>mal</u>nutrition「栄養不足」、<u>mal</u>treatment「虐待」、<u>mal</u>formation「不格好、奇形」、<u>mal</u>function「機能不全」、<u>mal</u>content「不満の」

3. bio =「生命」

<u>bio</u>hazard「生物災害、バイオハザード」（生物実験などから生じる危険性や危

険物質）、biology「生物学」、biography「伝記」(bio= life + graph= write)（「生（命）を書いたもの」が原義）、autobiography「自伝」(auto =「自（己）」)、bioscience「生命科学」、biotechnology「生物工学、バイオテクノロジー」、biogenetics「遺伝子工学」

4. mini =「小さな」

miniskirt「ミニスカート」、minicar「ミニカー」、minus「マイナスの」、miniature「ミニチュア、小型の」、minute「分、小さい」、minor「小さい方の」、minority「少数派」⇔ majority「大多数」、minimize「最小にする」、minimum「最小限度の」、diminish「小さくする、減じる」、minister「大臣」（「神に仕えし小さき者＝神の下僕＝人間界の代表者」が原義）

5. prim/ pri(n) =「第一の」

prime「第一の、最大の、最盛期」、prince「王子」、princess「王女」、primary school「小学校」、primitive「原始的な」、principal「主要な、校長先生」、principle「主義、原則」

6. re =「再び、元に、後ろに」

recall「思い出す」、refresh「気分をさわやかにする」、repair「修理する」、recline「もたれかかる」、remind「思い出させる」、remain「＿のままである、残る」、review「復習する、再調査する」、refuse「拒絶する」、reveal「暴く」(re= uncover + veal= veil「ベール、かぶりもの」)（「ベールを取り外す」が原義）cf. revelation「暴露、啓示」、renew「更新する」、rewrite「書き直す」、resign「辞職する」(re= back + sign)（「署名を元に戻す」＝「署名を取り消す」が原義）、restrain「抑制する、拘束する」(re= back + strain= draw tight)（「元に引き戻す」が原義）

7. com/ con =「共に」

contest「競争」、company「仲間、同席、会社」、companion「連れ、相棒」、accompany「伴う、付き添う」、combat「格闘する」(com= with + bat= hit)（「一緒に（互いに）打つ」が原義）、combine「組み合わせる」(com= together + bine= bi= two by two)（「2つずつ一緒にする」が原義）、conform「従う、合わせる」(con= together + form)（「一緒の型になる」が原義）、consent「同意する」、conflict「衝突」、contemporary「同時代の、当時の、現

代の」（con= together + tempo= time）（「一緒の時期」が原義）

8. duc(e)/ duct =「導く」

> duct「（空気、ガスなどを通す）管、ダクト」、conduct「指揮する、行う」、
> produce「生産する、差し出す」（pro= forward + duce= lead）（「（目の）前に
> 導く」が原義）、product「製品、成果、結果」、producer「製作者」、introduce
> 「紹介する」（intro= inward + duce= lead）（「中へ導く」が原義）、educate「教
> 育する」（e= ex + duc= lead）（「外へ導き出す」=「生徒の潜在力を発揮させ
> る」が原義）、reduce「減らす、還元する」（re= back + duce= lead）（「元に導
> く」=「元に戻す」が原義）

9. inter =「相互に、間に、中に」

> the Internet「インターネット」、international「国際的な」、interest「興味（を
> 与える）」、interrupt「邪魔をする、中断する」（inter= between + rupt= break）
> （「中に入って途切れさせる」が原義）、interact「相互に作用する、交流する、
> 触れ合う」、interval「間隔」、interview「会見」、intercourse「交際」、
> interdependent「相互依存の」、intercultural「異文化間の」、interfere「干渉す
> る、邪魔をする」（inter= each other + fere= strike）（「互いに打ち合う」が原義）

10. trans =「越えて、通って」

> transport「輸送する」（trans= across + port= carry）（「向こうに運ぶ」が原義）、
> translate「翻訳する」、transfer「移動する、乗り換える」、transmit「送る」、
> transparent「透明な」（trans= through + parent= visible）（「透けて見える」が
> 原義）、transplant「移植する」、transact「取引する」、transform「変形させ
> る」、transpacific「太平洋横断の」、transatlantic「大西洋横断の」

8.《表裏一体的単語（表と裏は正反対なのに 1 つのもの的な単語）について》

　英単語の中には、1 つの単語が、正反対の意味、あるいは似ても似つかない意味
になることがある。以下がその代表例だ。

・benefit	「利益を与える」	⇔	「利益を得る」
・awful	「おぞましい」	⇔	「荘厳な、ものすごい」
・pay	「報われる／儲かる」	⇔	「報いがある／罰を受ける」
・deserve	「評価に値する」	⇔	「報いがあって当然だ」
・curious	「好奇心旺盛な」	⇔	「奇妙な」

・reward	「ご褒美」	⇔	「（悪事に対する）報い」
・compromise	「和解（する）」	⇔	「危うくする、（名誉を）汚す」

(e.g.)

a) The government maintains that nuclear plants will <u>benefit</u> the residents of the town.
　「原子力発電所はその町の住民に<u>利益を与える</u>だろうと政府は主張している」

b) Most people say that they <u>benefit</u> from living in foreign countries.
　「ほとんどの人が海外の生活から<u>利益を得ている</u>と言っている」

> ＊他動詞〈＝Oを取る動詞〉の時は「利益を与える」という意味になり、自動詞〈＝Oを直接取らない動詞、ここでは前置詞 from が後続している〉の時は「利益を得る」となる。

c) It's an <u>awful</u> day, isn't it?
　「ひどい天気ですね」

d) There is an <u>awful</u> lot that you don't know.
　「君が知らないことだって<u>ものすごく</u>あるんだよ」

e) I'm <u>awfully</u> in love with her.
　「俺、彼女のことがむちゃくちゃ好きなんだ」
　（ここは副詞の awfully を使っている）

> ＊以上の awful 系は、程度が普通でないことを言っている。日本語でも「この絵はめちゃくちゃだ」と言えば「ひどいさま」だろうが、「めちゃくちゃいい」のように「いい」が入っただけで意味が逆転することがある。

f) I have to <u>pay</u> the rest of the rent by the end of this month.
　「残りの家賃を今月末までに払わなくちゃならない」

g) Honesty <u>pays</u> in the long run.
　「結局、誠実（にしていれば）報われる（ものだ）」

h) He will <u>pay</u> for his arrogance.
　「彼はその横柄さのために罰を受けることになるだろう」

i) The bright child is <u>curious</u> about life and reality.
「その聡明な子は人生や現実に対する好奇心が旺盛だ」

j) <u>Curious</u> people become the best students. Wanting to know about things and asking questions help people learn more easily.
「好奇心の強い人間が最も良い学び人になる。物事を知りたがり質問を投げかけることによって人は学習が容易になるのである」

k) What is that <u>curious</u> animal?
「あの奇妙な動物は何？」

l) We argued for a long time but finally reached a <u>compromise</u>.
「我々は長時間話し合ったが結局妥協することになった」

m) We <u>compromised</u> with them on that matter.
「我々はその件に関して彼らと和解した」

n) That kind of remark is likely to <u>compromise</u> your reputation.
「あの種の発言は君の評判を落としめる可能性が高いぞ／あんな発言をすれば君の評判に傷がつくぞ」

9.《A as well as B について》

この表現はいまだほとんどの辞書に「B はもちろん A」という訳語を載せてい

るが、これでは A が強調されることになってしまう。もちろんそれでもいい場合は依然あるが、時には逆の意味、つまり「A はもちろん B も」という場合も昨今出て来ているのである。以下がそうだ。

The Koala is not only a national icon but also a symbol of Australia's biodiversity. Biodiversity is the variation of all life forms within an ecosystem. Life forms include plants, animals, and micro-organisms, while an ecosystem consists of these life forms as well as their physical environment such as rocks, water sources, and the atmosphere.

「コアラはオーストラリアの国民的アイドルであるばかりではなく、オーストラリアの生物多様性の象徴でもある。生物多様性とは、ある生態系においてあらゆる生命体がバラエティに富んでいることを言う。生命体には植物、動物、そして微生物が含まれる一方で、生態系はこれらの生命体はもちろん、岩石、水源、そして大気といった物理的環境からも成り立っている」

these life forms「これらの生命体」と these があることから、前の内容を受けている旧情報であることが分かる。従ってこちらを強調するのは不自然。やはり上の訳例のように these life forms as well as their physical environment such as… は「これらの生命体はもちろん、…といった物理的環境からも」と訳す。「物理的環境」の方が新情報なので、こちらが強調されるべきである。

(e.g.)
*Television and video is not only a convenient source of entertainment, but also a comparatively cheap one. For a family of four, for example, it is more convenient as well as cheaper to sit comfortably at home, with practically unlimited entertainment available, than to go out in search of amusement elsewhere.
「*（パソコンやスマホなどでの動画ではなく）テレビ画面での動画は便利な娯楽の源というだけではなく、比較的安価な娯楽の源である。例えば4人家族にとっては、どこかに娯楽を求めて出かけるよりも、ほぼ無制限の娯楽が利用できる中で、家でくつろいでいる方が、便利なのはもちろんお金もかからないのである／便利で廉価なのだ」
（「くれぐれも「お金がかからないのはもちろん便利でもあるのだ」とはやらぬこと」

*Television and video は2つを一緒くたにしている表現。「テレビとビデオ」のように別個扱いなら動詞は are になるはず。（☞ p.202《A and B / A と B を一

　昔は A as well as B = not only B but also A と教えられたものだが、この英文を
それで解釈してよいものか？　全体の訳の流れを見てみよう。

　「動画は便利というだけでなくお金も廉価（れんか）で済むのだ。例えば 4 人家族で言え
ば、みんなでどこかに娯楽を求めて出かけるよりも、みんなで一緒の画像を見
た方が、お金が廉価で済むのはもちろん便利でもあるのだ」

とやっていいのだろうか？　問題は上記の波線部だ。1 文目で「廉価であること」
を強調し、それを受けて 2 文目はその具体例のはずだ。なのに、2 文目で「便利で
あること」を強調してしまっている……。これではおかしいだろう。強調したいの
は廉価であるということなのだから、「便利はもちろん廉価でもある」とすべきだ。
　以上のように昨今この慣用句は従来と扱われ方が違ってきているので（not only
A but also B は相変わらずなのでご安心を）、あくまで文脈判断ということを心掛
けてもらいたい。しかし、A と B どちらを強調しているか自信が持てない場合は、
上の訳例のように as well as を and と同じ扱いにして「A で B」とか「A そして
B」といったように訳しておくと無難だろう。

10.《used to について》
　これは一種の慣用句で以下 3 つを区別する必要がある。

> 1．☆ be used to…「…に慣れる」（…は名詞相当語句を表す）
> （be が get や become になると「…に慣れる」という意味）
> 2．☆ used to〜「以前は〜だった」
> 3．☆ be used to〜「〜するのに使われる」

(e.g.)
a) I used to study Japanese.
　「私は以前日本語を勉強してました」
　（「今はもう勉強していない」という感じ）
b) I am used to studying Japanese.
　「私は日本語を勉強するのに慣れている」
c) I am used to Japanese.
　「私は日本語に慣れている」
d) The book is used to study Japanese.
　「その本は日本語を勉強するのに使われます」

（これは We use the book to study Japanese. の受動態）

11.《suggest について》

　この動詞は that 節を目的語に取る時、その節内の動詞で意味が決まるものだ。つまり、〜（原形動詞）か should〜がきていたら「提案する」で、その他であれば「示唆する／ほのめかす」となる。

(e.g.)

a) She **suggested** that I be〔should be〕honest.
　「彼女は私に素直になれと**提案してきた**」

b) Her eyes **suggested** that she had at least some feelings of love for him.
　「彼女の眼は彼に少なくとも何らかの愛情めいたものを持っていることを**示唆し**ていた」

12.《out 動詞について》

　outperform, outwit, outnumber, outgrow, outlive は訳に注意のこと。

(e.g.)

a) This computer outperform that one.
　「こちらのパソコンの方があちらよりも性能が良い」

b) The fox outwitted the hunter by hiding behind the trees.
　「そのキツネは木の陰に隠れることでハンターからうまく逃れた」

c) I hadn't thought of being outwitted by a newcomer.
　「（まさか）新人に出し抜かれるなんて思ってもみなかった」

d) Females outnumber males in this town.
　「この町では女性の方が男性よりも多い」

e) Our son has outgrown his clothes
　「うちの息子は成長して服が着られなくなった」

f) Our daughter outgrew stuffed animals.
　「うちの娘はもう動物のぬいぐるみで遊ばなくなった」

g) They will outgrow each other.
　「彼らはそのうち互いに無関心になるだろう」

h) I have outgrown my fear of the dark.
　「僕はもう暗闇なんかこわくないよ」

i) My father outlives my mother by 8years.
　「父は母よりも8年長生きしている／父は母に8年前に先立たれている」

j) The machine has <u>outlived</u> its usefulness.
「その機械はもう寿命だ」

　この out は「外に出ている」、つまり「域を出ている」のだから目的語よりも「上回っている」ことを表す。従って、<u>outperform</u> であれば「<u>成績</u>が上である状態」、out<u>wit</u> なら、「<u>知恵</u>が上である状態」（上の例文 b）の直訳は「キツネは木に隠れることでハンターを知恵で上回った」となる。結果逃げおおせたことを示唆している）、out<u>number</u> なら「<u>数</u>が上である状態」、out<u>grow</u> なら「<u>成長</u>が上であること」（上の例文 g）の直訳は「彼らは（幼いうちはお互いべたべたしているが）成長してそのお互いの状況を上回るだろう」となる）、out<u>live</u> なら「<u>生命</u>が上である状態」となる。

13.《接尾辞／接頭辞の en について》
en は動詞を作ることが多い。

a) deep「深い」	→ deepen「深める、深化させる」
b) soft「柔らかい」	→ soften「柔らかにする」
	cf. softener「柔軟剤、ソフナー」
c) height「高さ」	→ heighten「高める」
d) able「有能な」	→ enable「可能にする」
e) courage「勇気」	→ encourage「勇気づける、促す」
f) large「大きい」	→ enlarge「拡大する」

＊ en を付けることで「化する、ならしめる」というニュアンスになっている。

14.《単数の um/ on、そして複数の a について》
英語の名詞には s の有無で単数形、複数形の区別をする場合が多いが、um や on で単数を表わし、a で複数を表す場合もあることに注意のこと。

（単数形）	（複数形）
・millenn<u>ium</u>「千年」	→ millenn<u>ia</u>
・bacter<u>ium</u>「細菌、バクテリア」	→ bacter<u>ia</u>
・sanator<u>ium</u>「療養所、サナトリウム」	→ sanator<u>ia</u>
・med<u>ium</u>「情報媒体、メディア」	→ med<u>ia</u>
（現在は単数でも media を用いる傾向にある）	
・dat<u>um</u>「データ」	→ dat<u>a</u>
（現在は単数でも data を用いる傾向にある）	

・criterion「基準」	→	criteria
・phenomenon「現象」	→	phenomena
・mitochondrion「ミトコンドリア」	→	mitochondria

15.《動詞 one's way について》

V one's way 前置詞句で様々な「進み方の様子」を表現できる。ただ進むのであれば、make one's way だが、どこを進んでいくかを前置詞句の工夫で表せる。

(e.g.)

a) He made his way to the final.
「彼は決勝戦に進んだ」

b) He made his way through the crowd.
「彼は人ごみの中を進んで行った」

c) He made his way home.
「彼は帰途に就いた」（home は副詞なので前置詞は不要）

d) He made his way into a forest.
「彼は森の中に入って行った」
He made his way in the world.
「彼は世の中をうまく渡って行った」

また動詞によって「その進み方」を様々に表現できることにも注意。

(e.g.)

g) I chopped my way through the bushes.
「俺は林の中の木々をたたき割りながら進んだ」

h) I eased my way to my destination.
「僕はゆっくりと目的地まで移動した」

i) I fought my way back to the post.
「私は艱難辛苦を経て元の地位にたどり着いた」

j) She will fight her way out of a slump.
「彼女は何とかスランプから脱出できるだろう」

k) The old man felt his way up to the stairs.
「そのおじいちゃんは手探りで階段を上って行った」

l) The student worked his way to graduate school.
「その学生は働きながら大学院へと進学した」

16.《a kind of 系表現について》

the title of the novel「その小説のタイトル」というように of を「の」と訳す場合、通常は A of B は「B の A」となるが、A の所に、種類、数、量、範囲系が来たら、「A の B」と訳した方が自然なことが多い。以下頻出語句である。

☆ a kind/ sort/ type/ form of …「一種の…」

☆ many kinds/ sorts/ types/ forms of…「多くの種類の…」

☆ a number of …「ある数の…、多くの…」

☆ a great number of …「多くの…」cf. the number of …「…の数」

☆ an amount of …「ある量の…」

☆ a considerable of …「かなりの量の…」

☆ a range of …「ある範囲の…」

☆ a wide/ broad/ full/ whole range of …「広範囲の…」

☆ a series of …「一連の…」

☆ a variety of …「様々な種類の…」

☆ a large proportion of…「大部分の…」

17.《わざと長めに表現することについて》

英語表現の中には一言で済むのにわざわざ長めに表現することがある。それは短めの表記による読者の見落としを忌避しようという筆者のささやかな（なんともけなげな）予防線行為とも言える。以下がそうだ。

☆ not unusual「普通で無くない」= usual「普通の」

☆ not uncommon「よく見られ無くない」= common「よく見られる」

☆ not infrequently「頻繁じゃ無くない」= frequently「頻繁に」

☆ more often than not「無いよりはしばしば」= often「しばしば」

☆ during the course of…/ in the course of …「…の工程の間」
　= during …「…の間」

☆ by means of …「…という手段によって」= by …「…によって」

☆ by way of …「…という方法によって」= by …「…によって」

☆ for the benefit of …「…の利益のために」= for …「…のために」

18.《単数の sis、複数の ses》

ちょっとした知識が無いせいで別な単語と見誤って読めなくなるのはなんとも悔しいものだ。analysesって何？　と思う人も analysis なら知っているというのでは悲しすぎる。14 でも触れたが、datumって何？　はやはり悲しい…。日常、「デー

タ」data という言葉を耳にしているのだから。

（単数形）	（複数形）
・oasis「憩いの場、オアシス」	→ oases
・basis「基礎、ベイシス」	→ bases
・catharsis「精神の浄化作用、カタルシス」	→ catharses
・crisis「危機、クライシス」	→ crises
・emphasis「強調」	→ emphases
・paralysis「麻痺」	→ paralyses
・synthesis「統合、合成」	→ syntheses
・thesis「論点、論文」	→ theses
・sclerosis「（神経組織の）硬化（症）」	→ scleroses
・diagnosis「診断」	→ diagnoses
・hypothesis「仮説」	→ hypotheses
・analysis「分析」	→ analyses

19.《in fact について》

in fact は「実際に」とか「事実」といった訳だけでは済まない場合がある。すなわち、「いやそれどころか」といった訳だ。

(e.g.)

a) She seems to dislikes him. In fact she seldom speaks to him.
　「彼女は彼が好きではないようだ。事実、彼女はめったに彼に話かけない」
　（実際の状況を目にしての発言なので「実際に」とか「事実」という訳でよい）

b) She seems to be clever. In fact she seems to be a genius.
　「彼女は利口に見える。いやそれどころか、天才に見える」
　（「利口」をさらに強めて「天才」と言っているので、「いやそれどころか」がふさわしい訳となる）

c) Mary is by no means poor; in fact, she's quite rich.
　「メアリーは決して貧しくない。いやそれどころかかなり金持ちだ」
　（これも b) 同様、「貧しくない」という表現をさらに強めて「金持ちだ」と言っているので「いやそれどころか」がふさわしい訳となる）

《確認問題》

◇ 空所に入るものを選べ。
　・A very important world problem — in (　　), I am inclined to say the most

important of all the problems which face us today — is the increasing pressure of population on land resources.

   (a) case   (b) contrast   (c) fact   (d) person   (e) term

《答》(c)
《訳》「大変重要な世界的課題、いやそれどころか今日我々に直面しているあらゆる問題のうち最も重要だと私は言いたいのだが、土地資源に対する人口の圧迫の増大である」
(in case は後ろに S'+V' がきて「S'+V' の場合には／S'+V' になるといけないので」、in contrast は「(それとは) 対照的に」、in person「自分自ら、直接」、in terms of …「…の観点から (言えば)」〈in term とは言わない〉)

以下の英文は空所には全て in fact が入る。

(1) 'Did you enjoy your holiday?' 'Yes, the holiday was terrific. (　　), it was the best we've ever had.'
   a. As a rule   b. Incidentally   c. In fact   d. In particular

> 「休暇は楽しんだ？　うん、すごく楽しかったよ。っていうか今までで一番良かったよ」
> 　a.「一般的に言えば」　　b.「ところでさ」　　d.「特に」

(2) I don't mind at all that you've come; (　　), I'm really pleased.
   a. then   b. in fact   c. therefore   d. nonetheless

> 「君が来たことは全然気にならないよ。それどころか、ほんと嬉しいよ」
> 　a.「それなら」　　c.「だから」　　d.「それにもかかわらず」

(3) It is very cold in the Antarctic. (　　), it is the coldest area on Earth.
   a. Anyway   b. Incidentally   c. Eventually   d. In other words   e. In fact

> 「南極は大変寒い。いやそれどころか、地球上で最も寒い地域なのである」
> 　a.「とにかく」　　b.「ところで」　　c.「結局」　　d.「言い換えれば」

20.《後置修飾 について／過去分詞、able 系》

　通常、単独の時は前から次の名詞を修飾し、2 語以上が連なった時は後ろから前の名詞を修飾するが、単独の時でも後ろから前の名詞に係る単語がある。以下がそれである。

・present「出席している」	・ever「これまでの」
・alive「生きている、現存する」	・dancing「踊っている」
・sleeping「眠っている」	・used「使用した」
・concerned「関与している」	・required「必要な」
・available「利用できる」	・possible「可能な限りの」
・imaginable「想像しうる限りの」	

(e.g.)

a) The members present are my cousins.
　「出席中のメンバーは私のいとこです」
　cf. The present members are my cousins.
　「現在のメンバーは私のいとこです」

b) Paul McCartney is one of the most talented musicians ever.
　「ポール マッカートニーは今までで最も才能のあるミュージシャンの一人だ」

c) Any man alive is sure to fall in love with the dancing girl of Izu.
　「世の中にいる男性は誰でもその伊豆の踊子をきっと好きになる」

d) Look at the girl dancing.
　「踊っているその娘を見てごらん」

e) She spoke sweetly to the babies sleeping.
　「彼女は眠っている赤ちゃんたちに優しく話しかけた」
　cf. Sleeping babies are exceptionally pretty.
　「眠っている赤ちゃん（というもの）は特にかわいい」

f) The vacuum-cleaner used should be put back *where it was.
　「使った掃除機は元の場所に戻すこと」

> ＊この where は中に前置詞句（to the place）を含んでいる関係副詞。

　cf. I bought a used vacuum-cleaner last year.
　「去年、中古車を購入した」

g) Check the number required.
「注文部数を調べてくれ」
cf. Languages are required subjects .
「語学は必修科目である」

h) There is a bus service available (here).
「ここではバスが使える」

i) I tried the best means possible / imaginable.
「可能な限りの／想像しうる限りの最善の手段を試してみた」

　これらの単独後置修飾（単独でも後ろから名詞を修飾する）に見られる傾向は、恒常的な時には前から、一時的な時には後ろからということが言える。
　a) であれば、「出席中」というのは今の出来事（一時的）で、「現在の」というのは、通常（恒常的）ということだ。c) であれば alive は「今生きている」というのは一時的（ずっと生きていられるわけではない）ということだ。the dancing girl 「踊り子」は踊りを恒常的に行っている人（踊りを生業にしている人）だ。これに対して the girl dancing 「踊っている娘」は、「今目の前で踊っている娘」なので一時的だ。他の例文もそのニュアンスが通底していることを感じてほしい。

構文研究

1.《what について》

　what については、「何」という訳でお馴染みだろうが、その訳ではどうも不自然だという場合がある。そのときは、「もの」、「こと」、「部分、ところ」とやるとうまくいく。

(e.g.)

a) She asked me <u>what</u> I wanted to do.
　「彼女は僕が<u>何</u>をしたいのかを聞いてきた」

b) She gave me <u>what</u> I wanted.
　「彼女は僕がほしい<u>もの</u>をくれた」

c) She told me <u>what</u> she wanted to do.
　「彼女は<u>何</u>をしたいかを僕に教えてくれた／彼女はしたい<u>こと</u>を僕に教えてくれた」

d) <u>What</u> she saw is a mystery.
　「彼女が<u>何</u>を見たかは謎だ」

e) <u>What</u> she saw is a ghost.
　「彼女が見た<u>もの</u>は幽霊だ」

f) <u>What</u> she said is a liar.
　「彼女が言った<u>こと</u>は嘘だ」

g) I will respect <u>what</u> is good in her.
　「彼女のいい<u>部分</u>に敬意を払おう／彼女のいい<u>ところ</u>に敬意を払おう」

　また、what S + be のように <u>be 動詞と絡んだ場合は慣用的に訳す</u>ことが多く、以下のパターンで覚えておくこと。

---

a) what he <u>was</u>［used to <u>be</u>］「以前の彼」

b) what he <u>was</u> five years ago「5 年前の彼」

c) what he <u>is</u> (today)「今日の彼」

d) what he seems (to <u>be</u>)「見かけの彼」　＊ to be は省略可。

e) what he should <u>be</u>「彼のあるべき姿」

f) what he has <u>been</u>「これまでの彼」

(e.g.)

a) He is not <u>what he used to be</u>.

　「彼は<u>以前（の彼）</u>とは違う」

b) He is not <u>what he was five years ago</u>.

　「彼は<u>5 年前（の彼）</u>とは違う」

c) He is not <u>what he has been</u>.

　「彼は<u>これまで（の彼）</u>とは違う」

d) My parents have made me <u>what I am today</u>.

　「両親が私を<u>今の自分</u>にしてくれた／<u>今（の自分）</u>があるのは両親のおかげだ」

　= I owe <u>what I am today</u> to my parents.

e) I am not <u>what I should be</u>.

　「今の自分は<u>本来の自分</u>ではない／俺、<u>本調子</u>じゃないな」

f) Tokyo has been very different from <u>what it was when I was born</u>.

　「東京は<u>私が生まれた頃</u>とはずいぶん違ってしまった」

　さらに、what は慣用句を作ることが多い。以下 6 個を暗記のこと。

---

1. what is better「さらによいことには」
2. what is worse「さらに悪いことには」= to make matters worse
3. what is more「さらには」= moreover = in addition = besides
4. what is called「いわゆる」= what you [they / we] call
5. what with A, and (what with) B「A やら B やらで」
   （2 つめの what with は省略可）
6. A is to B what C is to D
   「A と B の関係は C と D の関係に等しい、A:B = C:D」

(e.g.)

a) <u>What with teaching, and (what with)</u> writing, my time is fully taken up.

　「<u>教えることやら、執筆やらで</u>僕にはさっぱり暇がない。」

b) Leaves <u>are to</u> the plant <u>what</u> lungs <u>are to</u> the animals.

　「葉の<u>植物に対する関係</u>は、肺の<u>動物に対する関係</u>に等しい」

2.《無生物主語構文の訳出法について》

　無生物が主語の場合、そのまま訳す直訳だとぎこちない日本語になりがちだ。従って、<u>意</u>訳（相手に<u>意</u>味が伝わる<u>訳</u>）する必要がある（しかし、be 動詞類を使っ

ている場合はその限りではない）。以下そのコツである。

《無生物主語構文の意訳のコツ》

〈1〉　無生物主語
　⇒ 原因、手段、条件、譲歩的に訳す。
　「S のために、S によって、S すれば、たとえ S したとしても－ない」
　＊助動詞（may, will, can など）があれば条件的に訳す。譲歩は否定語（no,
　　never など）を伴った時。

〈2〉　目的語
　⇒ S 的に訳す。
　「O は」、「O が」

〈3〉　動詞
　⇒ 〈1〉と〈2〉の手続きを行った結果、自然な日本語になるよう動詞の訳
　を工夫する。例えば、「彼が来てくれたことによって、僕らを嬉しくさせた」
　ではいかにも不自然だ。当然ここは「彼が来てくれたことによって、僕らは嬉
　しくなった」となるだろうし、「あそこに行けば、君がみんなに会うのを可能
　にするよ」ではなく、「あそこに行けば、君はみんなに会えるよ」となるはず。

まずは、直訳が基本。その上で上記の要領で意訳していくと確実だ。

(e.g.)
a) Illness prevented her from attending the party.
　「病気が彼女をパーティーに参加することから妨げた」（直訳）
　「病気だったために彼女はパーティーに参加できなかった」（意訳）

b) The Internet has enabled us to communicate with people of different
cultures.
　「インターネットは我々に異なる文化を持つ人々と意思疎通を可能にした」
　（直訳）
　「インターネットによって我々は異なる文化を持つ人々と意思疎通できるよう
　になった」（意訳）

c) The mere idea of Taro's appearance made Hanako shudder.
　「太郎の出現という単なる考えは花子をぞっとさせた」（直訳）

「太郎が現れると単に考えることによって（＝太郎が現れると考えただけで）花子はぞっとした」（意訳）

d) A little hesitation may cost a pilot his life.
「ちょっとの躊躇がパイロットに命の代償を払わせるかもしれない」（直訳）
「ちょっとでも躊躇すればパイロットは命を落とすかもしれない」（意訳）
（may があるので、条件的に訳す）

e) No amount of persuasion can make him change his decision.
「ゼロ量の説得は彼に決意を変えさせうる」（直訳）
「たとえどんなに説得しても彼が気持ちを変えることはありえない」（意訳）
（no があるので譲歩的に訳す）

3.《付帯状況の with について》

　付帯状況とは、「ある動作や状況と同時に発生している状態」のことを言う。with にはそういう状態を表す用法があり、これは長文を読んでいるとよく出くわす表現なのでここでしっかりおさえておきたいところだ。まずは以下の各英文を見比べてほしい。

a) I wrote a letter with her.
「僕は彼女と手紙を書いた」
b) I wrote a letter with a fountain pen.
「僕は万年筆で手紙を書いた」
c) I attended the party with her.
「僕は彼女と一緒にパーティーに出席した」
d) I attended the party with her crying in a waiting room.
「僕は彼女を待合室で泣かせたままにしてパーティーに出席した」
e) I cannot concentrate on the work with you.
「僕は君とだとその仕事に集中できないよ」
f) I cannot concentrate on the work with you standing there.
「君にそんな所に立たれていると仕事に集中できないよ」
g) With a little more patience, you will be sure to succeed.
「もう少し忍耐があれば君はきっと成功するだろう」

　さて、いかがだろう。a) と b)、c) と d)、e) と f) と g) は別物に見えてしまっただろうか？　確かに a) は「…と」と訳し、b) は「…で」とか「…を使って」と訳すこ

とになるだろう。一見違う意味にも見える。しかし英語を使っている人間の目から見れば、with は with である。c) と d) について言えば、d) の with を受験界では付帯状況の with と言ってはいる（f も付帯状況）。しかし、しつこいが、ネイティブにしてみれば with は with なはずだ。きっとそこには、これまた as の用法と同様通底する意味があるはずだ。そう、あるのだ、通底する意味が！　それはみなさんが最もよく知っている with の意味だったのだ。そう！　「…と一緒」という意味だ！材料の with も、所有の with も、付帯状況の with もみんな「一緒」ということだったのである。上記の例文にその「一緒」という訳語を当てはめてみよう。

a) I wrote a letter with her.
　「僕は彼女と一緒に手紙を書いた」
b) I wrote a letter with a fountain pen.
　「僕は万年筆と一緒に手紙を書いた」
c) I attended the party with her.
　「僕は彼女と一緒にパーティーに出席した」
d) I attended the party with her crying in a waiting room.
　「僕は彼女を待合室で泣かせた状態と一緒にパーティーに出席した」
e) I cannot concentrate on the work with you.
　「僕は君と一緒だとその仕事に集中できないよ」
f) I cannot concentrate on the work with you standing there.
　「君にそんな所に立たれている状況と一緒には仕事に集中できないよ」
g) With a little more patience, you will be sure to succeed.
　「もう少しの忍耐と一緒になら君はきっと成功するだろう」

どうだったろうか。少々日本語的には違和感はあるものの、意味は伝わるのではないだろうか。付帯状況の with（ここでは d) と f) のこと）も、この通底する意味から外れることなく、要は「with の前後は相伴っているのだよ」という意味だったわけである。であるから、付帯状況 with の訳をいちいち丸暗記しようと思う前に、まずはそうした with のイメージをリアルに持てば、日本語に訳していく時の助けになるはずだ。なんでもそうだが、ものを覚えるときは「大きく」とらえてから、「細かい部分」へ！　と心がけておくとよいだろう。
　さて、付帯状況 with の《型》と《訳》だが、以下のとおりである。

《型》

with + O' + C' {・形容詞・現在分詞・過去分詞・前置詞句}

《訳》

1.「O' を C'（の状態）にして／O' が C' の中」
2.「O' が C' なので」
3.「O' が C' だと」
4.「O' を C' にしながら」
5.「（そして）O' は／が C'」（「そして」と訳さない方がいい場合も有り）

(e.g.)

a) It is bad manners to speak with your mouth full.

　「口をいっぱいにしてしゃべるのは行儀が悪い」 　　　　　（1 の訳が適合）

b) I cannot concentrate on reading with you watching me.

　「あなたがじっと見ているので読書に集中できないわ／あなたにじっと見られていると読書に集中できないよ」 　　　　　（2 と 3 の訳が適合）

c) He was listening to me with his arms folded.

　「彼は腕を組みながら僕の話を聞いていた」 　　　　　（4 の訳が適合）

d) That girl is talking with a smile on her face.

　「その女の子は笑みを顔にたたえながら話している」 　　　　　（4 の訳が適合）

e) The night was clear now with a full moon rising behind the trees.

　「その晩はもう雲もなくなり、そして満月が木立の背後から昇りかけていた」 　　　　　（5 の訳が適合）

《確認問題》

◇ 以下の英文の下線部を訳せ。
・Today hundreds of million people around the globe are employed in travel and tourism, a business that earns trillions of dollars annually. Last year the number of international air passengers stood at 339.6 million *with 100 million more expected in a few years.
（答）「今日では、世界中で数億人の人が旅行や観光業、すなわち、毎年数兆ドルを稼いでいるビジネスに就いている。去年は国際便の乗客の数が 3 億 3 千 960 万人となり、（そして）数年でもう 1 億人が予想されているのだ」

*この with は「O' を C'（の状態）にして／なので／しながら」とは訳せない
だろう。やはり、「そして O' は／が C'」と訳すか、もしくは「そして」さえも
外して、「O' は／が C'」とだけ訳すべきだろう。100 million more「もう 1 億
人」が O' にあたる部分で、expected in a few years が C' にあたる部分である。

4.《A of B について》

　一般に A of B とくれば「B の A」となりそうだが、時にこの訳では曖昧さが残
ることがあるので注意を払っていただきたい。以下各文は全て of を「の」で訳して
いるが、どうだろうか？　意味が曖昧になってはいないだろうか？

---

a) I like Mary's picture of Mike.
　「私はメアリーのマイクの写真が好きだ」

b) I need the protection of my family.
　「私はうちの家族の擁護が必要だ」

c) I am responsible for the protection of my family.
　「私はうちの家族の擁護に責任がある」

d) I am happy about your acceptance of Ms. Williams as your business partner.
　「私はあなたのビジネスパートナーとしてのウイリアムズさんのあなたの受
　け入れを嬉しく思います」

e) Newton's discovery of the law of universal gravitation opened a new world.
　「ニュートンの万有引力の法則の発見が新世界を開いた」

f) Democracy is the government of the people, by the people, and for the
people.
　「民主主義とは国民の国民による国民のための政治である」

g) The love and forgiveness of God prevented me from committing suicide.
　「神の愛と許しが私を自殺から防いだ」

h) The love and fear of God prevented me from committing suicide.
　「神の愛と恐怖が私を自殺から防いだ」

i) A huge loss of life resulted from the introduction of Old World disease into
the Americas in the early sixteenth century.
　「16 世紀初期での旧世界の病気の南北アメリカへの導入から、莫大な数の人
　命の喪失が発生した」

　例えば the discovery of oil by the local farmers を「地元農民たちによるオイルの
発見」と訳しても何ら誤解はなく「あぁ～その土地の農家の人たちがオイルを発見
したのね」とすぐ合点がいくが、the love of God となると「神の愛」でいいのか？

という問題が浮上する。というのも、「神が持つ愛」なのか、それとも「神に対する愛」なのか曖昧になるからだ。つまり God が愛の主体（S）なのかそれとも客体（O）なのかという問題だ。the love of God for us とあれば「我々に対する神が持つ愛」ということで God は主体、つまり愛の持ち主ということだし、our love of God とあれば「我々の神に対する愛」ということで God は客体、つまり愛の対象となる。このように A of B とあったら B が主体なのか客体なのかを考慮した方がいい場合がある。上記の各例文がその典型例だ。従って、以下のような意訳をお勧めする。

a) 「私はメアリーがマイクを撮った写真が好きだ」（「マイク」は客体）

b) 「私はうちの家族に守ってもらう必要がある」（「家族」は主体）

c) 「私は家族を守る責任がある」（「家族」は客体）

d) 「ウイリアムズさんをあなたのビジネスパートナーとして採用してくれて嬉しく思います」（「ウイリアムズさん」は客体）

e) 「ニュートンが万有引力の法則を発見したおかげで、新しい世界が開けた（「万有引力の法則」は客体）

f) 「民主主義とは、国民（自らが）が、国民（自身）のために、国民（自ら）を統治することだ」（「国民」は客体）

g) 「神が愛してくれそしてお許しになってくれたおかげで私は自殺せず済んだ」（「神」は主体）

h) 「神を愛し畏怖したおかげで私は自殺せず済んだ」（神は客体）

i) 「16 世紀初期に旧世界（＝ヨーロッパ）の病気が南北アメリカにもたらされたことで、莫大な数の 人命が失われた」（「旧世界の病気」は主体）

5.《as について》

as には様々な訳があるので面食らう向きが多かろうと思うが、言語学的には 1 つの意味に絞れるのだ。すなわち、「同じ」ということ。というのも as は all so「みんな、そんな感じ」が縮まった形で also と同語源になる。従って、〈理由〉であれ〈推移〉であれ〈時〉であれ何であれ、この同じ（イコール）の感覚が通底しているというわけだ。以下その具体例を見ていく。

《前置詞「…として／…の頃」の as》

a) Mary is working hard as a mother, wife, and teacher.

「メアリーは母として、妻として、教師として懸命に働いている」

（Mary と a mother, wife and teacher がイコールということ）

b) Mary studied hard as a young girl.

「メアリーは若い頃、熱心に勉学にいそしんだ」

（Mary と a young girl がイコールということ）

《理由を表す接続詞。「SV なので」の as》

c) They loved each other. Every time Mary followed Mike. That day <u>as</u> he joined a group, she did so.

　「彼らは相思相愛だった。いつだってメアリーはマイクに付いて行った。その日も
マイクがある集まりに参加したのでメアリーも参加したのだった」

　（he joined a group「マイクがある集まりに参加したこと」と she did so (=she joined the group)「メアリーがそのグループに参加したこと」がイコールとなる
くらい密接な繋がり〈＝因果関係〉があるということ）

《時を表す接続詞。「SV の時」の as》

d) I saw Jack <u>as</u> I was coming home.

　「帰宅途中ジャックに会った」

　（I was coming home「家に帰ろうとしていた時間」と I saw Jack「私がジャック
に会った時間」がイコールということ）

《様態を表す接続詞。「SV のように」の as》

e) Pronounce this word <u>as</u> I do.

　「私がするようにこの単語を発音してごらん」

　（「私がこの単語を発音するさま」と「あなたがこの単語を発音するさま」がイ
コールということ）

《推移を表す接続詞。「SV につれて」の as》

f) <u>As</u> time went by, a new discovery was made.

　「時間が経つにつれて、新しい発見がなされた」

　（「時間が経ったこと」と「新しい発見がなされたこと」が同時進行ということ）

　☆ go by「過ぎる」= pass

《譲歩を表す接続詞。「SV なのに」の as》

g) Young <u>as</u> he is, he does well.

　「彼は若いのに良くやっている」

　（「彼が若いということ」と「彼が良くやっていること」が同次元に流れている様
（さま）を「彼は若い<u>ながらも</u>良くやっている／若い<u>中でも</u>良くやっている」とい
う表現にしたまでのこと）

《同等比較を表す as》

　これは同等と言うぐらいだからイコール関係はすぐ見て取れるだろうが、1つ確認事項がある。つまり、as A as B の型を持つこの同等比較構文は、<u>B の箇所に話し手聞き手双方の**了解事項**が来る</u>ということだ。意識していただろうか？　知らないと解釈に大きなズレが生じる。しっかり理解してもらいたい。

(e.g)

h) The fabric was <u>as soft as silk</u>.

　「その繊維はシルクのように柔らかい」

i) He is not <u>as rich as</u> he used to be.

　「彼は以前ほど裕福ではない」

j) My sister can sing <u>as powerfully as Whitney Houston</u>.

　「私の姉はホイットニー・ヒューストンと同じくらいパワフルに歌える」

　これらはいずれも 2 つ目の as 以降の内容が了解事項になっている。h) であれば、「シルクが柔らかな素材だ」と聞き手が知っていて初めて意味ある文になるということ。その証拠にこのシルクの代わりに意味不明の単語、う～ん、例えば適当にポッポンパット（もちろんこんな単語は存在しません）を入れてみると、この文の腑（ふ）に落ちなさが分かるというもの。

h)' The fabric was <u>as soft as popponpat</u>.

　「この繊維はポッポンパットぐらい柔らかいんだよ」

　（こんな風に言われても「は～？」ってな感じですよね⁉）

　i) も同様で、2 つ目の as 以降が過去の内容になっているが、当然と言えば当然だ。というのも、ここには了解事項が来るのだから。話し手も聞き手も彼の過去の状態を知っているということだ。双方預言者でもなければ、まだ未知であるはずの未来の内容が来るわけがないということだ。He is not as rich as he will be.「（現在）彼は今後ほど裕福ではない」はやはり不自然であろう。しかし、His life was as unclear as it will be.「彼の人生はこれから（不透明であるのと）同様、不透明だった／彼の過去は未来（闇に包まれてるのと）同様、闇に包まれていた」なんてのはありだ。なぜならこれは、彼の人生が未来において不透明なのは話し手も聞き手も了解済みってことだから。

さて、j) だが、やはりこれも「ホイットニー・ヒューストンが映画『ボディガード』でケビン・コスナーと共演したパワフルボイスの歌手ということを知らなかったら、こう言われても何の感興も湧かないはずだ。ホイットニー・ヒューストンを知ってこそ、「おっ、お前の姉ちゃん、すっげーじゃん！」てことになるはずだ。

　さあ、as A as B の B の所には話し手と聞き手双方の了解済み内容が来るということは分かってもらえたことと思う。また、このことは<u>理由の as にも当てはまり、新情報の理由の時は使えないこと</u>にも注意してもらいたい。以下参照。

k) <u>As</u> Maki is a manager of L'Arc-en-Ciel, Kaya can go to their concert.

　「（知ってると思うけど）麻紀ってさあ、ラルクアンシエルのマネージャーやってんじゃん。だから、佳也って頻繁にコンサートに行けるんだよね」

　（旧情報は前に来やすいので、k) はこの配列になっている）

l) Kaya can go to the concert of L'Arc-en-Ciel <u>because</u> Maki is one of their managers.

　「佳也が頻繁にラクアンシエルのコンサートに行けるのは、麻紀が彼らのマネージャーをやっているからなんだよ（知らなかったでしょ）」

　（新情報は後ろに来やすいので、l) はこの配列になっている）

　つまり k) の場合、As Maki is a manager of L'Arc-en-Ciel, の部分は了解済みなのに対し、l) の方は、because Maki is one of their managers の部分は初耳のこと（新情報）であることに注意してほしい。だから、新たな情報を伝える手法の一つに強調構文があるが、<u>理由を強調する際、as は使えない</u>ことになるのだ。

m) It was <u>as</u> Mr. Iida loved Ai-chan and liked Kaya-san that he often helped them with their work. （×）

　「飯田君が愛ちゃんと佳也さんの手伝いをよくやってくれたのは、愛ちゃんを愛し、佳也さんが好きだったからだ」

　→この <u>as は because に直さなければならない</u>。

　また、as には関係詞の働き（前の内容を先行詞にしたり、後続する内容を先行詞にしたりする用法）もあったが、これもまた了解事項を導いているという匂いを嗅ぎ取ってもらいたい。

n) He is a foreigner, as is evident from his accents.

　「なまりから分かるように、彼は外国人だ」

　（前の内容を先行詞にしている関係代名詞の as）

o) As is often the case with young people, they don't eat breakfast at all.
「若者にありがちだが、彼らは全く朝食を取らないんだ」
（後続する内容を先行詞にしている as）

つまるところ、as の正体は「同じ」と「了解事項」だったわけだ。

以下、訳出のパターンを以下にまとめてみた。是非ご活用のこと！

《前置詞の as の場合》

> ◎ …（名詞相当語句のこと）が後続したときは「…として」と訳す。
> （＊ただし、…のところに a baby, a child, a boy といった、およそ「として」と訳すと違和感のある語が来た場合は「赤ん坊、子供、少年の<u>時</u>」と訳す）

(e.g.)

・<u>As a teacher</u> I tried not to tell a lie.
「教師として私は嘘はつかないように努めた」
cf. <u>As a boy</u> I would often tell a lie.
「少年の頃はよく嘘をついたものだった」

《接続詞の場合》

> ◎ 節（＝ S'+V' 部分）が後続したときは、以下のように訳す。
> 〈理由〉「__なので」、〈推移〉「__につれて」、〈譲歩〉「__ではあるけれど」、
> 〈様態〉「__のように」、〈時〉「__の時」
>
> 　そしてそれぞれその特徴としては、
> 〈理由〉の場合は→ 因果関係詞がはっきりしているとき。
> 〈推移〉の場合は→ 増減、進退、比較を表す表現があったとき。
> 〈譲歩〉の場合は→ 形容詞／副詞／名詞 as S'+V' という型のとき。
> 〈様態〉の場合は→ 同じ表記や認識動詞（know, imagine など）があるとき。
> これ以外はほぼ〈時〉を表す。

という具合になる。それぞれ具体例で確認しよう。
(e.g.)
a) <u>As</u> she is active, she easily makes friends with anybody.〈理由〉
「彼女は積極的<u>なので</u>、すぐ誰とでも友達になる」

（「積極的であること」と「誰とでも友達になること」には因果が感じられる）

b) As technology advances, the value of education increases.〈推移〉
　「科学技術が進歩するにつれ、教育の価値が増してゆく」
　（advances という前進を表す語や increases という増を表す語が使われている）

c) You become wiser as you grow older.〈推移〉
　「人は年を取るにつれ賢くなるのだ」
　（older〈比較級〉があるので、これも〈推移〉。因みにこの you は一般的な人を表している）

d) Active as she is, she can't make friends with her neighbors easily.〈譲歩〉
　「彼女は積極的なのに、近所の人たちとなかなか友達になれない」
　（〈譲歩〉の型になっているので「＿なのに」とか「＿ではあるが」となる。しかし、ここで注意点を一つ。文脈次第ではこの型になっていても〈理由〉の場合もあり、「彼女は積極的なので、近所の人たちとなかなか友達になれない」と訳すこともあるということ。というのも、この文を導くまでの内容が、たとえば「彼女の周りの人は控えめな人が多く、何事にも首を突っ込もうとする彼女のことをいぶかしく思っていた」といったものだったとしたら、「積極的な彼女」と「なかなか友達ができない状態」にはしっかりした因果が生まれるからだ。このように、時には型ばかりでは判断しかねるときもあるので、常に文脈を追うという意識を持つのが文章を読むときのせめてものマナーだと心掛けること！）

e) Do as I told you (to do)!〈様態〉
　「僕が言ったようにやってくれよ！」
　（Do と to do が同表記だ）

f) As you imagine (that he is a dreamer), he is a dreamer.〈様態〉
　「ご想像のように彼は夢想家なんだ」
　（省略されてはいるが、まさに同表記だ。また認識動詞（imagine）もある）

g) The doorbell rang just as I was leaving home.〈時〉
　「家を出ようとしていたちょうどその時、ドアのチャイムが鳴った」
　（《時》の as だ。これは文脈での判断になる。少なくとも《理由》でないことは分かるはず。というのも「私が家を出ること」が理由（因）で、「ドアのチャイムが鳴る」という結果を導くものだと考えるのは無理があるからだ。ドアのチャイムというものは誰かが訪ねた際に押したから（因）鳴る（果）ものであって、家の

者が出かけようとするから（因）鳴る（果）ものではないからだ。）

6.《There is S ＋ 位置 ＋ 修飾部分について》

there is 構文は誤解されていることが多いようだ。確認しておこうと思う。
以下の各英文の下線部を訳してみてほしい。

---

a) There is almost nothing about your vocabulary or grammar which is
particular to you.

b) The point is that while it is certainly true that scientific knowledge is based
on and tested against observations of the natural world, there is an awful lot
more to it than just pointing your sense organs in the right direction.

c) "I believe that the very purpose of our life is to seek happiness. That is clear.
Whether one believes in religion or not, whether one believes in this religion or
that religion, we all are seeking something better in life. So, I think, the very
motion of our life is towards happiness...."
　With these words, spoken before a large audience in Arizona, the Dalai Lama
got to the core of his message. But his claim that the purpose of life was
happiness raised a question in my mind. Later, when we were alone, I asked,
"Are you happy?"
"Yes," he said. He paused, then added, "Yes....definitely." There was a quiet
sincerity in his voice that left no doubt — a sincerity that was reflected in his
expression and in his eyes.

　いかがだったであろうか？　a) であれば、which 以下を直前の your vocabulary
or grammar に掛けて訳していないだろうか？　つまり「あなたに特有なあなたの語
彙または文法」というように。there is S は S に焦点を当てた構文なので、修飾部分
（ここでは which 以下）はこの S に係るべきなのだ。従って正しい訳は「＊自分の
語彙も文法にも自分にだけ特有なものなどほぼないのだ」となる。

....
＊英文に登場する you は一般人称なので、訳すとしたら「自分」と訳すか、あ
るいは訳出しない方が良い。読者に訴えかけていると思える調子なら「あな
た」と訳してもよい。
....

　次は b) だが、これまた than（疑似関係詞）以下をしっかり an awful lot more

「ずっと多くのこと」に掛けるべき。また、just pointing your sense organs in the right direction「単に自分の感覚器官を正しい方向に向けるだけのこと」が observations の言い換えになっているということ、また it が scientific knowledge を指しているということにも気付きたい。

　ということで、訳は「大事な事は、科学的知識が自然界の観察に照らして検証されているのは確かに真実だが、単に自分の感覚器官を正しい方向に向ける（＝自然界を観察すること）よりもずっと多くのことが、そこ（＝科学的知識）にはあるということなのだ」となる。

　次は c) だが、これまた that（関係代名詞）以下を his voice に掛けて「疑いの余地のない彼の声」とやらなかったか？　「疑いの余地のない声」？　どういう声だろう？　「通る声」、「甲高い声」、「説得力に満ちた声」ならイメージが湧くが、「疑問の余地のない声」と言われてもイメージが湧きにくいはずだ。そう、ここでも that 以下は his voice ではなく、a quiet sincerity に係るべきだったのだ。すなわち「疑問の余地のない静かな誠実さが彼の声には響いていた」となる。

《全訳》

　「我々の人生の目的は、まさに、幸福を求めることであると私は信じる。明らかにそうなのだ。宗教を信じても信じなくても、異なる宗教を信じていても、人はみな人生においてさらによきものを求めている。だから人生はまさに、幸福に向かって動いていると私は思う……」

　アリゾナ州の多くの聴衆の前でこのように語ることで、ダライ ラマは話の核心に入っていった。だが、人生の目的は幸福だという彼の主張は私の心に疑問を生み出した。あとで二人きりになったとき私は尋ねた。「あなた御自身は幸福ですか？」

　「ええ」と彼は言って、少し間を置いてから言葉を継いだ。「ええ……、まさしく」と。疑念の余地のない落ち着いた誠実さが彼の声にはあった。すなわち、その表情にも目にも映し出される誠実さがあったのだ。

7.《A and B ／ A と B を一緒くたにする and について》

　時には A and B の型が A, B 融合を表すことがある。その（見た目の）特徴は the A and B か、a(n) A and B という型である。逆に a(n) A and a B とか the A and the B と、それぞれに a(n) や the が付いていれば A と B は別個ということになる。もちろんこれは形式的な事で、あくまで文脈が優先であることは言うまでもないことだが、このパターンは知っておくと便利ではある。以下確認。

> a) the bread and the butter
> 　「パンとバター」（パンとバターが別個）
> b) the bread and butter

「バターが塗ってあるパン」（パンとバターが一緒くたになっている）

c) a cup and a saucer

「カップと受け皿」（カップと受け皿が別個）

d) a cup and saucer

「受け皿にのったカップ」（カップと受け皿が一緒くたになっている）

e)As we pass beyond the fear and avoidance of death so common in our culture, we can learn to accept dying as an appropriate culmination of life.

「我々の文化においてよく見られる、死を恐れるあまり何とか避けたいという傾向を乗り越える時、人生の適切な成就（じょうじゅ）として、死を受け入れることができるようになるのだ」

（「恐怖と死の回避」ではないということ）

f) The happiness and perfection of both sexes depends on each asking and receiving from the other what the other only can give.

「男女の完全な幸福は、それぞれが相手にしか与えることのできないものを相手に求め、それを相手から受け入れること（ができるかどうか）にかかっている」

（「幸福と完璧さ」ではないということ）

修得演習の解答と解説

修得演習の解答と解説

第1講　文型概観

●文型概観（P.10）────────────────────

【1】

解答

(1) I found an easy book .
　　S　V　　　　O

「私は簡単な本を見つけた」

(2) I found the book easy .
　　S　V　　O　　　C

「私はその本が簡単なことに気付いた」

(3) I found the book (easily).
　　S　V　　O

「私はその本を簡単に見つけた」

(4) I will find you an instructive book .
　　S　　V　　O　　　　O

「ためになる本を君に見つけてあげよう」

(5) The red car ⟨in tha t parking lot⟩ looks cool .
　　　S　　　　　　　　　　　　　　　　V　　C

「あの駐車場の赤い車はかっこよく見える」

(6) You should keep your room in order .
　　S　　V　　　O　　　　C

「あなたは部屋を整理すべきだ」

(7) (Of all the members ⟨in the laboratory⟩) the scholar studies (hardest).
　　　　　　　　　　　　　　　　　　　　　　　S　　　　　V

「その研究所の全メンバーの中でその学者が最も熱心に研究する」

(8) Many students ⟨in his class⟩ considered his remarks of importance .
　　　S　　　　　　　　　　　　　V　　　　O　　　　　C

「クラスの大勢の生徒が彼の発言を重要とみなした」

(9) They (usually) book a place (for us).
    S   V   O

「彼らは普段僕らのためにある場所を予約してくれる」

(10) She (sometimes) places some books (on my desk).
    S   V   O

「彼女は時々私の机に数冊本を置く」

解説

(1) easy は形容詞なので直後の名詞（book）を修飾している。

(2) 形容詞の easy が the book の直後に来ているということは、easy が補語（＝the book の説明をする語）であることの証拠。名詞を修飾する時は、形容詞は前に置く。後ろから修飾するのは形容詞が数語を伴う時。

(3) easily は副詞なので、the book（名詞）を修飾したり補語になったりすることもない。従って found（動詞）を修飾していると考える。

《Coffee Break》

　　以前受講生から、「『簡単な本を見つけた』と『その本が簡単だとわかった』と『その本を簡単に見つけた』ってあまり違いはないような気がするのですが……。」と言われたことがあります。この発言にアサシューはただただ唖然とするばかり。しかし唖然ばかりもしていられないので、「きみ、本気で言ってるの？」と聞き返す。すると、彼／彼女は「えっ、意味違うんですか？」とさらに聞いてくる。アサシュー、さらに呆然とする……。

　　とまぁ、こうした類のショッキングングな場面を何度か喰らってきましたが、皆さんは大丈夫ですね⁉

　　そう、「簡単な本を見つけた」は、例えば、英語やるには英文法が大事なのは分かってはいても、なかなか分かり易い英文法の参考書が無くて困っていたところ、ある日立ち寄った本屋で遂に分かり易い本を見つけた、といった場面で使うでしょうし、「その本が簡単だとわかった」は、難しそうだと敬遠していた本が、ある日読んでみたら実は簡単な本であることが分かった、という場面で使うでしょうし、「その本を簡単に見つけた」は、クラスの連中がお目当ての本をなかなか見つけられないでいる中、自分だけはすぐ見つけられた、という場面で使うのですね。

　　随分と使う場面が異なるのにも関わらず同じように見えてしまうなんて、ア

サシューじゃなくとも誰でも目が点になりますよね。**解釈**というのは母語に訳せるということと完全にイコールではなく（もちろん訳せることが基本ではありますが）、リアルに何らかの状況なり場面を設定できる**イメージ力**なのです。そしてその助けになるのが**文法**なのです。ぜひ肝に銘じてくださいませ。

(4) you も an instructing book も <u>（代）名詞なので文の要素（目的語）になる。</u>

(5) in that parking lot（前置詞句）は形容詞的に働いて The red car を修飾している。修飾語句なので無くても文は成立する。
・The red car looks cool.
　「その車はかっこいい」（意味が通る！）

(6) (5) の場合と異なり、<u>in order（前置詞句）は修飾語句ではなく補語として働いている。</u>つまり文の要素（＝文に必要なもの）になっている。その証拠にこの in order を外してしまったら意味不明文になってしまうのが分かるだろう。
・You should keep your room.
　「君は自分の部屋を保つべきだ」（？）（部屋をどう保つのかが不明）

(7) in the laboratory（前置詞句）は形容詞的に働いて直前の名詞 all the members に係り、Of all the members（前置詞句）は副詞的に働いて後ろの SV に係っている。hardest は副詞で studies に係っている。

(8) in his class（前置詞句）が直前の名詞 Many students に係り、最後の of importance（前置詞句）が補語になっている型（☞本編 p.165）。

(9) usually は副詞で book（動詞）を修飾している。book は名詞ではなく動詞で「予約する」という意味。place は a がついているので名詞。ならばこれが目的語となるため、book が動詞扱いになる。<u>S と O の間には動詞が来る</u>からだ。最後の for us（前置詞句）は book（動詞）を修飾している。

(10) こちらは (9) とは逆で places が動詞で「置く」という意味になっており、books が名詞となっている。<u>英語は主語の次に動詞が来るが、その前に副詞が挿入されることも多く</u>、今回は (9)、(10) 共に、S ＋ 副詞 ＋ V ＋ O という型になっている。on my desk（前置詞句）は副詞的に places（動詞）を修飾している。

【2】

解答
　幸せになるためには、人は、まず第一に自分は自由だと、そして第二に自分は重

要な存在だと感じなくてはならない。もし、やっていて楽しくないことを社会によって強制されたり、やっていて楽しいことが社会によって無価値だとかどうでもよいものとして無視されたりしたら、その人は実際には幸せにはなれない。

解説

(1) この文を解決するためにまずは、以下の 2 文の区別をする必要がある。

---

a) To be healthy makes us happy.
b) To be healthy we must take care of our health.

　文頭の語句（To be heathy）はどちらも同じ形になっているが、a) の方は不定詞の名詞用法と呼ばれるもので、b) の方は不定詞の副詞用法と呼ばれるものだ（詳しくは不定詞の項で詳述する）。なぜなら、a) の To be healthy は主語になっている（主語になれるのは名詞のみ）のに対して、b) の To be healthy は直後に既に主語の we があるために主語とは考えられないからだ。これは直後の S+V（we must ～）を修飾している。以下の通りだ。

---

a) To be healthy makes us happy .
　　　　　　 S　　　　V　　O　　C

　「健康であることは我々を幸せにしてくれる」

b) (To be healthy) we must take care of our health .
　　　　　　　　　　　 S　　 V　　　　　　 O

　「健康であるためには我々は自分の健康管理をしなければならない」

　次は a man だが、これを「男性」と訳さぬこと。man や men を「男性」と訳すのは、文章中に女性（a woman/ women/ lady/ ladies）が登場した時だ。ここでは女性が登場していないので、人間一般を表して「人」と訳す。

　問題は important の訳なのだ！　くれぐれも、以下の様には訳さぬこと！

「幸せになるには、人はまず第一に自由を、そして第二に**重要性**を感じなければならない」

　問題は波線部だ。「重要性」？　なんの……？　そう、一体何の重要性なのか不明である。「いや、もちろん、幸せの重要性だよ」とか「自由の重要性だ」とか返答するだろうか？　確かにそれで意味は通る。しかし、文法的にそのようには解釈できないのだ！　以下を確認しよう。

c) Mary likes a college student.
　「メアリーは、とある大学生を気に入っている」
d) Mary remains a college student.
　「メアリーは、まだ大学生のままだ」

　下線部は全く同じ語句だが、働きが違うことを確認したい。つまり、c) は目的語 (O) として、d) は補語 (C) として働いているということだ。そうした違いが出るのは、O は動詞の影響を受ける対象物なので、S とイコールにはならないが、C は S や O の様子や身分を説明する語なので、S とイコールになるからだ。以下の英文の和訳を見比べてほしい。

e) Mary feels the beauty of nature.
　「メアリーは自然の美しさを感じている」
f) Mary feels beautiful.
　「メアリーは美しさを感じている」（？）

　どうだろうか？　e) の方は特に違和感を感じないと思うが、f) の方は何の美しさなのか不明ではなかろうか？　ここで次のことを確認したい。

名詞は文中で S か O か C になるが、
形容詞は C にはなれるが S や O にはなれない！

ということだ。そう、beauty は名詞なので O になるが、beautiful は形容詞なので O にはなれないのだ！　そして、O は S とイコールにならないが、C は S とイコールになるのであった。であるから f) の文はメアリーの美しさを伝える文であったのだ！　従って、「メアリーは自分を美しいと感じている」というのが正確な訳文となる。以下参考までに。

g) Mary feels happy.
　「メアリーは幸福を感じている／メアリーは自分は幸せだと感じている」
　（どちらの訳でも趣旨は同じになるので、双方正解）

h) Mary feels cold.
　「メアリーは寒さを感じている／メアリーは寒いと感じている」
　（これまた同じ趣旨なのでどちらでも行ける。いずれ、cold なのはメアリー自身である。あたりの温度は結構暖かいのかもしれないし、もしかしたら暑くさえあるかもしれない。メアリーは悪寒を感じているのだ）

i) Mary feels important.

「メアリーは重要性を感じている」

（これだと、何が／誰が重要なのか不明になるはず。従って、ここは言葉を補って、「**自分は重要な存在だ**」とか「**重要視されている**」といったように、意訳する必要がある。「メアリーは自分が重要な存在だと感じている」、あるいは「メアリーは重要視されていると感じている」が正しい訳）

　従って、問題文（To be happy, a man must feel, firstly, free and, secondly, important.）の free は形容詞だが、「人はまず第一に自由を感じなければならない」と free を名詞的に訳しても、常識的に（日本語的に）その人自身が自由な状態だと分かるが、important を名詞的に「重要性」と訳しては（日本語的に）意味不明となってしまうので、ここは気を利かせて「自分が重要な人間だと感じなくてはならない」とやらなくてはならないのだ。

　このように、院試の場合、如何に相手に達意の和訳（意訳）を作るかが鍵となるので、文法（品詞／文型）を無視の我流解釈をしないよう心掛けたいところだ。

（2）は以下のような構造になっている。

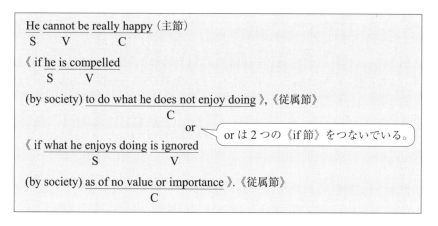

He cannot be really happy（主節）
S　V　　　C

《if he is compelled
　S　　V

(by society) to do what he does not enjoy doing 》,《従属節》
　　　　　　　　C

or　　or は 2 つの《if 節》をつないでいる。

《if what he enjoys doing is ignored
　　　S　　　　　V

(by society) as of no value or importance 》.《従属節》
　　　　　　　C

　英語には主節と従属節という関係があり、He cannot be really happy の部分が主節で、2 つの if 節が従属節だ（詳細は接続詞の項で説明する）。文頭の He を「彼」とやらぬように。なんとなれば a man は男性を指しているのではなく、人間一般をさしているからだ。「彼」とやってしまっては「女性」を含まなくなってしまう。従って、訳すなら（訳す必要が無い場合もある）「その人」とやる。一つ目の従属節内の be compelled は to do － とつながり「－するよう強制される」となる。what 以下は do の目的語になって、「やっていて楽しめないこと」と訳す。what は「こと」と訳す（☞本編 p.188）。2 つ目の従属節は S is ignored as － 「S が－とし

て無視される」という関係をつかむ。as 以降は of＋抽象名詞という形になっているので形容詞的な意味になる（☞本編 p.165）。

第2講　準動詞1
●不定詞 名詞用法：to〜（P.19）

【1】

解答

(1) 女優になることが子供の頃からの夢でした。

(2) 過つは人間、許すは神。／過つは人の常、許すは神の心。（18 世紀の英国の詩人 Alexander Pope の言葉）

(3) 知っていることと教えることは別である。

(4) 彼らが相互の契約を結ぶのは大変重要なことだ。

(5) あの抜け目のない人がそんな不注意な間違いを犯すとは考えられない。

(6) 電車を間違えるなんて俺も馬鹿だったよ。

(7) スーツケースを運んでくれてすごく助かったよ。／スーツケースを運んでくれてほんとありがとうね。

(8) わざわざ会いに来てくれてありがとう！（感動的に発言している）

(9) ブライアンは半分支払うことに同意した。

(10) 君は彼女が病気から回復するのを願ってくれるだけでいい。

(11) 私たちにできることは彼女の成功を祈ることだけです。

(12) 私の願いはハンディを背負った人たちが周りの人たちにケアされることだ。

(13) 幼い子供は生来、その世界観が自己中心的なので、他人の視点から物を見るのが難しいことが多い。

(14) 日本の豊かさは大きく教育によるものだ。教育のおかげで平均的な人が国の富に貢献できるようになった。

(15) アメリカと他のより形式を重んじる社会との最も重要な違いは、アメリカ人は生まれによってではなく自分の努力によって、ある階級から別な階級へ移動することが容易であるということだ。

(16) 彼女の発言は彼に、望んでも手に入らぬこと、つまり手に入れたいと思うのに自分は彼女から一瞥すら得られない運命にあるのだと感じることがどんなものかという胸に突き刺さるような感じを与えた。

解説

(1) 形式主語で書き換えれば、It has been my dream since a child to become an actress. となる。cf. To become an actress is my dream「女優になることが私の夢だ」（問題文はこの is が現在完了形〈has been〉になっただけ）

(2)「人間は誰でも間違いを犯しがちで、それを許すのは神の業（わざ）（＝仏心）

である」ということ。err は error「エラー」の動詞形。

《**Coffee Break**》

　間違わないことを鼻にかけている人間を時折見かけますが、そんな人間って鼻もちならないと思いませんか？　我々は人間である限り、大なり小なり必ず間違いや過ちを犯すものなんですから！

　そしてそれを自覚した時、「大過無くこれまでやってこれたけれど、これって実は大変幸運なことだよな〜」と<u>心底</u>思えて、物事や人に**感謝する心**が芽生えます。多くの大会で優勝を飾ったり、多種類の試験に合格したり会社で業績を上げたりと派手な結果を出した人ほど、**感謝の言葉**をよく口にします。それはきっと成功までの途上で、ずいぶん悔しい思いをしたり、失敗や過ちを犯したからなのでしょうね。

(3) ☆ A is one thing and B is another.「A と B は別だ」という慣用句で、To know is one thing and to teach is another. を形式主語構文にしたもの。ここでは It is one thing to know and *it is* another to teach. の and の次の *it is* が省略されていることに注意。

(4) = It would be of great significance for them to close a mutual contract.
<u>of ＋抽象名詞で形容詞的な意味になる</u>ことに注意。
☆ of great significance= very significant「大変重要な」。

(7) of を使っていることから、(7) の good は you の性質を表していることが分かるので、「〜してくれて君っていいやつだな」とか「〜してくれてありがとう」といった訳が適切になる。以下区別のこと。

(e.g.)
a) It is good <u>for you</u> to help others.
　「人を助けるのは君にとっていいことだよ／＊情けは人のためならず」

　＊「情けは人のためならず」という諺は「人のために良くないので、人には情けはかけるものではない」という意味ではなく、本来は「人に情けをかけておけば巡り巡って自分にその報い（恩恵）がやって来るのだ。そう、人のためではなく自分のためになるのだ。だから大いに人助けはやるべきだ」という意味だった。

b) It is good <u>of you</u> to help others.
　「人を助けてあげるなんて君はいいやつだな」

c) It is good *of you to help me.
「手伝ってくれてありがとね」

> * 人の性質を表す時に of を使うのは、元々、It is good ***part*** of you to help
> others.「人助けをするのは君の良い**部分**だね」だったのだが、その ***part***
> が外れたもの。「携帯のスイッチを切る」とか「夕飯は鍋にしよう」と言
> う時、「携帯電話」の「電話」を、「キムチ鍋」の「キムチ」を省略してい
> るが、それと同じノリ。

(8) It is very kind of you to come all the way to see me. の very kind が How kind
になり感嘆文を作ったもの。なお、この How kind of you ***it is*** to～の ***it is*** は省略可
能である。

(9) to～が agreed の目的語になっている。

(10) to～が補語になっているパターンと want＋O＋to～のパターン。ただしこのよ
うに All で始まった一種の慣用句は補語の to～ の to が外れて、原形動詞（～）に
なる場合があることに注意。
☆ All (that) S' have to do is (to)～「S' は～しさえすればよい」

> (e.g.)
> All you have to do is be here.
> 「君はここにいさえすればよい」

(11) = All we can do is to hope for her success.
☆ All (that) S' can do is (to)～「せいぜい S' にできることと言えば～することぐ
らいだ」（この to も外れることがある）

(12) the handicapped が to～の意味上の主語になっていることに気付くのが最大の
ポイント。the ＋形容詞で複数の人々を表す。

> (e.g.)
> the rich「裕福な人々」= rich people
>   ☆ care for…「…のケアをする、面倒を見る」= take care of…
>   those の後には people が省略されることが多い。
>
> Heaven helps those (people) who help themselves.

「天は自ら助くる者を助く」（すぐ人頼みをするのではなく、自ら汗を流し
努力する人にこそ運は開かれるということ）

(13) 形式目的語の it を使った構文。この it は to see 以下を受けている。ところで、
この find は「見つけた」と訳さないこと。find は訳出しない場合が多い。ある事
態を認識した人の立場になって表現したのが find。要するに「ハッとした」感じ。
以下の英文はいずれも find を訳していない。

(e.g.)
a) Turn right at the first traffic light and you'll <u>find</u> the post office.
　「最初の信号を右に曲がれば郵便局がありますよ」
b) After a long talk with him, I <u>found</u> myself well again.
　「彼と長いこと話したら元気になった」
c) When will I <u>find</u> you?
　「どこでお会いしましょうか？」
d) You can <u>find</u> bears in these woods.
　「この森はクマが出るよ」

---

(14) 後半の文は無生物主語構文なので、主語を副詞的に、つまりは理由・原因・
条件的に「S のために、S のせいで、S すると、S して」と訳し、目的語を主語的
に「O は、O が」と訳すと日本語らしくなる。☞以下参照。

(e.g.)
a) **The heavy traffic** delayed |us| for half an hour.
　「交通渋滞が |僕らを| 30 分遅らせた。
　⇒交通渋滞のせいで |僕らは| 30 分遅れてしまった」
b) **The news of his failure** drove |his father| mad.
　「息子の失敗の知らせは |父親を| 狂わせた。
　⇒息子の失敗の知らせ（のため）に |父親が| カッとなった」
c) **The sight of her happiness** gives |me| pleasure.
　「彼女の幸福の光景が |僕に| 喜びをくれる。
　⇒彼女が幸せそうにしていると |僕は| 嬉しくなる」

---

(15) これも無生物主語構文ではあるが、使っている動詞が be 動詞相当語句のとき
は、直訳でも十分自然な日本語になるので意訳する必要はない。

(16) まずは what it was to want and not to have の部分を分解すると、it は to want

and not to have を受けた形式主語であるということ。次に what だが、これは was の補語になっているということ。以下参照。

$$\overbrace{\boxed{\text{It}}\ \underset{\text{S}\quad\text{V}\quad\text{C}}{\text{was}\ \text{bitter}}}^{=}\ [\text{to want and not to have}].$$

「求めているのに持っていないことは辛かった」

$$\rightarrow\ \underset{\text{C}\quad\text{V}\quad\text{S}}{\text{What}\ \text{was}\ \overbrace{\boxed{\text{it}}}^{=}}\ [\text{to want and not to have}]?$$

「求めているのに持っていないことはどのようなことだったか？」

これが文中に組み込まれると疑問詞 what の構文も肯定形（what it was）に変わることに注意のこと。

(e.g.)
a) What is life?
「人生とは何か？」
→ Please tell me what life is.
「人生とは何かを教えてくれ」
b) Why did they behave like that.
「彼らはなぜあんな振る舞いをしたのか？」
→ I don't know why they behaved like that.
「彼らはなぜあんな振る舞いをしたのか僕にはわからない」

──「ダッシュ」（☞本編 p.126）は注意喚起の時に使う。訳は「つまり」とか「すなわち」とやる。to wish 以降は to want and not to have を具体的に言い換えている。また and yet だが、and だと順接に感じるため yet をつけて逆接にしたのだ。「しかしながら」とか「それでも」とか、簡単に「が」とやるとよい。

(e.g.)
He made every effort and yet failed.
「彼はあらゆる努力をしたが失敗した」

以下確認のこと。

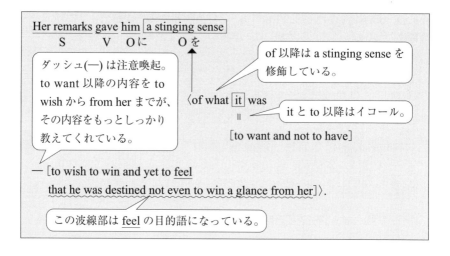

Her remarks gave him | a stinging sense
　　S　　　　V　　O に　　　　O を

ダッシュ(—) は注意喚起。
to want 以降の内容を to
wish から from her までが、
その内容をもっとしっかり
教えてくれている。

of 以降は a stinging sense を
修飾している。

〈of what it was
　　　＝
it と to 以降はイコール。
[to want and not to have]

— [to wish to win and yet to feel
　　that he was destined not even to win a glance from her]〉.

この波線部は feel の目的語になっている。

●不定詞 形容詞用法：… to〜 （P.24)

【1】

解答

(1) 彼は彼女と語ることが何もない。

(2) 私には勉強の教材がいっぱいある。

(3) 私に話すことがありますか？

(4) そういう子なら語れる友人がたくさんいることでしょう。

(5) 明日話すべき議題は所得税を減らすべきかどうかということだ。

(6) 忙しそうにしているその人は僕の話を聞いている時間は無かった。

(7) その事件に関しては警察に通告する必要はない。

(8) ジョンＦケネディは合衆国の大統領になった最初のカトリック教徒だ。

(9) 彼は嘘をつくような人ではない。

(10) 彼が最後に部屋を出た。

(11) 幼い子供が読めるものが欲しい。

(12) 一般の人たちが扱うべき問題が多く存在している。

(13) パーキンは裕福な男になった。しかし、同時に彼は、自分の開拓した有機化学を利用する各世代の産業化学者が、プラスチックや香水から爆薬にいたるあらゆるものを製造するための道を切り開きもしたのだった。

解説

(1) cf. He talks about nothing with her.
　「彼は彼女と（普段）何も語らない」

(2)「勉強することが多い」と誤訳しないこと。こちらの訳の場合、基底構造は I study a lot of things.「私は多くの物／事を勉強する」で、問題文の基底構造は I study with a lot of things.「私は多くの物を使って勉強する」だ。

(3) cf. You tell anything new to me.
「君は（普段）僕に新しいこと何でも話してくれてる」

(4) cf. Such a boy will talk with many friends.
「そんな子は多くの友人と語るだろう」

(5) 議題は議論される方なので to be debated。to 不定詞の受動態は to be p.p.（過去分詞）という型。

(6) to listen to me が no time を修飾している。
☆ appear to~「~のように見える」。

(7) ☆ There is no need to~「~する必要はない」は頻出表現。

(e.g.)
There is no need for you to worry about my situation.
「あなたは私の状況を心配する必要はないのよ」
= You don't have to worry about my situation.
= You need not worry about my situation.

---

(8) to be 以降が直前の the first Catholic に係っている。

(9) the last boy to~ の直訳は「~する最後（まで残るような）少年」なので、the first man to~「~する最初の人少年 = 真っ先に~する少年)」の逆と考えられるので、「決して~するような人ではない」となる。

(10)「彼が部屋を出た最後の人だった」が直訳。

(11) for young children は to~ の意味上の主語。

(12) people in general「一般的な人」が固まり。

(13) 関係代名詞の節が to~ の意味上の主語を修飾しているために見抜きにくい構造になっている。大枠は以下のようになっている。

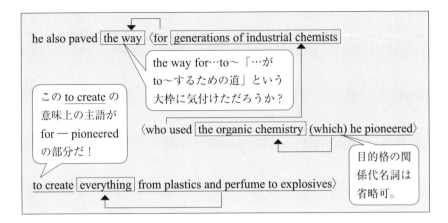

【2】

解答

(1) 方々を動き回ること。(or) 場所から場所を移動すること。

(2) お互い意思伝達できないことが多くの誤解を生み異なった国籍の人々同士の本当の接触を不可能にしてしまう。

《別解》

　お互い思いを伝えられないために、多くの誤解が生まれ、異なった国籍の人々同士の本当の接触が不可能になってしまう。

解説

(1) この it は形式主語で to move from place to place を受けている。it とあれば前出の名詞を受けるものと早合点しないこと。it が前の名詞を受けると考えると to move from place to place の用法の説明がつかないはず。

(2) 以下のような構造になっている。

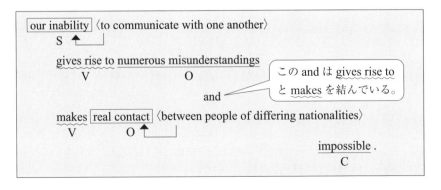

《全訳》

　世界中で使われる共通言語が、諸々の国をお互い寄り添わせることに大いに資するのは間違いない。方々を動き回ることがますます容易になってきているとはいえ、お互い思いを伝えられないと、多くの誤解が生まれ、異なった国籍の人々同士の本当の接触が不可能になってしまうのである。

《Coffee Break》

　「*** 旅行代理店に申し込んでヨーロッパ旅行を楽しんできたんだ」とか、「退職後は旅行に詳しい *** さんに案内してもらって、世界中の史跡巡りをしてみたいもんだ」とか、それこそ世界各国を経巡ることが可能になった昨今（この数年コロナのせいでままなりませんが……）、物理的には（身体的には）方々を行き来できるようにはなりました。

　でも、だからと言って我々はその分見聞が広まったでしょうか？　イタリア旅行して美術館巡りをしたからと言って、果たしてイタリア人の風俗や宗教観、歴史観に触れることができたでしょうか？　北京の紫禁城の壮大さに圧倒されたとしても、中国人にとってのその建物の意味を感じ取れるものでしょうか？　現地の文化を知るために様々な観光地を尋ねるのも一興ではありますが、その土地に根付いた習俗・文化を知るには、ただ有名な場所を訪れるだけでは、現地の人の思想的血肉に触れるのは難しいような気がします。

　やはり語らいが大事（コロナ禍で語る機会が激減しているのは何とも悔しいですが）なのではないでしょうか。その土地の人たちとそれこそ腹を割って、膝を交えて語る……。そして語るためには共通語（英語）が便利です。折角、様々な人種や考え方の人と意思疎通するツール（英語）があるのですから、現地の人と言葉（心）の交流をしてみてはどうでしょう！

【3】

解答

(1) ある種のテストで良い点をとる能力とか、学校でうまくやる能力のこと。

(2) 真の知性の試金石は、どうすべきかをどれだけ知っているかではなく、何をしたらよいか分からない時にどうふるまうかだ。

解説

(1) These は the ability to get a good in school を指している。

(2) ☆ not A but B で「A ではなく B」と訳すことがあるが（☞本編 p.79）、今回がそうで、how much we know how to do を否定して how we behave when we don't know what to do を肯定している。以下確認のこと。

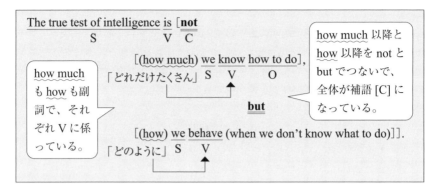

The true test of intelligence is [**not**
　　S　　　　　　　　V　　C

[(how much) we know how to do],
「どれだけたくさん」　S　V　　　O

how much も how も副詞で、それぞれ V に係っている。

how much 以降と how 以降を not と but でつないで、全体が補語 [C] になっている。

but

[(how) we behave (when we don't know what to do)]].
「どのように」　S　V

《全訳》

　我々が知性について語る時、ある種の試験でよい得点をとる能力のことを言っているわけではないし、学校でよい成績をとる能力のことを言っているわけでさえない。こうした能力は、せいぜい、もっと大きくてもっと奥深くにある、はるかに重要なものを指し示しているにすぎない。知性という言葉で我々は、ある生活様式、様々な状況、とりわけ初めて出会う未知のどうしてよいか分からない状況の中での振舞い方を、言わんとしているのである。本当の意味で知性を測る基準になるのは、やり方をどれだけ知っているかではなく、何をしたらよいか分からないときにどのように行動するかということなのである。

《**Coffee Break**》

　コンビニに行くと、時折がっかりすることがある。

　例えば 578 円分の買い物をしたとする。こちらが端数分を合わせようと思い 1071 円出すと、店員はすんなり受け取って、そのおつり分、つまり 493 円を渡してくる……。

　レシートを見ると 578 円分の買い物だったことが判明。店員が値段を言った時、私は 571 円と聞こえた。どうも「ハチエン」を「イチエン」と聴き間違えたようだ。だから 1071 円出してワンコイン（500 円玉）をゲットしようと思ったわけだ（アサシューは 500 円玉収集家なんです）。なのに手元には 493 円ということに……。

　アサシューとしては、なぜそこで店員が「お値段は 578 円ですが、お預かり金はこれでよろしいですか？」と訊いてこなかったのか不思議でならないのだ。私の行動に違和感を感じなかったのだろうか？　端数 78 円に対して 71 円の端数金を渡してくる客をなぜ訝らないのか？　表情にも声にも何の動揺もなかった。淡々と業務をこなしていたのだ。自動マシーンのように……。

　コミュニケーションとは何だろう？　本当のサービスとは何か？

　アサシューは、相手の言わんとすることに真摯に向き合う態度だと思ってい

る。臨機応変に動けることだと思う。一方的にペラペラしゃべるのはコミュニケーションでも何でもない。マニュアルに書いてない事は一切行わないというのはサービスでも何でもない。相手が何を言いたいのか、その声に真剣に耳を傾けてから自分の思いを告げるのがコミュニケーション。客が何を求めているのかしっかり観察して動くというのがサービスだと思う。予想外の事態や驚天動地の事件に接してどう動くか、その時にこそ知性が問われるのだと思う。

　そういう意味で、東日本大震災時の福島第一原発の所長だった吉田さんは、**知性**と勇気と愛を備えた英雄であったと思う。本社からの命令さえも無視して、現場で何が最も大切かを考え抜いて、今できること、そしてせねばならぬことを実行し得た日本の救世主だったと思う。

　吉田昌郎さん、ありがとうございます！　ご冥福をお祈り致します。

● 不定詞 副詞用法：to～（P.35）

【1】

解答

(1) 家具は焼却されるために持って行かれた／家具は持って行かれて焼却された。
(2) それを聞いて残念に思います／それはお気の毒に。
(3) 製品を売るためには広告主はその製品ができるだけ魅力的に聞こえるようにしなければならない。
(4) 彼らは私たちの赤ちゃん到来を知って喜んでくれた。
(5) 彼はその違いが分かるほど賢い／彼は賢いのでその違いが分かる。
(6) 彼はそのバーベルを持ち上げられるほど力強い／彼は力強いのでそのバーベルを持ち上げられる。
(7) みんなに聞かれるほど大声で話した／大声で話したのでみんなに聞かれた。
(8) みんなに聞かれるように大声で話した。
(9) その試みで成功できるようにするには、君は人の話を聞かなければならない。
(10) 一流の役者になるには彼は素晴らしい演技力を身につけなければならない。
(11) 彼が通りを歩くさまを見ると、彼が盲目の人だとは分からないだろう。
(12) この少年たちの中には成長して発明家や実業家になった者もいた。
(13) そのおじいちゃんは機嫌を取りにくい。
(14) この川は子供たちが泳ぐには危険だ。
(15) 彼を正当に評価すれば、彼は約束を守る人だ。
(16) 実を言うと彼女は妊娠中だ。
(17) まず最初に彼は若い。次に思われているほど信頼に足る人間ではない。
(18) ケンジはよく旅行する。アメリカは言うまでもなくアフリカにも行ったことがある。

(1) 家具は「焼かれる側」なので to bc burnt（受身形）になっている。また、＿＿ to
〜は前から訳した方がしっくりくる場合があり、ここでは「目的」的にも訳せる
し、「結果」的にも訳せることに注意。特に use と絡んでいる場合は目的で訳すと
まどろっこしくなるので、結果的に訳すとよい。

☆ use＋O＋to〜は「O を使って〜する」。

(e.g.)

As I was poor at calculating, I used a calculator to work out the insurance cost.

「私は計算が苦手だったので、計算機を使って保険料を算出した」

---

(3) 感情を表す語の sorry があるので、感情の原因の to〜だ。

(4) これまた、感情を表す語 delighted がある。

(5) 形容詞や副詞の場合 enough は直後に置くが、(6) のように名詞（strength）の
場合は前後どちらにも置ける。また以下のように書き換えも可能。

= He is so wise as to see the difference.

= He is so wise that he can see the difference.

(6) = He has strength enough to lift that barbell.

= He is strong enough to lift that barbell.

= He is so strong as to lift that barbell.

= He has such strength as to lift that barbell.

= He is so strong that he can lift that barbell

(7) 程度・結果の to〜だ。(8) の目的の to〜との違いに注意。程度・結果の to〜は
「実際みんなに声が届いた」のに対して、目的の to〜は「みんなに声が届いたかど
うかは不明」ということ。従って、We talked loudly so as to be heard by everyone,
but we couldn't ourselves heard.「みんなに声が届くようにと声高にしゃべったが、
声が届かなかった」とは言えるが、We talked so loudly as to be heard by everyone,
but we couldn't ourselves heard.「大声でしゃべったのでみんなに声が届いたが、
声が届かなかった」とは言えないことに注意。

---

so as to〜「〜するために」《目的》
（あくまで目的を表しているので、どういう結果になったかは不明）
so─as to〜「〜するほど─／─なので〜」《程度、結果》
（過去形で記された場合は結果を暗示することが多い）

---

(9)-(10) 目的の to〜は文頭に置かれることもある。

(11) 条件の to〜は S+V の V に助動詞（will/ may/ would）を伴うことが多い。
   you'd = you would

(12) ☆ grew up to〜「成長して〜」。

(13)-(14) 形容詞を限定する to〜。

(15)-(18) ☞本編 p.31 の〈8〉の《慣用句》参照。

(15) ☆ a man of his word「（言葉通りの人ということで）約束を守る人」
cf. a man of promise「（約束された人ということで）将来有望な人」

【2】

解答

(A) 空間配置は、人が何を言うか、どう言うか、そもそも何か言う必要があるのか
   さえも決定する。
(B) 誰しも距離を使って自分が相手をどう思っているか、現状をどう思っているか
   を相手に伝える。

解説

　(A) は以下のような構造になっている。

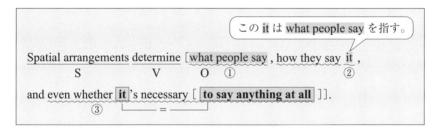

　3 つの波線部（①、②、③）を and がつないで全体を目的語にしている。it は to
say anything at all を受ける形式主語。at all は肯定文では「そもそも」とか「とも
かく」という意味。疑問文なら、「一体（全体）」、否定文においては「全く－ない」
と強い否定を表す。

(e.g.)
a) If you do it <u>at all</u>, you must do your best.

「そもそもやるなら全力を尽くさなければならない」

b) Do you believe in ghosts at all?
「一体君は幽霊がいると思っているのかい」

c) She was not excited to hear the news at all.
「彼女はそのニュースを聞いても全然興奮しなかった」

(B) は以下の通り。

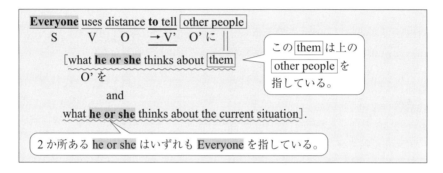

to tell O + O「O に O を伝えるため」と目的を表す副詞用法として訳しても誤訳とまでは言えないが、目的意識がそれほど強いと思えない場合は、結果的に訳し下ろしていった方が自然だ。というのも結局は to〜の根本義は左から右に端渡す矢印（→）のイメージなのだから。

その後の構造は、and が 2 つの波線部をつないで全体を O にしている。

また、代名詞の them と he or she だが、前者が other people を指しているというのは大丈夫だと思うが、後者が Everyone を指しているというのは大丈夫だろうか。この he or she を「彼や彼女」とはやらぬように！　「彼」って誰？　「彼女」って誰のこと？　ってことになってしまうからである。「彼」や「彼女」という訳語はあくまで特定の誰かを指すからである。ではどう訳すか？　以下ご検討あれ。

a) One day, an idea of revelation hit John. He thought he was a genius.
b) One day, John heard Paul play the guitar. He thought he was a genius.
c) One day, John heard Paul play the guitar and he also tried playing the guitar.
   He thought he was a genius.

どうだろう？　a）, b）, c）の下線部はいずれも「彼」と訳してよいものだろうか？　一応それで訳してみよう。

a)「ある日、啓示的考えがジョンの頭に浮かんだ。彼は<u>彼を</u>天才だと思った」

b)「ある日、ジョンはポールがギターを弾くのを耳にした。彼は<u>彼を</u>天才だと思った」

c)「ある日、ジョンはポールがギターを弾くのを聞いて、そして彼もギターを弾いてみた。彼は<u>彼を</u>天才だと思った」

　a) や b) の「彼」はまだ許せるが、c) を「彼」とやってしまっては、この「彼」とは、果たしてジョンのことを言っているのか、それともポールのことを言っているのか不明ではないだろうか。この a) も c) も、he は John のことを指しているのだから「自分」と訳すべきだろう。

a)「ある日、啓示的考えがジョンの頭に浮かんだ。彼は<u>自分を</u>天才だと思った」

b)「ある日、ジョンはポールがギターを弾くのが聞こえた。彼は<u>ポールを</u>天才だと思った」

c)「ある日、ジョンはポールがギターを弾くのを聞いて、そして彼もギターを弾いてみた。彼は<u>自分を</u>天才だと思った」

ということで、代名詞を軽んじることなかれ！である。
　問題文の he or she も主語と一致しているので、訳すなら<u>「自分が」となろうし、また訳さないことも一つの手である。くれぐれも「彼や彼女」と訳さぬように！</u>

《全訳》
　人が交流する時、空間が重要となる。(A)<u>空間配置は、話の内容、話し方、そもそも何か話す必要があるのかさえ決定する。</u>二者間の空間によってふれあう時間の長さや感情の機微が決まってくる。(B)<u>誰もが互いの空間距離を使って、（自分は）相手をどう思っているか、現状をどう思っているかを相手に伝える。</u>このことは全ての文化に当てはまるだけではなく、ほとんどの生物種にも当てはまる。

【3】
(解答)
　幼稚園以来、特定の目標に達するためにと、無慈悲にも他の子供たちと競争するように仕向けられた子供は、ストレスと過酷な圧力のために結局は失敗に終わるのではないか？

(解説)
　これは、SV をまずは決めて、次に to compete が has been と連動していること

を見抜く必要がある英文だ。以下参照。

---

a) They have mercilessly pushed the child to compete with others.
「彼らはその子に他の子供たちと競争するよう無慈悲にも圧力をかけてきた」

b) The child has been mercilessly pushed to compete with others.
「その子は他の子供たちと競争するよう無慈悲にも圧力をかけられてきた」

S＋V＋O＋to〜が受動態になって S is p.p. to〜になった。以下その単純形だ。

(e.g.)
a) They told him to come.
「彼らは彼に来るよう言った」

b) He was told to come.
「彼は来るよう言われた」

さて全体の構造だが、以下の通りだ。

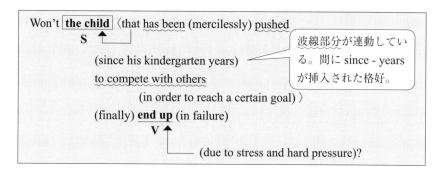

that は関係代名詞（＝ who）で、goal までが the child を修飾している。動詞は end up。due to 以下は前の end up in failure を修飾している。

次は否定疑問文だが、これは**修辞疑問文**とも言って形は疑問形だが、話し手は純粋に問いかけているのではなく、しっかり自分の意見を述べているのだ。日本語でもそうであろう。例えば、「えっ、そんなことも知らないの？」というのはそんなこと知らないはずないでしょう。知ってるはずだよ！」と言っているわけだ。以下参照。

---

a) Children should play.
「子供は遊ぶべきだ」

→ Should children play?

「子供は遊ぶべきだろうか？」

（話し手は、子供が遊ぶべきかどうかを純粋に問いかけている）

b) Children shouldn't play.

「子供は遊ぶべきではない」

→ Shouldn't children play?

「子供は遊ぶべきではないだろうか？」

（話し手は、子は遊ぶべきだと思っている）

c) The child will end up in failure.

「その子は失敗に終わるだろう」

→ Will the child end up in failure?

「その子は失敗に終わるだろうか？」

（話し手は、その子が失敗に終わるかどうかを純粋に問いかけている）

d) The child won't end up in failure.

「その子は失敗に終わることはないだろう」

→ Won't the child end up in failure?

「その子は失敗に終わることはないだろうか？」

（話し手は、その子が失敗に終わると思っている）

●不定詞　総合チェック：名詞用法、形容詞用法、副詞用法（P.37）

【1】

解答

〈1〉社会理論家が、我々の生きる時代は危険や不安に満ちていると言うのは、当たり前になってしまった。〈2〉科学は、生活の様々な側面を支配する我々の能力を高めてくれたのかもしれないが、核兵器による破滅や環境面での破滅によって我々を脅かしもしており、科学そのものは、先行する発見と矛盾するのが常である。

解説

〈1〉It is － for… to〜「…が〜するのは－だ」の is が has been になっただけ。次は describe O as C「O を C だと述べる」のつながりを見抜きたい。その O である times を in which we live が修飾している。

〈2〉our ability を to control various aspects of our lives が修飾する不定詞形容詞用

法だ。代名詞 it は science のこと。S + V and/ but/ or S' + V' という形の場合、S'(he/ she/ it/ they) は S を指す。its も science を指している。

【2】

〈1〉スケッチをすることは、アイデアを想像し、思考し、定義し、改善し、実現するのを助けてくれる有効な手段である。〈2〉特に発明家はコンセプトを探し、方法を試し、考えを明確にし、自分たちの創造的な手法を説明するためにと、この手段に頼ることが多い。（or 特に発明家はしばしばこうした手段に依存して、概念を探索し、手法を試し、着想を明確にし、そして自分の創造的方法を説明するのである）。〈3〉芸術的な技術が重要なのではなく、むしろ、心と手の間には想像力を刺激する不思議な関係があるようなのだ。

（解説）

〈1〉an effective tool を to 以降が修飾する不定詞形容詞用法。help は～（＝原形動詞）を後続できる変わった動詞（☞語法研究 p.172）だ。and は think about, define, refine, realize という～同士を結んでいる。また最後の ideas は、それぞれ～の共通の O になっていることにも意識されたい。

〈2〉to 不定詞の副詞用法だ。感情を表す語が無いため感情の原因を表す to～でもないし、判断表明の文でもないため判断の根拠を表す to～でもないし、to～の前に形容詞も存在していないため形容詞限定の to～でもない。enough や so も as も無いため程度・結果の to～でもない。もちろん慣用句でもない。とくれば、これはもう目的の to～しかない。なので、

「concepts を explore し、approaches を test し、ideas を clarify し、そして their creative method を explain するために、this resource に依存する」

とやっても誤訳ではないが、さらに一歩進んでみよう。以下参照。

---

a) Tom was always anxious about his girlfriend's safety. So, on that day too, he went to the station to see her off.

b) Tom was usually unwilling to go out on rainy days. But, for a rainy day, he went to the station to see his girlfriend off.

---

a) を「トムはガールフレンドの安全をいつも気遣っていた。それで、その日も、彼女を見送るために駅に行った」のように目的意識を前面に出してもいいだろう

が、b) を「トムは雨の日は通常外出したがらなかった。しかしある雨の日、何らかの理由があって、ガールフレンドを見送るために駅に行った」と訳出しては不自然だ。「何らかの理由があって」と見送る理由を既に言っているのだから、また目的意識を出せば2重手間になる。ここは、本来の to〜の原義に立ち戻って、つまりA→B「AしてB」という関係で解釈したいところだ。「トムは雨の日は通常外出したがらなかった。しかしある雨の日、駅まで行ってガールフレンドを見送った」が自然だろう。従って、

> S＋V(＋O)＋to〜の to〜は
> 「〜するために（Oを）Ｖする」ばかりではなく、
> 「(Oを)Ｖして〜する」の様に結果的に訳出する方がいい場合もある。

ということも念頭に入れて置いておいてほしい。従って、

「*this resource* に依存して、*concepts* を *explore* し、*approaches* を *test* し、*ideas* を *clarify* し、そして *their creative method* を *explain* する」

と訳出してみるとよいだろう。

〈3〉この point は「要点、大事な点」という意味。What you say is beside the point.「君の言っていることは的外れだ」とか、That's a (good) point!「そうそう、その通り！」と言う時の point だ。「思考を開拓していくには、スケッチは確かに効果的な手段だが、だからと言ってスケッチの巧拙は関係ないよ」と言っているわけだ。直後のセミコロンに関しては第11講を参照のこと。この文は there is S の is が seem to be になったもの。ここの最大のポイント（まさに point）は、

> there is S ＋ 位置を示す語句 ＋ 修飾語句（☞構文研究 p.201）

という構文だ。留意点は、that（関係代名詞）以降の修飾部分が直前の the mind and the hand ではなく、a mysterious relationship だということ。以下確認。

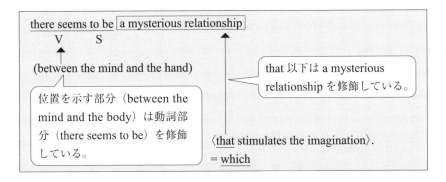

【3】

　人々や集団がお互いに冷酷な態度で接しているように思える時、決まって述べられる不適当な意見は、それが「適者生存」の表明だということである。多くの人は、自然界だけでなく社会においても、力が強く攻撃的であることが生存のための唯一の条件であると勘違いしている。しかし実際のところ、生物は進化の中で、首尾よく自らの生存を確実なものにするために、単に冷酷な行動だけでなく広い範囲の異なった行動を示すよう要求される。

解説

〈1〉popular は「人気ある」ではなく「一般的な、広く行き渡った」。(e.g.) popular belief「一般通念」。that は C の固まりを作る接続詞で「―ということ」と訳す。it は「人でも団体でもお互いに対して冷酷であるように見える様」を指している。☆ the survival of the fittest「適者生存」(外界の環境に最も適したものだけが生き残り、適さぬものは淘汰されていくこと) は頻出表現。☆ natural selection「自然淘汰」や☆ the struggle for existence「生存競争」も大事。

〈2〉assume は「思う」というよりは「思い込む」という感じ。次の as well as だが、☆ A as well as B を、ほんとの辞書が「B はもちろん A も」という訳で紹介している (この英文はこの訳で結構だ) が、時には「A はもちろん B も」という訳が正しい場合があることに注意。つまり前者の訳は A を強調するが、後者の訳は B を強調していることになるので、全然主張が異なる故、大きな違いとなる。是非、語法研究で研究されたい (☞ p.177)。to be strong and aggressive (不定詞名詞用法) が S だ。condition は「状態」ではなく「条件」と訳したい。というのも生存に必要な事を語った文章だからだ。「生存状態」(= 生きている様子) と「生存条件」(= 生きるのに必要な要件) では随分と意味が異なってしまう。

〈3〉直訳すると「しかし実際は、進化は生物に ― を示すよう要求する」となる。これはこれで、まともな日本語ではあるが少々堅いので、もう少し砕いて自然にしてみると、「しかし実際は、進化によって (進化の中で)、生物は ― を示すよう要求される」となるところだろう。また、副詞が to と～の間に挟まれることがあることに注意。以下参照。

---

a) He failed to understand what she meant.
「彼は彼女の言わんとすることを理解できなかった」

b) He failed to fully understand what she meant.
「彼は彼女の言わんとすることをしっかり理解できなかった」

c) He behaved well in order to attract the woman's attention.

「彼は彼女の関心を引くために行儀よく振る舞った」

（well は behave を修飾している）

d) He behaved bravely in order to well attract the woman's attention.

「彼は彼女の関心をしっかり引くために勇敢に振る舞った」

（well は attract を修飾している）

第3講　準動詞2
●動名詞（～ing）の登場場面（P.43）

【1】

解答

(1) 最善を尽くすことが一番だ。

(2) 見ることは信じることにつながる。／百聞は一見にしかず《諺》。

(3) 英語で物事を議論するのは日本人学生にとってはかなり難しい。

(4) あなたを手伝うのは嫌ではありませんよ。／お手伝いするのは構いませんよ。

(5) 大変疲れたので働くのをやめた。

(6) 大変疲れたので休憩を取るために立ち止まった／疲れすぎたためにじっくり休憩を取った。

(7) 君は自分の将来をじっくり考えなさい。

(8) そんなささいなことを考えるのはやめなさい。

(9) 毎月末に彼は家賃支払いを延期しなければならなかった。

(10) 私はそのような振る舞い方はしていないと言った。

(11) あなたは彼女の抱えている問題に巻き込まれないようにする必要がある。

(12) 学校での彼女の一番のお気に入りのことは水泳と歌です。

(13) 若いということは無一文ということではある。しかし、若いということは、無一文なんて気にしないことなのだ。

解説

(4) mind は「気にする、いやだと思う」という意味の動詞。以下参照。

(e.g.)

a) Would you mind opening the window?

「窓を開けることをあなたは気にしますか」

→「窓を開けていただけませんか」

b) Would you mind my opening the window?

「私が窓を開けることをあなたは気にしますか」

→「窓を開けても構いませんか」

c) Would you <u>mind</u> not opening the window?
「窓を開けないことをあなたは気にしますか」
→「窓を開けないでいただけませんか」

(5) – (8) stop には他動詞（目的語を取る動詞）と自動詞（目的語を取らない動詞）の2つがあり、〜ing を伴った場合は前者の用法で、to〜を伴った場合は後者の用法と考える。以下参照。

(e.g.)
a) He enjoyed〔finished, stopped〕<u>smoking</u>.
「彼は煙草を<u>吸うの</u>を楽しんだ〔<u>吸うの</u>を終えた、<u>吸うの</u>をやめた（＝禁煙した）〕
（これらの動詞は他動詞）

b) He came〔went out, stopped〕<u>to smoke</u>.
「彼は煙草を<u>吸うために</u>やって来た〔<u>吸うために</u>外へ出た、<u>吸うために</u>立ち止まった〕
（これらの動詞は自動詞）

c) You must stop <u>thinking</u> about your future.
「君は将来のことを<u>考えるの</u>はやめなさい（＝今の作業に集中しろ）」

d) You must stop <u>to think</u> about your future.
「君は将来のことを＊<u>考えるために</u>立ち止まるべきだよ（？）」

＊この d) は to〜を愚直に「〜するために」とやるとどうも不自然だ。to の原義に戻って読み下すべき。「君は<u>立ち止まって</u>将来のことを<u>考える</u>べきだ／君はしっかり将来のことを<u>考える</u>べきだ」とやる。

(10) deny 〜ing は「〜ing を否定する、〜ing はしていないと言う」の意味。

(12) この swimming と singing は補語として働いている。favorite things「お気に入りのこと」ということは「馴染んでいる状態」なはずなので、to swim and to sing とはならないことに注意。

(13) 動名詞の否定形は not ～ing や no ～ing や never ～ing で表す。; を semicolon「セミコロン」というが、ここでは but の代わりをしている。訳し方に関しては、第 11 講を参照のこと。

【2】

解答

　創造的思考とは、使えそうな事実を全て研究することによって問題に取り組み、それからその事実間にある、以前なら知られていなかったか認識されていなかった関係を見つけ、そうして解決策を思いつく過程のことである。それ（＝創造的思考）はまた、エジソンのような人や、宇宙科学者や、新しく素早いシャツへのアイロンがけを思いつく主婦の思考過程にも当てはまるのだ。

解説

〈1〉最大のポイントは、3 行目にある and の結ぶものが、attacking と finding と coming なのか、それとも studying と finding と coming なのかという点。ここは内容的に前者であることを認識してほしい。前者の訳であれば「創造的思考とは、of 以下する過程だ」と言っているわけだ。of（前置詞）の影響を受けて、attacking, finding, coming となっているということだ。当然作業の常識として、問題に取り組み（attacking a problem）、何らかの関係性を見つけ（finding － relationships）、そして解決方法を思いつく（and coming up with a solution）となるべきで、これを by の影響を受けて studying, finding, coming というつながりだととらえると、全体の作業を経て初めて問題に取り組む（attacking a problem）ということになってしまう。解決策を思いついた後に問題に取り組むというのは順序があべこべであろう。なので、前者の解釈になる。以下確認。

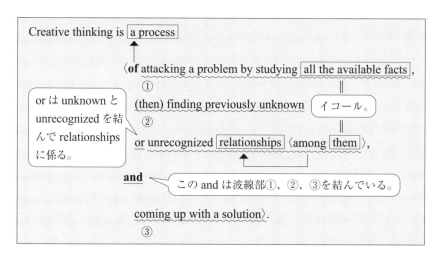

〈2〉It は Creative thinking を指している。of 以降全てが直前の the mental process に係っているということをおさえる。ところで、Thomas Edison という固有名詞に a が付いたら「─の様な人」という意味になることに注意。

(e.g.)
I want to be a Socrates.
「ソクラテスのような人になりたい」

---

hitting 以降は直前の a housewife を修飾する分詞だ。あとは問題ないだろう。

● 動名詞の意味上の主語（P.46）───────────────────

【1】
解答
(1) 私はスペイン語学習に興味がある。
(2) 娘がスペイン語を学習することに興味がある。
(3) 私はその件に関して何か言ったのを覚えている。
(4) その件に関して忘れず何か言いますね。
(5) あなたがその件に関して何か言ったのを覚えています。
(6) 誰がカンニングしようと思っただろうか？（カンニングしようなどとは誰も思わなかった）
(7) その正直な少年がカンニングしたと誰が思っただろうか？（その少年がカンニングしようなどとは誰も思わなかった）
(8) 窓を開けていただけませんか。
(9) 窓を開けても構いませんか。
(10) ドラッグストアで何か買ってくれませんか。
(11) お手伝いしてもよろしいですか。
(12) 手伝っていただけませんか
(13) もう少しゆっくり話していただけませんか。
(14) 駅に到着すると、彼らは安心した。
(15) 彼女が子供っぽいとみなされているのが私は恥ずかしい。
(16) 人から嫌われるのを心配している人というのは人の本音が分からない。
(17) 彼は自分の犬があんな冷酷な人に売られるなんてことは思いつかなかった。
(18) オフィスでの彼の振る舞いは同僚が彼を見下すという結果を招いた。
(19) オフィスでの彼の振る舞いは彼が同僚から見下されるという結果を招いた。

解説
＊下線部は全て動名詞の意味上の主語になっている。

(3) ☆ remember ～ing「～ing したのを覚えている」

(4) ☆ remember to～「to～するのを覚えている、忘れず to～する」

(8) ☆ Would／Do you mind ～ing ?「～ing していただけませんか」（依頼）

(9) ☆ Would／Do you mind ～my ing ?「～ing してもよろしいですか」（許可申請）

(18) cf. His colleagues look down on him.
「彼の同僚は彼を見下している」

(19) cf. He is looked down on by his colleagues.
「彼は同僚から見下されている」

【2】

解答

　我々は学問の自由の必要性を当然のことと考える習慣があまりにも身についてしまっているので、学問の自由に対する尊重が単に口先だけのものになってしまう危険性がある。

解説

　まずは、so ― that S'+V'「大変 ― なので S'+V' だ」という構造を見抜きたい。次は最大のポイントの意味上の主語の発見だ。つまり、our respect for it（it は academic freedom のこと）という固まりが becoming の意味上の主語であることに気付くことだ。以下参照。

(e.g.)
a) There is no possibility of getting over the difficulty.
「その難事を克服する可能性は皆無だ」

b) There is no possibility of * the people in the city getting over the difficulty.
「その町の市民がその難事を克服する可能性は皆無だ」

＊この下線部が getting over の意味上の主語になっている。

第４講　準動詞３
●分詞　形容詞用法（P.53）
【１】
解答 & **解説**

1. surprise「驚かす、びっくりさせる」
   a) a <u>surprising</u> look「驚くような表情、びっくりする表情」
   b) a <u>surprised</u> look「驚いている表情、びっくりしている表情」

2. excite「興奮させる」
   a) I found her <u>excited</u>.「彼女は興奮していることが分かった」
   b) I found her <u>exciting</u>.「彼女はどきどきさせる娘であることがわかった」
   c) I found the game <u>exciting</u>.「その試合は興奮した」

3. bore「退屈させる」
   a) You're <u>boring</u>, aren't you?「お前って退屈だな」
   b) You're <u>bored</u>, aren't you?「お前退屈してるんじゃないか、なぁ」

4. disappoint「失望させる」
   a) It was <u>disappointing</u> that she failed in the attempt.
      「彼女がその試みに失敗したのは残念なことだった。」
   b) He looked <u>disappointed</u> to hear the <u>disappointing</u> news.
      「彼はその残念な知らせを聞いて残念そうな表情をした。」

5. fall「落ちる」
   a) <u>falling</u> leaves「（上からヒラヒラと）落ちてくる葉」
   b) <u>fallen</u> leaves「落ち葉（＝落ちた葉）」

> ＊ <u>fall</u> は自動詞故「する側」「される側」の違いは出ない。「している」（進行）か「してしまった」（完了）の違いだ。

【２】
解答
　競争は資本主義の重要な特徴である。自由競争の中で個々の資本家によってなされた儲けは国全体の経済に利益を与える。資本家は利益を成すにつれ、仕事の幅を広げより多くの人を仕事に就かせる余裕ができるのである。

解説
　２文目の made が動詞の過去形ではなく過去分詞で、直前の The profit を修飾

し、動詞が benefit であることに気付くのが最大のポイントだ。以下の通り。

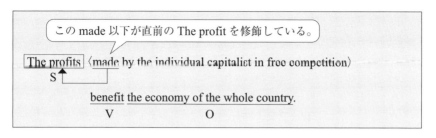

この made 以下が直前の The profit を修飾している。

The profits ⟨made by the individual capitalist in free competition⟩
S

benefit the economy of the whole country.
V   O

【3】

解答

　子供達を学校に通わす初めての法律は 1852 年に可決されたが、1918 年になっ
て初めて全ての州で子供達の通学が義務化された。

解説

　requiring が現在分詞になって school までを支配し、直前の The first law に係っ
ている。この問題文の場合であれば not — until ＿を文字通り「＿まで―ない」でも
構わないが、一般的には「＿して初めて―した」とした方が誤解は少ない。

(e.g.)
a) I didn't know the fact until the 5th.
　「5 日まで事実を知らなかった」
　（「知った」のが 6 日なのか 5 日なのか曖昧なので「5 日なって初めて知っ
　た」とやる）
b) I didn't know the fact until she told it to me.
　「彼女が話してくれるまで事実を知らなかった」
　（このように訳しても「知った」のは「彼女が話してくれた時」であること
　は自明。問題文もこれと同様、「＿まで―なかった」でも、「＿になって初
　めて―した」でも結構）

　因みに、young people を「若い人々」とやらぬように！　これは前出の children
の言い換えである。

《全訳》

　最初、学校は私立で、在学は厳密には本人の自由であった。政府は、初めは財政
的な援助をすることによって、その後で官立学校を設立して管理することによっ
て、ますますより大きな役割を演ずるようになっていった。子どもに通学するよう
に要求する最初の法律は 1852 年に可決されたが、1918 年まではどの州でも子弟

は学校に通う必要はなかったのである。

【4】

〈3〉朝夕のラッシュアワー時の電車はイワシのように詰められた多くの乗客を運ぶが、スリの事件はほとんど報告されていない。

〈6〉日本が全体的に 水という自然の障壁で守られている一種の開かれた都市であるために、日本人は防衛感覚を欠いているのである。

〈8〉（そうした）腹巻きは、腹を温めておくための伝統的な衣服であるのはもちろん、お金を安全に保つためのものでもあるのだ。

解説

〈3〉英文〈2〉の going（現在分詞）以下全部が直前の many charming women に係るのと同様、packed（過去分詞）like sardines も直前の many passengers に係っている。very few は数の少ないことをいう時の表現。以下確認のこと。

(e.g.)
a) Few scientists believe in ghosts.
  「幽霊の存在を信じている科学者はほとんどいない」
  （この Few を強めたのが Very few）
b) A few scientists believe in ghosts.
  「幽霊の存在を信じている科学者が少数ながらいる」
  （少数ではあるが「いる！」と言いたい時に a が付く）
c) Quite a few scientists believe in ghosts.
  「かなりの人数の科学者が幽霊の存在を信じている」
  （数が多いことを言っている。not a few「少なからず」もほぼ同様）

〈6〉as が 2 つあるからといって、同等比較になるとは限らないことに注意。比較級の場合 as と as の間に名詞のみが挟まることはないからだ。以下確認。

(e.g.)
a) Mike is as clever as Tom is.
  「マイクはトム同様賢い」
b) Mike is as a student as Tom is.（×）
  「マイクはトム同様学生だ」
c) Mike is as clever a student as Tom is.
  「マイクはトム同様賢い学生だ」

〈6〉のように名詞が単独で as と as の間に入ることはないのだ。名詞を入れるなら せめて c) のように形容詞を伴わなければならない。そう、as と as の間には、形容詞や副詞が入るのである。もし「マイクはトムと同じ学生だ」と言いたければ、Tom is a student and Mike is a student, too. とか Mike and Tom are students. といった表現になる。

　さて、ならばなぜ一応見た目には as と as の間に名詞の Japan が挟まっているのか？　それは最初の as が接続詞で次の as は、as a whole「全体的に」の as だからだ。as a whole をカッコでくくって、Japan が S、is がその V と認識すれば問題が無かったはずだ。そして、being 以降は現在分詞句で直前の a kind of open city に係っていたというわけだ。

〈8〉2 つの to keep は不定詞形容詞用法で、a traditional garment に係っている。この部分を as well as で結んだわけだ。しかし、ここで注意していただきたいのは、A as well as B と来るとほとんどの辞書が「B はもちろん A も」という訳語を挙げているが、果たしてそれでよいのか？ということだ。もしこの訳でいくなら A が強調されることになる。強調されるということは聞いている者にとっては新情報ということだ。問題文で A に当たるのは to keep their stomachs warm「おなかを温めておく」の部分だ。果たしてここは新情報なのだろうか？　B に当たる方を見てみよう。to keep their money safe「お金を安全に保つ」だ。「腹巻きが衣服である」なら、体を温めるという役割は当たり前ではないか？　衣服なのだから「お金を安全に保つ」という役割の方が副次的（＝新情報）ではないか？　また、その直前の文で腹巻きのことを stomach-bands, a type of money belt「おなかバンド、つまり一種のお金ベルト」と紹介していることからも、本来の衣服の役割よりも財布の役割を果す腹巻きの方を強調していることが分かる。

　ということで、A as well as B は定石通りの訳「B はもちろん A も」とか「B だけではなく A も」だけではなく、時には逆の訳「A はもちろん B も」とか「A だけではなく B も」という訳でないと文意が合わない時もある事に注意してほしい。とは言っても、今回のように A と B のどちらが強められているかが明確な場合ばかりではないので判断が迷う時は以下のように、

☆ A as well as B
「A（で）も（あり）B（で）も（ある）」とか「A そしてB」

とやれば間に合うので、迷われたらぜひこの訳をご採用あれ。☞ p.177

《全訳》
　〈1〉日本は世界で最も安全な国の 1 つである。〈2〉夜遅くやあるいは時々真夜中でも男性のエスコート役がなくても歩いて帰宅する多くのチャーミングな女性を偶然見かけるかもしれない。〈3〉朝や夕方のラッシュアワー時の電車はイワシのよう

に詰められた（＝すし詰めになった＝ぎゅうぎゅう詰めになった）大勢の乗客を運ぶが、スリにあうケースはほとんど報告されていない。〈4〉日本人は街を家の玄関ホールと同じくらいに安全で、外国を自分の家の庭と同じくらいに安全だと思い込んでいる。〈5〉従って、彼らはあらゆる種類の犯罪にも全く無防備なのである。〈6〉全体的に日本は水という自然のバリアーで守られている一種の開かれた都市なので、彼らには自己防衛感覚が欠けているのである。〈7〉それで、彼らはポケットの中や腹ベルト、一種のお金ベルトの中に多くの現金を持ち歩くのである。〈8〉腹巻きはお腹を温めるための伝統的な衣服であると同時にお金を安全に保つための衣服でもあるだ。

●分詞　副詞用法／分詞構文（P.61）

【1】

解答

(1) それ以上話すことはなかったので、私はその場を去った。

(2) 早起きに慣れていなかったために、トムはちょくちょく遅刻した。

(3) 自分が悪いことは認めてはいても、息子は自分の素行を改めなかった。

(4) 動物は愚かで想像力がないけれども、人間よりはるかに分別を持って振舞うことが多い。

(5) スージーに微笑みながら、ジャックは「ほらリンゴだよ」と言った。

(6) 海は静かだったので、島まで泳ごうということになった。

(7) 指導教官に説得されて、会議に出席した。

(8) イラクの子供たちは、小さな旗を振りながら私たちを迎えた。

(9) 既にその映画は見ているけれども、また見たいと思った。

(10)「こんにちは」と微笑みながらトムは言った。

(11) 1600年代初めの人物であるウィリアム＝ハーヴェイは、イングランドのジェームズ１世おつきの医師であった。

(12) 病気の進行の中には、弱まることなく続いているように見えるものもあったが、発作の頻度と長さは減ってきた。そしてこのことは薬の好影響を示唆するものであった。

解説

> ＊分詞構文は解釈の余地を読者に委ねるので、接続詞での意味設定は好ましくないが、参考のため、以下に接続詞で書き換えた英文を載せることにする。

(1) = As I had nothing more to discuss, I left the place.

(2) = As he didn't get used to getting up early, Tom was often late.

（he と Tom は同一人物）

(3) = Though he admitted that he was in the wrong, my son didn't change his behavior.
　　（he と my son は同一人物）

(4) = Though they are stupid and having no imagination, animals often behave far more sensibly than men.
　　（they と animals は同一）

(5) = While he was smiling at Susie, Jack said, "Here's an apple for you."
　　（he と Jack は同一人物）

(6) = As the sea was calm, we decided to swim to the island.

(7) = As I was persuaded by my advisor, I attended the conference.

(8) = The Iraqi children greeted us while they were waving little flags.
（The Iraqi children と they は同一人物）

(9) = Though I had already seen the film, I wanted to see it once again.

(10) = "Hello," said Tom, while he was smiling.
(5) (8) 同様「しながら」という訳がふさわしい分詞構文であろう。以下もその例。

> (e.g.)
> The girl, closing her eyes, listened to the music.
> 「その女の子は目を閉じながら（＝閉じて）音楽を聴いた」

(11) さすがにこれは接続詞での書き換えは難しいだろう。「1600年代初期に生きていたので／生きていたが／生きていた時に」…。どれもしっくりこない。あえて書き換えるとすれば、関係代名詞の継続用法を使って、William Harvey, who lived in the early 1600s, was a physician to King James I of England. となるぐらいであろう。このように分詞構文は書き換えが難しい時もあるので、その時は解答例のように分詞句（Living in the early 1600s）を主語に掛けて「1600年代初期に生きていたウイリアム ハーヴェイ」とやるとよい。

(12) = While some — decreased, and this suggested a beneficial —.

前の内容を受ける分詞構文だ。また、unabated も分詞構文で、「変わらず」とか「弱まることなく」と訳して前の appeared to continue につなげるとよい。

【2】

解答

歩くことでストレスが軽減され、その日の終わりにあるいは辛い仕事の後でくつろげるのである。

解説

helping が分詞構文で、and it (= walking) can help という意味。分詞構文で表す際、助動詞（can）は反映されないことに注意。

《全訳》

現在、健康のために歩く人が多い。散歩は体だけではなく心にも有益になりうる。ウオーキングはストレスを軽減してくれるし、その日の終わりに、あるいは大変な仕事の後にリラックスするのに役立ち得る。

【3】

解答

寿命が長くなったことや、出生率の低下が急速な日本の高齢化社会をもたらしている。わずか35年で65歳以上の人たちの人口比率が5%から10%へ上昇したのである。日本の高齢化は既に他のいかなる主要産業国よりも急速に進んでいるので、今後加速するものと思われ、その結果2030年までには高齢者の割合は全人口の25%以上に達することになるであろう。

解説

Already growing － nation の部分が Japan's rate of aging is expected to accelerate「日本の高齢化の加速化」の原因であることが自明なので、Already growing は As it (=Japan's rate of aging) is already growing 的な意味なのだろうと推察できるが、先ほどの【1】の (11) 同様、前半と後半をつなぐ言葉（接続詞）が見つからない場合は、分詞句 (Already growing faster than any other major industrialized nation) を主語（ Japan's rate of aging ）に掛けて「他のどんな主要産業国よりも既に急速に進んでいる 日本の高齢化 は」とやるとよい。

《Coffee Break》

アサシューが大学受験の頃は大変な受験生の数で（人気私立大は20倍前後の競争倍率だった）、よく「受験地獄」と言われたものだ。某大手予備校の人

気講師の授業は、レギュラー授業でも 300 人以上の受講生がいて、更に立ち見も……という状況だった。多くの受験生が教師や親の強烈な期待に打ちひしがれてノイローゼに罹り、自殺や事件（「金属バット事件」というものもあった）が多発した。中学・高校は荒れ果て、校内暴力の嵐。

　私立国公立問わず人気大学に入るには（系列高校以外は）一浪が普通だったために、「いちろう」とは言わずに「ひとなみ（人並）」と呼ばれたものだ。あちらこちらに多浪生の姿が見られた。今では「浪人」という語はもう死語かな？　今は「既卒生」と呼ばれることが多いようだ。

　また、大学に入ったら入ったで問題が発生した。五月病である。せっかく苦労して憧れの大学に入ったのに、講義はつまらない、仲間はできにくい、お金は無いなんてことで、今で言う（いや、もう古いかな？）「燃え尽き症候群」の深刻版になったりした。結局、大学では一体何をやったらよいのか分からぬ状態になり、就職先は事欠かない（バブル全盛期）はずなのに、特に働きたくないものだから、大学卒業後もあいも変わらずモラトリアム人間のままに……。就職しない理由を作るために、特に研究課題なんてないのにとりあえず大学院に進学してみたり、語学留学してみたり、何らかの思想にとり憑かれて妙な宗教団体に入信したり、学生運動に身を投じたり、あるいは自分の居場所を求めて自己発見の旅に出たりと……。

　な〜んて、過去の過酷だった思いも今では懐かしい思い出になってたりします。だって、同じく難事とは言え、今は随分違う様相になっているものですから。
　小さい頃から「いい学校」に入るためにお受験させられたり、友達と遊びたいのに幼少期から、お稽古事、塾、英会話学校等、親のプレッシャーの中、童心の自由が阻害される……。気の置けない（いい意味ですよ、因みに）人間が周りにいないために、見ず知らずの顔の分からぬ人たちとヴァーチャルなコミュニティーを作り、あまり本心ではない事に同意して、無難な関係になっていく。でも、その関係に不本意な部分が垣間見えたりすると、次から次へと人間関係を変えていく。過去の大手予備校の反省から、もちろん少子化の影響が大であろうが、大人数の教室はほぼ皆無になり、イケメン（じゃないかもしれないけど）お兄さんやキレイ（...）なお姉さんによる懇切丁寧な個別指導塾の乱立、オンライン指導に慣れてしまったせいか、リアルに人と会うのが面倒になり、コンパやサークルをやりたがらなくなった大学生が増え、教授もそれに乗じて学生たちと直接触れ合う機会が無い分、自分の研究に没頭できるので「ニンマリ」しちゃったりして (-_-;)。就職難の続く現代を生きる術が、情ではなく要領、実力ではなくコネ、人柄ではなく見た目、何をやったかではなくネームバリュー、そして世間はやたらとコスパ、コスパと叫ぶ……。

　うわ〜、ごめんなさい随分愚痴っぽくなりました。これから年は取りたく

ないものです。でも、まぁ、愚痴、批判、文句が出ない時代は無かったわけ
で、どの時代も何かしらの不満を抱えて生きてきたわけで、でもだからといっ
て甘受ばかりもしてられない。何とか今の時代の難事を打開していかなけれ
ば！という<u>気概を持って、日本の**先人たち**は、我々世代（50代以降に）「今と
いう豊饒の（戦争も無ければ飢餓も無い）時代」をくれた</u>のです。

しかし、「今」はどうなっているか？

　今から30年ほど前、「高齢化の時代が来るぞ！　今は納税者4人（からの
税金収入）で1人の老人（の年金代）を支えている計算になるが、近い将来、
3人で1人、いや、1人で1人という時代がやって来るぞ～！」と言われたも
のです。
　そして現在その予言通りにならんとしております。アサシューが大学生の頃
は年金受給年齢が60歳だったのが、それから10年ほどで知らぬうちに65歳
に引き上げられました。高校の頃は55歳が年金受給年齢だったのですよ！
一見平均寿命率が延びた結果の法改正のようにも思えますが、ならば老齢化が
進んだ分だけ就職状況も老齢化歓迎になっているのか？というと必ずしもそう
はなっていないのです。60歳以上の人たちが働ける場所は相変わらず限られ
ています。ということは、年金制度の基本的考え方が共助ということならこの
年金受給年齢の引き上げはこの理念と矛盾していることになります。
　今、年金生活を送っている方々は「自分は若い頃いっぱい働いて税を納めて
きたのだから、年金もらえって当然だ」と嘯（うそぶ）いているとしたら、これは確かに
正論ですが、現代の窮状を考えたら、堂々と（もしかしたらシャーシャーと）
年金を受け取ってよいものか？　高額医療制度を利用しすぎてよいものか？
働けるのに働かず生活保護を受けてよいものか？　果たして、今の若い人たち
の苦境を考えずに老後を楽しんでいいのか？
　などと、老境間際のアサシューは考えてしまう今日この頃です (-_-;)

【4】

解答

　人を愛し人に愛されたが、彼は自分を愛してくれる妻も家族も持たなかった／*
<u>人類の恋人だった彼</u>は自分を愛してくれる妻も子供も持たなかった。

****
：* 適当な接続詞が思いつかない場合はこのように主語に掛けるとよい。　　：
****

解説

〈4〉この英文は<u>徹頭徹尾対比的</u>に書かれていることに気付きたい。まずは、ノーベ

ルが「対比的な部分を持った人物」(a man many contrasts) と紹介して、そのあと、

the son of a bankrupt「破産者の息子」	⇔ a millionaire「大金持ち」
a scientist「科学者」	⇔ literature「文学」
an industrialist「実業家、実務家」	⇔ an idealist「理想主義者」
a fortune「財」	⇔ a simple life「質素な暮らし」
cheerful「明るい」	⇔ sad「悲しい」

というように対比関係のオンパレードだ。

　従って、問題の下線部も前半と後半で対比関係になっているはずだと踏むわけだ。すなわち、Although he was a lover of mankind, he never had a wife or family to love him. と解釈するのだ。この文を分詞構文にすれば、接続詞の Although が消え、主語の he は主節の he と一致しているので消え、was を ing（動詞は全て ing に！）にするので being になる。そして being と having being は省略できるのだった。 ということで、名詞の A lover（名詞）で始まる文が出来上がるのだ。次の英文も分詞構文で表してみると、

As he was a very kind man at heart, he was loved by everybody.
　「彼は根が優しい人なので誰からも愛された」
　　　→ Being a very kind man at heart, he was loved by everybody.
　　　→ A very kind man at heart, he was loved by everybody.
となるだろう。問題文もこれと同じ。

《全訳》
　〈1〉スウェーデンの偉大な発明家であり実業家であるアルフレッド ノーベルは、大変多くのコントラストに満ちた人（＝対照的な部分を多く持った人）であった。〈2〉彼は破産者の息子でありながら億万長者になったし、文学をこよなく愛した科学者であったし、理想主義者であり続けた実業家でもあったのだ。〈3〉彼は財を成したが、質素な暮らしをし、人前では陽気だったが、独りになると悲しんでいることが多かった。〈4〉人類の恋人（＝人を愛し愛された人）だったが、自分を愛してくれる妻も子供も持たなかった。また、祖国を愛する人であったのに、独り外国の地で死んでしまった。〈5〉彼は平和な時代の鉱山業と道路建設業をうまく利用するために、新しい爆薬、つまりダイナマイトを発明したにもかかわらず、それ（＝ダイナマイト）が自分と同じ仲間の人間を殺傷する戦争の武器として使われるのを目の当たりにしたのであった。

【5】
解答
(A) 自動運転の車は有人の車を性能で勝り、人間が犯す過ちによって引き起こされ

る事故を無くすことで、生命が救われるだろう。

(B) 飛び出してきた子供を撥ねないようにと、車が急に方向を変えること。

解説

〈2〉この接続詞の as は improve（「進歩する」という自動詞になっている）という進退を表す語と共に使われているので、「推移」を表して「―につれて」と訳すもの（☞ p.195）。下線部の S は automated vehicles（automated は過去分詞で vehicles を修飾）で V が will outperform、their human counterparts が O となり、そのあとの、saving 以降が分詞構文になっている。, saving = , and they (= automated vehicles) *will save ということだ。caused by human errors の部分は分詞句で直前の accidents を修飾している。

> ＊分詞構文では助動詞は登場しないのでこの will も外してしまう。

〈4〉(B) in ～ing で「～ing することで」なので、「そうすることで他の人の命を危険にさらす」となる。so（指示語）が前の内容を指すということと、other lives とは「誰の命か？」と考え合わせれば解答例のようになるだろう。

《全訳》

〈1〉交通事故は、世界で主要な死傷の原因だ。〈2〉科学技術が進歩するにつれ、(A) 自動運転車は、人間の運転者の技術を凌ぎ、人為的な過誤による事故を無くすことで人命を救うだろう。〈3〉こういったことがあるにもかかわらず、依然として、自動運転車が、道徳的に困難な状況で決断をしなければならない環境が存在する。〈4〉例えば、車は道路に飛び出してきた子どもを撥ねてしまうのを避けるために方向を急に変えることが出来るが、(B) そうすることで他の人の命（＝子供以外の命）を危険にさらしてしまうのだ。〈5〉（こういう事態を想定すると）車はどのように挙動するようプログラムされるべきか。

【6】

解答

医者や一般大衆が、肥満を怠惰や意志力不足といった特質のせいにすることで、肥満で悩んでいる人たちに汚名を着せ非難する様を目にするのは嫌なものだ。

解説

It's (= It is) の It は to see 以下全てを受ける形式主語。see は知覚動詞なので、O (doctors and the general public) + ～(stigmatize patients with obesity and blame these patients) という定石通りの型になっている。問題は ascribing 以下だ。これ

また分詞構文だが、これは「〜ing によって」と手段を表すものだ。「どうすることで、肥満で悩んでいる人たちを非難しているか」を語った文章になっている。

　巷に溢れている英文法の参考書では、分詞構文の訳としてよく出てくるのは、理由「―なので」、時「―したとき」、条件「―すれば」、譲歩「―だけれども」、継続「そして―だ」というものだ。しかし長文を読んでいると、手段「―によって」もちょくちょく顔を出している。この〜ing は by 〜ing と同義だ。ぜひこの訳も頭に入れてほしい。以下全て「**手段**」を表す**分詞構文**である。

---

a) We may be able to produce oxygen, <u>planting</u> plankton on Mars.
　「火星にプランクトンを移植することによって、私たちは酸素を生み出せるかも知れない」（= <u>by planting</u>）
b) <u>Strolling</u> around the town, I killed time.
　「街を散策することで、時間をつぶした」（= <u>By strolling</u>）
c) The firm sells a certain system primarily <u>using</u> direct sales personnel
　「その会社は主に直接販売員を使って特定のシステムを販売している」
　（= <u>by using</u>）

さて構造だが、以下のようになっている。

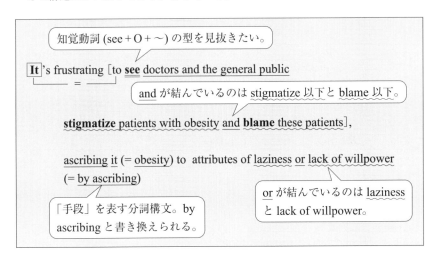

知覚動詞 (see + O + 〜) の型を見抜きたい。

It's frustrating [to **see** doctors and the general public

and が結んでいるのは stigmatize 以下と blame 以下。

stigmatize patients with obesity and **blame** these patients],

ascribing <u>it</u> (= obesity) to attributes of <u>laziness</u> or <u>lack of willpower</u>
(= by ascribing)

or が結んでいるのは laziness と lack of willpower。

「手段」を表す分詞構文。by ascribing と書き換えられる。

《全訳》
　「医師や一般市民が、肥満を怠惰や意志力の欠如という特質のせいにすることによって、肥満の患者に汚名を着せ、そういう人たちを責め立てるのを見ることは、いらだたしいことです」と肥満の研究者でありかつルイジアナ州バトンルージュにあるペニントン生物医学研究センターの名誉教授、ドナ ライアン博士は述べた。

【7】

解答

〈1〉一人の若者がヘッドフォンの音楽に合わせて<u>首を振りながら</u>道を歩いている。〈2〉そのビートに合わせて<u>動き（ながら）</u>、<u>歩みを止めたがらず</u>、彼は車道に足を踏み入れた時、素早く<u>近づいてくる</u>車の音は耳に入らない。〈3〉ブレーキのキーという音と、<u>嫌なドシンという音とともに</u>、彼は空中に舞う。〈4〉恐らく（運転手は）、会う約束に間に合おうとして、<u>携帯電話でおしゃべりをしていた若い女性</u>であったのだろう。〈5〉若い命の悲劇的な終わり方だ。

解説

〈1〉A young man（S）strolls（V）down the road（*M）という型になっていて文は完結している。ということは、nodding 以降がこの部分につなげていくため分詞構文になっているのではと考える。では、どういう意味か？「首を振った<u>とき</u>」でも「首を振った<u>ので</u>」でも「首を振る<u>ことによって</u>」でもおかしいことに気付くだろう。やはり付帯状況が自然であろうと踏む。そう、「首を振りながら」だ。悲しいかな、スマホを使って音楽に夢中になって車にはねられてしまうという若者の話だ。こうした情景を思い浮かべれば、これら分詞構文つまり〈1〉の nodding も〈2〉の Moving も、付帯状況の意味がふさわしいことが分かるはず。次の not wanting to break his stride「歩みを止めたくない」状況は、he doesn't hear「聞こえない」ことの原因と考えられるので、not wanting は「to～したくなくて」というように原因・理由的に訳すべきだろう。次の approaching は形容詞的に直後の car に係っている。sickening も同様で thud に係っている。最後の chatting は修飾語句（on her mobile phone）を伴っているので後ろから直前の a young woman に係っている。分詞は、原則的には<u>単独なら前から名詞を、複数の修飾語を伴った場合は後ろから名詞を修飾する</u>が、時には<u>単独でも後ろから前の名詞を修飾する場合もある</u>事に注意のこと。☞語法研究 p.186

> *<u>M</u> は英語で <u>M</u>odifier「修飾語」を表す。

第5講　仮定法
●仮定法：would, could, might, should（P.75）

【1】

解答

(1) もし上司が約束を守る人なら、彼を頼れるのに。

(2) もし彼の部下たちが頼りになる者たちだったなら、その難題を引き受けるよう頼めたのに。

(3) 彼がその仕事をするのが可能なら、彼に頼むのに。

(4) 雪による車の大損害がなかったら、今頃歩いて買い物に行かずに済んだのに。

(5) 万が一そんなことが起きたら、どうしますか？

(6) あなたの職業が何であれ、その職業がどれほど楽しいものであれ、他の職業を選んでいたらよかったと思う瞬間があるものです。

(7) あなたのしっかりしたアドバイスがもし無かったら、私は何度も同じ間違いをしていただろう。

(8) 万が一彼がもっと情報が必要であれば、使えるマニュアルはたくさんある。

(9) ナイフや銃がなかったら、多くの殺害者は罪を犯さずにいたかもしれない。

(10) 法律が無くても人々が幸せになれるなら、法律（なんてものは）無用の長物として自ずと消え失せることだろうに。

(11) 君の時宜を得たアドバイスが無かったら、彼女は今頃困っているだろう。

(12) もう一度生まれてこられるなら、テレサのような優しい女性と結婚するのに。

(13) 私は駅まで走った。もしそうしなければ電車に乗り遅れていたかもしれない。

(14) 中年期に体調を崩した多くの熱心な働き手は、もし若い頃に余暇活動に興味を持ち毎日少しでもその余暇活動にいそしむ習慣を身につけていれば、この悲劇（＝体調を崩したこと）は、避けられたのに。

解説

(3) it is ＿ for 人 to~ の is が仮定法未来（were to be）になっている。最後の to は代不定詞。do the work が省略されている。

(4) 仮定法過去完了形と仮定法過去形の融合パターン。

(5) = What would you do if that should happen to you?

(6) No matter what S'+V'= Whatever S'+V' 「たとえ何を S'+V' しても」、how の前には no matter が省略されている。when 以下は moments に係る関係副詞節。

(7) = If it had not been for your sound advice,
この sound は「健全な、しっかりした」という意味の形容詞。

> (e.g.)
> ・A sound mind in a sound body.
> 「健全な肉体に健全な魂が宿らんことを」

《**Coffee Break**》

以前（30 年位前）、「健全な肉体に健全な魂が宿る」という訳を採用してい

る辞書が散見されました。しかし、その訳だと「では、ひ弱な肉体には健全な魂は宿らないの？」ってことになっちゃうのではないでしょうか？　体が弱い人は、魂（心）も弱い（邪悪）？

　いや、むしろ病気に苛まれたり、難病と闘っている人ほど意志堅固であったり、思いやりにあふれている事例を我々は見ているはずです。

　実はこの格言、祈りの場面で使われたらしく、それにふさわしくやはり祈願的に「健全な肉体に健全な魂が宿りますように」とすべきでしょう。

　まぁそれはさておき、皆さん。現実問題として、体も心も健全な状態って常態になってますか（すみません、シャレになってしまいました……）？

　実はこれってかなり珍しいことなんじゃないでしょうか？　幼い時や若い時は、どこが痛いとか苦しいとかは少ないものですが、しかし、心はどこか晴れやかじゃなかったり、なぜかイライラしていたり、何とはなしに憂鬱だとか落ち着かないなんてこと、ありませんでしたか？　アサシューはいい年なので腰やひざは痛むは、消化不良がしょっちゅう起こるは、胸や背中は苦しいは、目は見えないはで体はボロボロです（この前は肺炎になり10日ほど寝込んでいました）が、なぜか魂（心）は晴れやかなのです。これも年の功（Age and experience teach wisdom.）なのでしょう。有難いことです。もし今の心のまま体も健全になれば、俺はスーパーマンになっちゃうかも！（If I should keep the present mind and be in good health, I might be a superman!）って空想しちゃいます。

　やはり願わくは心も体も健全であれ！ですね

　ですから、両方で健全な方はこれ幸いとばかり、お勉強をガンガンされてくださいね。

(8) 形容詞の available が単独にもかかわらず後置修飾していることに関しては p.186 を参照のこと。

(9) had he not possessed は if he had not possessed ということ。

(10) ＝If people could be happy ―。 If 節の中に助動詞の could や might が来ることもある。it は the law を指している。前半の従属節中に代名詞を使い、後半に出てくる主節にその正体を明かすということはよくあること。

(e.g.)
a) Pandora opened the box though she was told not to open it.
　「パンドラは開けるなと言われたにもかかわらず、箱を開けた」
b) Though she was told not to (open it), Pandora opened the box.
　「同上」

（前半に登場している she は Pandora のことで、it は the box のこと）

(11) timely は形容詞（☞語法研究 p.165）。

(12) ＝ If I were to be born __。

(13) otherwise は前半を受けて「もしそうでなければ」の意味。If 節で言い換えれば、If I <u>had not run</u> to the station, I might have missed the train. となる。

(14) had developed と had formed が and で結ばれて if 節を形成して、主節 (Many hard working people (S) ─ could have escaped (V)) につながる構造になっている。

【2】
解答
④

解説
① ─ ③の訳はどれも仮定法完了形として訳してしまっている。①であれば「たくさん<u>あった</u>だろうに」、②であれば「<u>貢献していた</u>であろうに」、③であれば「<u>持っていた</u>だろうに」というように。しかし問題文は would have O「O を持つだろう」と仮定法過去形の型になっている。仮定法過去形は「現在のこと」を語る型だ。従って④の訳が「貢献するだろうに」と現在のことを語っているので正解となる。因みに If 節内の did は強調の助動詞で、「実際に」とか「本当に」と訳す。

《全訳》
　彼女は明らかに優れた人物で彼女のような能力を持った人がそんな残酷な目に見舞われるとは何とも悲しいことです。<u>実際に考え直してくれれば、彼女は社会全体に大いに貢献するだろうに</u>と発言することを許してもらえればと思います。

【3】
(1)
解答
〈2〉我々の社会が、そういった例に倣っていたとしたら出てきたであろう利益を想像してみてほしい。
〈3〉人を誤った理想像と比べるのではなく、その人たちの姿通りに、すなわち個人として見て評価できたであろう。

解説

〈2〉Imagine（~）で始まっているので、我々に「~せよ」と呼び掛けているということ。that 以下が the good に係るということ。result が「生じる」という自動詞であること。follow suit で「前例に倣う、先例に従う」（ここではその前の文の例に倣うということ）という意味であるということ等、大丈夫だったろうか。そこに仮定法の表現が入っているとわかれば問題なかろう。

〈3〉大きな枠組みは、Rather than ―, SV ＿「―ではなく、SV ＿だ」となっている。また、☆ compare A to B「A を B と比べる」というつながりも見抜くこと。そこにこれまた仮定法過去完了形（could have seen）が入り込んだわけだ。

ところで、for what they are は〈1〉の as they were と類似表現だなと気付けたろうか。英語は同語反復を嫌うためにこのように言い換えたのだ。

以下のような構造になっている。

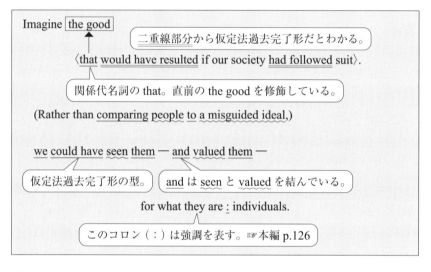

《全訳》

〈1〉以前は成員をありのままに見ることで繁栄していた社会もあった。〈2〉（＊たとえば）私たちの社会がこうした前例にならっていたら、その結果として生じていたであろう利益を想像してみてほしい。〈3〉人々を見当違いの理想と比較するより、私たちはその人たちをありのままに、つまり個人として見ること、そして評価することができただろう。〈4〉（＊しかし）現実はそうではなく、たいていの学校、職場、そして、科学研究所は、「平均的人物」が実在することを信じ続けている。

> ＊文中に連結語が無くても状況によっては、「たとえば」とか「しかし」といった連結語を補うと読みやすくなる場合がある。☞ 本編 p.158

(2)

解答

　（まずはないことだとは思うが）仮に、橋の上を歩いていて男の子が助けを求めて叫んでいる姿を目の当たりにしたら、集団の一人の時と比べて、飛び込んで行って彼を安全な場所へと引き上げたいという衝動をずっと大きく感じることだろう。

解説

　仮定法未来の型（were to）になっていることに気付きたい。see（知覚動詞）なのでO＋C（～ing）という型になっている。to leap in and pull him to safety は urge を修飾している（不定詞形容詞用法）。than you would の次には feel an urge to leap in and pull him to safety が省略されている。

《全訳》

　もしあなたが橋の上を歩いていて、少年が水の中にいて助けを求めて叫んでいるのを見たなら、飛び込んで、その子を安全な所へ引き上げたいという衝動を、あなたが群集の中の1人である場合より、はるかに強く感じるだろう。（＊というのも）あなただけの場合は、救助する責任の全てがあなたにかかる（＊からだ）。

> ＊これも連結語を補うと流れがよくなる。

《**Coffee Break**》

> 　「傍観者効果（bystander effect）」という社会心理学の考え方があります。上の問題文はまさにそのことを述べています。
> 　何らかの事件を見ている人間が自分以外にも何人かいる場合、率先して行動を起こさなくなる心理現象を言います。傍観者が多ければ多いほどその傾向が強くなります。一般にその原因として考えられるのが、
>
> 1. 責任の分散（diffusion of responsibility）、
> 2. 多元的無知（pluralistic ignorance）、
> 3. 聴衆抑制（audience inhibition）だとされています。
>
> 1　「責任の分散」とは、自分一人の場合と比べて多数の場合はその事件を処理する責任が小さくなっていく（＝分散されていく）ということです。
> 2　「多元的無知」とは、たとえ大事件でも、周りが動こうとしないのだから大した事（件）ではないのだろうと高を括って間違って判断することです。
> 3　「聴衆抑制」とは、行動を起こしたとき周囲から、「偽善者扱いされないか？」「失敗したら何と思われるだろう？」と懸念が先立ってしまうため行

動が抑制されることです。

　1964 年アメリカのニューヨークで発生したキティ・ジェノヴィーズ（Kitty Genovese）という女性が深夜自宅アパート付近の駐車場で暴漢に襲われ殺害されたのですが、その時悲鳴が上がったにも拘らず、警察に通報した人がほとんどいなかったのです。その悲鳴に気付いた人は 38 名もいたのにです。これに端を発してその後詳しくこの傍観者効果が研究されていきました。

　ところでみなさん、「善き*¹ サマリア人」という話、聞いたことあります？
　隣人愛を普段説いている*² 律法学者がイエス（Jesus）に向かって「私の隣人とは誰のことを言うのでしょうか？」と問いかけた時に、イエスがたとえ話として語った中に出てくる人、それが「善きサマリア人」です。こんな話です。

　ある人が、道で強盗に襲われ瀕死の状態になった。たまたまそこを通りかかったのが 3 人いた。最初の一人は*³ 祭司で、その瀕死の人を見ても素通りしていった。次は*⁴ レビ人がその人を見かけるが、これまた道の向こう側を通って行った。ところが、旅をしていた 1 人のサマリア人がその人のそばまで来て、憐れに思い近寄って傷口に油と葡萄酒を注ぎ包帯をしてあげた。それから自分のロバに乗せて旅館に連れて行き介抱した。翌日サマリア人は「この人を介抱してあげてください。費用が足りなくなったら、帰って来た時に支払いますから」と言って、銀貨 2 枚をその旅館の主人に渡した。

というたとえ話をして、イエスに問いかけてきた律法学者に、「このうち誰がこの瀕死状態の人の隣人になったと思うか？」と聞いたところ、律法学者は「3 人目のサマリア人だと思います」と答えたので、イエスは「ならば、あなたもこれと同じようにしたらどうだ」と言ったのです。

　日頃から「律法だ」、「隣人愛だ」とほざいているが、君らがやっていることはどうなんだ？　それが実践されているのか？　理屈ではなんぼでもきれいごと言えるけど、どうなの？　それって絵空事になってんじゃあないの？ってイエス様が言ってくれてるわけです。スカッとする話だとは思いませんか？
　「自分も腹が空いて、住むところも無く、病気を患って体調不良のさなかにあっても、膝を折って愛をこめて目に手を当ててあげるんだもの、そりゃあ〜目の見えなかった人も目が開けるよな〜！」なんて思っちゃうのはアサシューだけでしょうか？　裕福な中からではなく、貧しい中からでも、今持っているものを差し出す尊さをイエスは謳ったのですね。

　さて、傍観者効果の話でした。現在はコロナあり、戦乱あり、災害あり、就

職難、面倒な人間関係等、多々あるせいで、一律に傍観者的態度を非難するのは憚れるでしょう。

　しかし、だからこそ、人道的態度あるいは人間本来の姿とは？　という*5 根本的問いかけが喫緊問題なのかも……。

*1 イスラエル（ユダヤの聖地）の北王国がアッシリア人に占領された後もサマリア（現在のシリアやエジプトとの中間）地域に住み続けた人々のこと。ユダヤ教徒からは忌み嫌われていた。
*2 ユダヤ教の戒律を守りその立法を説く者。
*3 ユダヤ教における神や神の律法について民に教えた者。
*4 古代ユダヤ教の祭司一族。
*5 「問いかけ」のない学問は偽物です。

第6講　接続詞1
●等位接続詞（and, but, or , for）（P.82）

【1】

解答

(1) どのように書くかあるいは何を書くかを教えてくれる者はいない。

(2) 我々の最大の栄光は決して倒れないことにあるのではなく、倒れるたびに立ち上がることにある。

(3) アメリカの学生はベビーシッターやレストランの労働、あるいはタクシーの運転で生計を立てることが多い。

(4) 話をするにしても、顔を眺めるにしても、話を聞くにしても、このように愉しい人には出会ったことがないと彼はつくづく感じた

(5) 中流階級においては、倦怠は日曜日よって象徴され、欠乏は週日によって象徴される

(6) 孤立させられたり排除されたりという状態や感覚を、我々は、寒さを指す言葉で表すことが多い。

(7) ヒト成長ホルモンは、ホルモン欠乏症の子供を救うために導入されたが、それだけではなく、背が低いこと以外は身体的問題がない子供にも有効なのだ。

(8) 真理を追い求め、正しく理解せよ。そうすればより完全でより自由な個人となれるのである

(9) 観光客は壊れやすいが美しい多くの自然の場所、サンゴ礁から熱帯雨林までをゆっくりと破壊している。観光業が変わらなければならないか、それとも、観光業に規制をかけ始めなければならないかのどちらかである。

(10) スマイリーは、起訴された97枚よりもはるかに多くの地図の窃盗と永続的な紛失に関与していたと、多くの司書と学者は考えていた。

(1) or が結んでいるのは how と what。to write はそのどちらとも関係する。

(2) 以下の構造になっている。

> Our greatest glory <u>consists</u> <u>not</u> <u>in</u> <u>never falling</u>,
> 　　　　　　　　　<u>but</u> <u>in</u> <u>rising every time we fall</u>.

　not A but B「A ではなく B」で、never falling「決して倒れないこと」を否定して、rising every time we fall「倒れるたびに立ち上がること」を肯定している。

《Coffee Break》

「常勝街道まっしぐら！」

　何とも威勢のいい言葉ですね。でも、勝ちっぱなし、受かりっぱなし、浮かれっぱなし、好かれっぱなし（だんだん collocation 的におかしくなってきた……(-_-;)）を手放しで喜んでいいものか？　そんなに推奨できる事なのか？

　連戦連勝のすさまじさ、そしてその華やかさを否定はしません。例えば、無敗で現役を引退するアスリートとか、無欠勤で満期退社できたサラリーマンとか、商売繁盛を続けられた商人とか、戦争も不況も生活苦も一切ない社会や家族とか、常時順風満帆に思えます。

　けど、何かここには**落とし穴**があるような気がしてならないのです。アサシューは常勝で居続けたことが無いので断言できませんが、そこには想像を絶する辛さ、悔しさ、落胆が隠されているのではないかと思うのです。それはそれは、とんでもない苦しさが……。

　オリンピック 3 大会で柔道軽量級の金メダルを獲得した野村忠宏さんは、練習が辛かったりモチベーションが上がらなかったときは、負けた試合を見るのだそうです。その時の悔しさを思い起こすことで、今の辛い練習や環境を乗り越える起爆剤にするのだそうです。またある日、東京オリンピックチャンピオンの阿部一二三さんに背負いの指導をする際、柔道着に着替える姿をカメラがとらえていました。その体は流石に肉体美を放ってはいましたが、同時に体中に悲痛も湛えていたのです。その傷の痛ましさにインタビューアーが「すごいですね」と一言漏らしたら、野村さんは「柔道の神様は色んな試練を与えてくれますわ。でもそんだけのもんを頂いたらね」と語っております。

　そう、そこなんです、アサシューの言いたかったことは！　思いっきり<u>負の経験を消化してこそのプラスの結果だってことです！</u>　常勝を祭り上げすぎてその裏に隠れている負を忘れること、これが怖いのです。そこには悔しさ、辛さ、悲しみの度合いが大きければ大きいほど、成功の喜びが深くなるという関

(3) or が結んでいるのは babysitting と working in restaurants と driving taxicabs。

(4) so pleasant 以降は anyone を修飾している。or が結ぶのは 3 つの不定詞（to talk to と to look at と to listen to）。いずれも形容詞限定の用法。

> (e.g.)
> He is pleasant to talk to.
> 「彼は話しかけるのが愉快な人だ」
> （to talk to が形容詞の pleasant を限定している）

(5) and 以降を見ると（結ぶ要素を見抜くには and 以降を見るとよい）、want には三単現の s が付いていないので名詞だと分かる。またその後には by…が後続していることから左の ennui（名詞）＋ by the Sundays（前置詞句）と結んでいると判明。そう、is represented が同語反復を避けるため省略されていたのだ。

(6) 以下のような構造になっている。

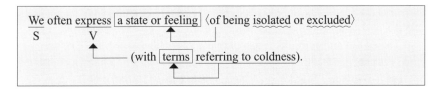

　or が結ぶのは過去分詞の isolated と excluded で、それらが固まりになって、直前の名詞句（a state of feeling）に係っている。referring to coldness（分詞句）は直前の terms に係っている。with 以降（前置詞句）は express に係っている。

(7) 1 つめの but が結んでいるのは Human growth hormone（S）＋was introduced（V）と it（S）＋also works（V）だ。2 つめの but は short（形容詞）と otherwise healthy（形容詞句）を結んでいる。

(8) 命令調で始まった場合の and や or は「そして」とか「あるいは」とはやらずに、「そうすれば」、「そうしないと」と訳す。

(e.g.)
a) Hurry up, and you'll catch the train.
　「急ぎなさい。そうすれば電車に間に合うよ」
　= If you hurry up, you'll catch the train.

b) Hurry up, or you'll miss the train.
　「急ぎなさい。そうしないと電車に乗り遅れるよ」
　= If you don't hurry up, you'll miss the train.

　問題文は命令長の表現を 2 度行っている。pursue the truth と get it right だ。どちらも原形動詞で始めているので命令調であることが分かる。この様に同じ調子を接続詞を使わないで述べている場合、前者だけでは言い足りないところを後者で言い直しているのである。

(9) but が結んでいるのは fragile と beautiful。共に形容詞として natural sites を修飾している。from ― rainforests も形容詞句として natural sites を修飾している（後置修飾）。or は Either と組み合わせになり、tourism（S）+ must change（V）と it（S）+ must begin to have（V）を結んでいる。have は使役動詞。

　2 つの it はどちらも tourism。

(e.g.)
a) The education board had a school place restrictions upon the behaviors of the students.
　「教育委員会は、とある学校に生徒たちの振る舞いに規制をかけさせた」

b) The education board had restrictions placed upon the behaviors of the students of a school.
　「教育委員会は、とある学校の生徒たちの振る舞いに規制をかけた」
　（目的語次第で直後の動詞が原形になったり過去分詞になったりする）

(10) 以下のような構造になっている。

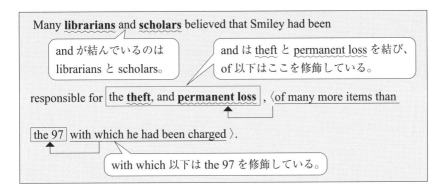

Many **librarians** and **scholars** believed that Smiley had been

> and が結んでいるのは librarians と scholars。

> and は theft と permanent loss を結び、of 以下はここを修飾している。

responsible for the **theft**, and **permanent loss** , ⟨of many more items than the 97 with which he had been charged⟩.

> with which 以下は the 97 を修飾している。

【2】

　一般的に、変化に富んだ興味深い経験で満たされる時間は過ぎていくのが短く思えるが、それを振り返ったときには長く感じられる。その一方、何も体験することがなかった時間の経過は長く思えるが、後から振り返ってみると短く思えるのだ。

以下のような構造になっている。

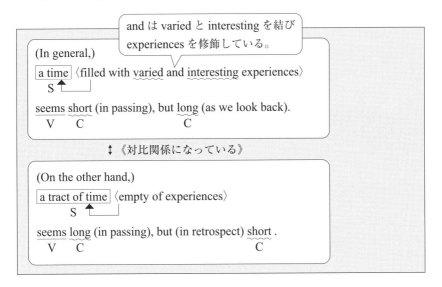

> and は varied と interesting を結び experiences を修飾している。

(In general,)

a time ⟨filled with varied and interesting experiences⟩
S

seems short (in passing), but long (as we look back).
V   C   C

↕ 《対比関係になっている》

(On the other hand,)

a tract of time ⟨empty of experiences⟩
S

seems long (in passing), but (in retrospect) short .
V   C   C

　In general―. On the other hand―の関係から、「一般的に言えば、SVC だが、他方（＝それ以外の状態で言えば）、SVC だ」という対比関係が見える。

【3】

空想の友達を使って生活における諸問題の整理をする子供も実際いるようだが、ほとんどの子供にとっては、空想の友達は単なる地味な楽しみのようだった。

（解説）

Some で始まった英文は訳に注意のこと。以下ご検討あれ。

---

a) Most／Many／Some／A few／Few／No people believe in ghosts.
　「ほとんどの／多くの／何人かの／少数の／ほとんどいない／ゼロの人々は幽霊の存在を信じている」

b) Some scientists believe in ghosts.
　「何人かの科学者は幽霊の存在を信じている」

c) Some of the people whom I talked with about science believed in ghosts.
　「私が科学について語り合った人の何人かは幽霊の存在を信じていた」

---

　a) の Most と Many の和訳は問題ないが、Few と No の方は不自然極まりないことがお分かりだろう。もちろんこれは、Few であれば「幽霊の存在を信じている人はほとんどいない」となるし、No であれば「幽霊の存在を信じている人は皆無である」となろう。しかし、実は Few と No だけではなく、Some と A few も「何人かの」と「少数の」という訳では減点になってしまうのだ。というのも、「何人かの」や「少数の」という和訳では「数」を意識させてしまうからだ。some は「そういう人もいるのだ」ぐらいの感覚だし、a few も「少数だがいるにはいるのだよ」という感覚なので、数を意識させない訳でいくべき。Some people V であれば「V する人もいる」となるし、A few people V であれば「V する人が少ないながらいる」とやるとよい。従って、Some people believe in ghosts. なら「幽霊の存在を信じている人もいる」となるし、A few people believe in ghosts. なら「幽霊の存在を信じている人が少数ながらいる」となる。ということで b) は「幽霊の存在を信じている科学者もいる」で c) は「私が科学について語り合った人たちの中には幽霊の存在を信じている人がいた」が正しい和訳となる。

　従って問題文（Some children do seem to use）は「使う子供が実際いるようだ」となる。因みにこの do は強調の do で、「実際」とか「本当に」と訳す。

(e.g.)

a) I do need you.
　「君が本当に必要なんだ」

b) That child does know the truth though he pretends not to know it.

「知らないふりをしているけどあの子は実際は真相を知っているよ」

c) They <u>did</u> do that mean thing!
「奴らは<u>本当</u>にあんな卑怯なことをしたんだ！」

次は副詞用法の to～だが、不用意に「～ために」とやると、こなれた日本語に
聞こえない時があるので要注意。既習事項だが大切なので確認。

a) As usual, he went to the station <u>to see</u> her off.
「いつものように彼は<u>彼女を見送る</u>ために駅に行った」

b) He often goes to the library <u>to borrow</u> some books and <u>to read</u> aloud to his
small daughter.
「彼は<u>本を借りる</u>ためそして<u>幼い娘に読み聞かせする</u>ためによく図書館に行く」

c) He studies very hard <u>to pass</u> that difficult test.
「彼はあの<u>難関テストを突破する</u>ためにと大変熱心に勉強している」

どうだろ？　a) の to see her off を「見送るため」とやってよいものだろうか？
少なくとも、ここに目的の意味はあるだろうか？　普段（As usual）彼がやってい
ることなのだ。こういった場面で目的意識を持つものだろうか？　<u>目的というのは</u>
<u>重いもので、真剣なもののはずだ。なので、「見送り」のような何気ない行為や日</u>
<u>常的な振る舞いには不用意に目的の意味を出しすぎない方がいいのだ。</u>b) も同様
で、可愛い娘のためにパパは頑張っちゃったりするのだろうが、これも目的の意味
を出すと重く感じるので、左から右へ軽く流す訳が望ましい。すなわち、a)「いつ
ものように彼は駅に行き彼女を見送った」、b)「彼はよく図書館に行って本を借り、
幼い娘に読み聞かせをしてあげる」という感じだ。一方、c) の方は「試験突破」
は非日常的な事で真剣な事なので目的的に訳して構わない。不定詞というのは左の
部分と右の部分の橋渡しというのが本来の役割なので（だって to は→のイメージ
ですから）、V — to～とあったら「V して～する」と訳した方が自然になることが
多いのだ。目的の意味を出したい時、書き手は in order to～とか so as to～という
表現にするものなのだ。
　ということで、問題文の use their companions to help — も「自分の友達を使っ
て help する」となる。help に関しては本編の p.172 を参考のこと。
　さてここで引っ掛かってほしくないことは、but が結ぶものが Some children (S)
do seem (V) と they (S) seemed (V) だということは見抜けたと思うが、they が指
すのが some children ではないということだ。もし they が子供たちを指すという

ことになれば、「子供たち」が fun「楽しみ／遊び」ということになってしまう。「子供」という具体的存在が「楽しみ」や「遊び」という抽象的なものとイコールになるはずがない。またそう解釈してしまうと、but の次の for most がどういう役割を果しているのか不明になってしまう。この most は次に children が省略されたもので、for most children「ほとんどの子供たちにとっては」ということ。ならば、they が指すものは their companions というになる。ここは but によって some children と most children が対比的に述べられていたのだ！　そう、「空想の友達を使って日常問題を整理する子供もいるにはいるが、大半の子供にとっては、空想の友達というのは単なる遊びよー」と言ってたのだ。つまり「真剣に空想の友達を使う子」と「遊びで空想の友達を使う子供」の対比だ。以下確認。

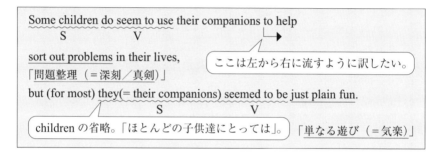

《全訳》
　空想の友達は天才の兆候でも狂気の兆候でもない。全体的に見ると、空想の友達を持っている子どもが他の子どもと比べて著しく賢いとか、創造力に富んでいるとか、内気であるとか、頭がおかしいとかいうことはない。　空想の友達は、悩みやトラウマによって生じたものではなく、異常行動の前兆でもない。生活の中で問題解決の助けとして空想の友達を使っている子供も実際にいるようだが、ほとんどの場合には全くの遊びのようだった。

【4】
解答
(1) 第[1]段落　D　　　　第[2]段落　B
(2) その時代の偉大な科学的精神を有した多くの者と交友があったため、彼は、科学的知識の追求こそが社会の人々全てにとっての幸福な繁栄への鍵だと信じた。
(3) 1

解説
(1) この第1段落は読みにくかったのではないだろうか。それは見慣れぬ名詞が連

続したためと考えられる。James Smithson、the Smithsonian Institution、mineral-ogist、the illegitimate son of Hugh Smithson、the first Duke of Northumberland、Elizabeth Hungerford Keate Macie、the Duchess of Northumberland である。もちろんこれらの名詞に馴染みがあればすっと読める文章だが、不慣れであればややこしいはずだ。しかし、ここでも and の用法をしっかり把握していればなんということはない。ただしもう一つ、以下のことをしっかり押さえておきたい。つまり、

名詞と名詞がカンマ（, ）でつながれていたら同格関係である。

ということだ。どういうことか説明しよう。以下の二文を比べてほしい。

---

a) John, my son is mischievous.
b) John and my son are mischievous.

いかがだろう。a) は動詞が S は単数であることを表す is になっているのに対して、b) は複数を表す are になっていることに着目して頂いたであろうか？　そう、a) は John と my son が同格関係（同一人物）であることを表し、b) は別人であることを表しているのだ。従って和訳は、a)「私の息子のジョンはいたずら好きだ」となり、b) は「ジョンと私の息子はいたずら好きだ」となる。では、以下はどうだろう。

---

c) John, Mary, my son, and my daughter are mischievous.
d) John, my son and Mary, my daughter are mischievous.

これはいかがであったろう？　c) は John と Mary と my son と my daughter を並べた英文で、d) は John と my son が同格関係、Mary と my daughter が同格関係となった英文だ。従って c) は「ジョンとメアリーとうちの息子と娘は（4人して）いたずら好きだ」となり、d) は「ジョンつまりうちの息子とメアリーつまりうちの娘は（2人して）いたずら好きだ」となる。問題文〈1〉の英文は a) のパターンで、〈2〉の英文が d) のパターンだ。以下の通り。

（〈1〉の英文）

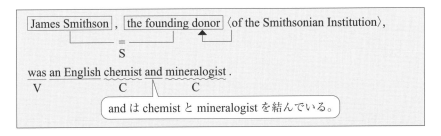

（〈2〉の英文）

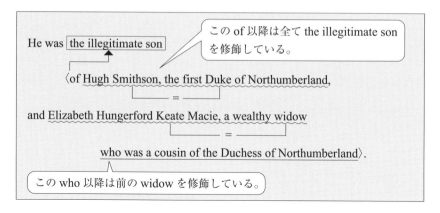

He was the illegitimate son

この of 以降は全て the illegitimate son を修飾している。

〈of Hugh Smithson, the first Duke of Northumberland,
=

and Elizabeth Hungerford Keate Macie, a wealthy widow
=

who was a cousin of the Duchess of Northumberland〉.

この who 以降は前の widow を修飾している。

　以上の人物関係を整理すると、ジェイムズ スミソンは、公爵と、その公爵夫人の従妹との間に生まれた非嫡出の子供なので、母親が密かにパリで生んだ様子が分かる。従って英文〈3〉にもある通り、「スミソンの生まれた日時は正確には誰も知らない」という D が答えになる。

A「ジェイムズ スミソンは後に名前をジェイムズ ルイス メイシーに変えた」
　（〈4〉の英文にある通り、ルイスメイシーではなくスミソンに変えたのである）
B「ジェイムズ スミソンの母は息子に父が誰かは教えなかった」
　（〈4〉の英文にある通り、父の素性を知らなければ父の名前に変名できなかったはず）
C「ジェイムズ スミソンはアメリカの鉱物学者であり化学者であった」
　（〈1〉にある通り、アメリカではなく英国である）
E「ジェイムズ スミソンの父の名前は依然知られてない」
　（〈2〉の英文にある通り、父の素性や名前が紹介されている）

　さて次だが、第2段落の内容は第1段落と比べると読みやすかったと思われる。解答ポイントは以下の通りだ。
A「フランス革命時、スミソンはマルセイユで暮らしていた」
　（〈7〉の英文にある通り、スミソンはマルセイユではなくパリにいた）
B「当時の一流の科学者たちの多くがスミソンの友人だった」
　（〈8〉の英文にある通り、これが答え）
C「スミソンは『世界市民』と呼ばれたクラブを結成した」
　（〈9〉の英文ではそんなことは言っていない）
D「スミソンは多くの科学者の友人がいたが、科学に不信感を抱いていた」
　（英文〈8〉〈9〉の内容と異なる。）

E「スミソンはロンドンに腰を落ち着け大家族を養った」
　（〈6〉の英文にある通り、スミソンは家族を持たなかった。それとヨーロッパ中
　を放浪していたようで、特にパリを中心に活動していた模様で、ロンドンに定住
　したとは記されていない）

(2) これは分詞構文であることに気付けたかどうかが最大のポイントだ。以下確認。

---

a) When I got back home, I felt tired.
　「帰宅すると疲れを感じた」

b) Though he wasn't spoken to by anyone in that party, he didn't feel lonely.
　「あのパーティーでは誰にも話しかけてもらわなかったが、彼は寂しくは感
　　じなかった」

c) As it was raining very hard, I didn't go out.
　「ひどい雨だったので僕は外出しなかった」

d) As he was a kind man at heart, he was loved by many people.
　「彼は根が優しい人なので、大勢から愛された」

これを分詞構文で言い換えてみると、

---

a) Getting back home, I felt tired.
b) Not being spoken to by anyone in that party, he didn't feel lonely.
c) It being raining very hard, I didn't go out.
d) Being a kind man at heart, he was loved by many people.

となる。よろしいかと思う。ところで、being／Being は省略可なので、c) と d) は
それぞれ、c) Not spoken to—、d）A kind man—と言えるのだった。ということ
で、問題文〈8〉(A) は As he was friends with many —が、分詞構文 Being friends
with many になって、その Being が省略された形だったわけだ。従って、前半は
「彼の時代の偉大な科学的精神を持つ多く（の者）と友人だったために」となる。
ところで、「…と友人になる」は make friends with…と複数名詞の friends になる
ように「…と友人である、…と友好関係にある」も S が単数であっても be friends
with…となることに注意のこと。

(e.g.)
a) Mike made friends with Jack.

「マイクはジャックと友人になった」

b) Mike was friends with Jack.
「マイクはジャックと友人だった」

さて次は主節に当たる he believed 以下だが、that の中の構造は大丈夫かと思う。the pursuit of science and knowledge が S で was が V、the key が C で、to 以下はその the key に係る。しかし実はここで問題になることがある。and で結ばれた 2 つの名詞句（science and knowledge と happiness and prosperity）の訳出だ。以下の英語をどう和訳するだろうか？

a) the bread and the butter
b) bread and butter
c) the cup and the saucer
d) cup and saucer

いかがだろう？　答えは、a)「そのパンとそのバター」、b)「バターが塗ってあるパン」、c)「そのカップとその受け皿」、d)「皿に乗ったカップ」となる。a) と c) はそれぞれに定冠詞 the が付いているのに対して、b) と d) には付いてない。実はこれだけで、それぞれを個別に扱うか一緒くたにするかの違いが出るのだ。つまり、a) では「パン」と「バター」を別個に扱い、b) ではそれを一緒くたにしているということ。c), d) も同様だ。この視点で、問題文の science and knowledge と happiness and prosperity を見てみると、the が付いていないことから両者を一緒くたにしていることが分かる。また、「科学と知識」と別個にして訳すと、「一体何の知識だろう？」という疑問が残るのではないだろうか。ということで「科学的知識」とやる。happiness and prosperity も「幸福と繁栄」ではなく「幸せな繁栄」とか「幸福を伴った繁栄」とすべき。prosperity は主に金銭的な繁栄を言う。いくら金銭的に豊かになっても幸福（心が豊か）になるとは限らないことを思い、この英文では、それに「幸福な」と限定することで、スミソンの思い描いた夢を明瞭にしたのである。ということで、後半部分の答えは「科学的知識の追求が、社会全体にとっての幸せな繁栄への鍵だと彼は信じた」となる。☞ 構文研究 p.202《A and B／A と B を一緒くたにする and について》

(3) 次の表現は大丈夫かと思う。つまり see O as C「O を C とみなす」だ。これは consider でも言い換えられるが、consider の場合は、as C 部分が to be C にもなる（この to be は省略可）。以下例文。

(e.g.)
a) They <u>see</u> $\boxed{\text{him}}$ as $\boxed{\text{a genius}}$.
b) They <u>consider</u> $\boxed{\text{him}}$ as $\boxed{\text{a genius}}$.
c) They <u>consider</u> $\boxed{\text{him}}$ to be $\boxed{\text{a genius}}$.
d) They <u>consider</u> $\boxed{\text{him}}$ $\boxed{\text{a genius}}$.

　どれも同じ意味で「彼らは彼を天才とみなしている」だ。これを受動態にすれば、それぞれ、

a) → $\boxed{\text{He}}$ <u>is seen as</u> $\boxed{\text{a genius}}$ (by them).
　（受動態では by 以下はよく省略される）
b) → $\boxed{\text{He}}$ <u>is considered as</u> $\boxed{\text{a genius}}$.
c) → $\boxed{\text{He}}$ <u>is considered to be</u> $\boxed{\text{him}}$.
d) → $\boxed{\text{He}}$ <u>is considered</u> $\boxed{\text{a genius}}$.

となる。よろしいだろうか。そしてここで大事なことは $\boxed{\text{彼}}$ ＝ $\boxed{\text{天才}}$ という関係である。これと同じ構文が〈9〉である。

He <u>saw</u> $\boxed{\text{scientists}}$ <u>as</u> $\boxed{\text{benefactors of all mankind}}$, and thought that ─
　「彼は科学者を全人類の恩人だとみなし、そして思った that ─と」

　ここで注意したいのがやはり scientists = benefactors of all mankind という関係だ。そう、科学者が恩人なのだ。で、彼（＝スミソン）はどう思ったか？
　$\boxed{\text{they}}$ should be considered ‘ $\boxed{\text{citizens of the world}}$.’
　「they は『世界市民』だとみなされるべきだと思った」のだ。ここでも $\boxed{\text{they}}$ と $\boxed{\text{citizens of the world}}$ がイコールであることに注意したい。さて設問はこの they とは何を指すかということだが、they は世界市民だと言っているのだから、答えはモノや事ではなく<u>市民</u>（＝<u>人間</u>）を表す科学者だということになろう。

《全訳》
　ジェームズ　スミソン、つまりスミソニアン協会の設立寄贈者は、イギリスの化学者で鉱物学者であった。彼は初代ノーサンバーランド公爵であるヒュース　ミソンと、ノーサンバーランド公爵夫人の<ruby>従妹<rt>いとこ</rt></ruby>で裕福な未亡人エリザベス　ハンガーフォード　キート　メイシーとの間の非<ruby>嫡出<rt>ちゃくしゅつ</rt></ruby>の息子だった。母親が妊娠を隠すためにパリへ行ってそこで秘密のうちに生まれたので、彼の正確な誕生日は不明のままである。若い頃彼の名はジェームズ　ルイス　メイシーであったが、両親の死後1801年に父親の姓のスミソンを引き継いだ。

スミソンは結婚しなかった。子どももなく、大きな動乱と政治的激変の最中に広くヨーロッパを旅しながら渡り歩く人生を送った。フランス革命時はパリにいて、その後ナポレオン戦争時代には投獄された。<u>すばらしい科学的頭脳を持った同年代の多くの人たちと交流のあった</u>＊彼は、<u>科学の知識の追求が社会全体の幸福な繁栄の鍵になると信じていた。</u>彼は科学者を全人類の恩人と考え、「世界人」と見なされるべきだと考えていた。

> ＊「ので」、「時に」、「だが」等どれも合わない場合は、分詞構文の訳出法の1つとして<u>主語に掛ける</u>というやり方があった。今回はそれを採用してもよいだろう。

【5】
(1)

解答

　第二次世界大戦でのドイツによるロンドン爆撃は、その目標が英国の戦争遂行能力を弱めることではなく、大衆を政府から引き裂き、政府に交渉を強要しかねない心理的、政治的雰囲気を醸し出すことであったという点で、テロ攻撃であった。

解説

　大きな枠組みとして in that 以下全部が The bombing — War II に係るということ。in that は SV—で「SV—という点で」という意味。問題はこの that 節内だ。是非 not A but B 構造を見抜きたいところだ。以下の通り。

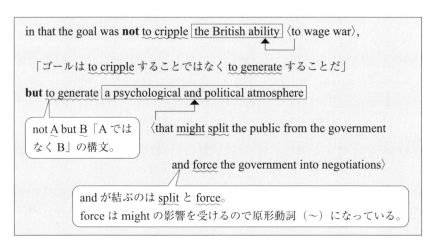

(2)

　20世紀において、共産主義、ナチズム、ファシズムは、戦場だけでなく、思想という領域でも、民主主義世界への強力な異議申し立てを呈し、民主主義よりも優れていると多数が信じていた社会はどう組織されるべきかの手本を提供した。

解説

　こちらは not only A but also B を見抜く問題だ。それと左側から右側へつないでいく分詞構文（and で書き換えられるもの）がポイントだ。以下の通り。

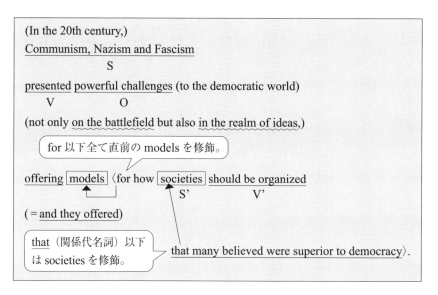

　以上のように SVO 構造をまずはつかみ、その部分を副詞句の to the democratic world と not only — ideas が修飾しているということ、そして offering は and they(=Communism, Nazism and Fascism) offered が分詞構文になったものであるということをつかめば答えは早い。もちろん not only A but also B はすぐに着目すべきだろう。ここでは波線と波線をつないでいる。

　なお本問は関係代名詞が使われているが、これについては後の講で詳述する。

(3)

解答

　クラスでのジムの成績に遺憾な点が多いとはいえ、彼は教師に槍玉にあげられるのが嫌だった。というのも、彼よりずっとひどい学生が他に数名いたからだった。

解説

　これはなんと言っても、後半にある for が前置詞ではなく<u>等位接続詞</u>であることに気付くのが最大のポイント。

(e.g.)
a) He will carry out the plan <u>for</u> his mother.
b) He will carry out the plan, <u>for</u> his mother stands by him.

---

　a) の for は直後に名詞 (his mother) が来ているので<u>前置詞</u>で「…のために」と訳すもの。従って「彼は母のためにその計画を実行に移すつもりだ」となる。b) の方は直後に SV (his mother stands) が来ているので<u>接続詞</u>で「なぜなら SV だからだ」と訳す。従って「彼はその計画を実行に移すつもりだ。なぜなら母が彼を応援しているからだ」となる。

【6】

解答

〈1〉発達、進化、多様化を遂げた生命が、（自分を取り巻く）環境との適応調和といった状態に達した。

〈4〉時間、つまり年単位ではなく千年単位の時間が与えられたので、生命は適応し、調和が達成されたのである。

〈5〉なぜなら、時間（こそ）が（生命には）不可欠の要素だからだ。しかし、現代世界には時間が無い。

解説

〈1〉構造は以下の通り。

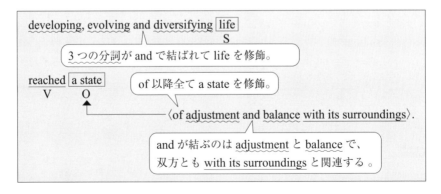

　最後の部分をくれぐれも「適応と環境との調和」とやらぬように！ and は等位接続詞なので、結ぶものは平等に扱うべき。修飾部分が片方だけに係り、もう片方

には係らないといった不平等なことにならぬようにすること。with its surroundings「環境への」は、adjustment「適応」と balance「調和」の双方にしっかり掛け、「環境への適応（と）調和」とやるように！

〈4〉まずは分詞構文であることに気付きたい。Given time は As life has been given time「生命は時間が与えられてきたので」ということだ。life が主節の主語 (life) なので、接続詞の As と共に省略され has been の has が having になるが、having been も省略可なので（be 動詞系はほんと、よく省略されます）、Given time という形になった。次は―（ダッシュ）の処理だがこの基本用法は言い換えなので、「つまり」とか「すなわち」とやる。☞ 本編 p.134　そしてここでも not A but B がお出ましだ。主節は life adjusts, and a balance has been reached. だ。and は S (life) V (adjusts) と S (a balance) V (has been reached) を結んでいる。

　ところで、given という表現だが、今回のように分詞構文的に解釈して文字通り「与えられて」と訳すパターン以外にもう一つ別の用法があるので注意してほしい。以下参照。

---

a) Given more time to practice, he will win the game.
b) Given her inexperience, she is not to blame.

---

a) は given を通常の分詞構文「与えられれば」と解して、If he is given more time to practice, he will win the game.「もう少し練習時間が与えられれば、彼は勝てるだろう」とやれるが、b) はそうはいかないのではないだろうか？ If she is given her inexperience, she is not to blame.「未経験を与えられれば、彼女には非が無い」ではおかしいはず。そう、この b) の given は「与えられれば」と訳すのではなく、「考慮すれば」と訳す。元々は分詞構文で、If we are given her inexperience,「もし我々が彼女の未経験（という条件）を与えられれば」が「彼女の未経験を考慮すれば」となったもの。分詞構文では being や having been 以外に if we も省略される傾向にある。従って b) は「彼女の経験不足を考慮すれば、彼女に非はない」となる。

〈5〉またもやお出まし、接続詞の for。今回は文頭に来ているパターンである。

(e.g.)
a) I dislike him, for he often tells lies.
b) I dislike him. For he often tells lies.
　「私は彼が嫌いだ。というのもよく嘘をつくからだ」

　どちらも同じ意味で書き方が異なっているだけ。接続詞の for はこの b) のように、文頭に置いて前文の理由を作ることもできることに注意。

後半部分にあるセミコロン (;) については本編の第 10 講を参照のこと。

《全訳》
〈1〉現在地球に生息する生命体を生み出すのに、数億年という年月を要した。発達し進化し多様化した生命体が、環境に適応し、調和のとれた状態にまで達していった測り知れない年月である。〈2〉自ら支える生命体を厳格に形作り方向づける環境は、支援的なだけではなく過酷な要素も含んでいた。〈3〉岩石の中には危険な発光をするものもあったし、またあらゆる生命体がエネルギーを得る太陽光線の中にさえ、有毒な力を持つ波長の短い発光が含まれていた。〈4〉時間、つまり数年単位ではなく千年単位の時間が与えられて生命は適応し、バランスが達成されてきたのだ。〈5〉というのも、時間が不可欠な要素だからである。なのに、現代には時間がないのである。

《ざっくばらん訳》
　地球上の生命体って、誕生するまでそりゃ長い長い年月が必要だったんだ。そのとんでもない永い時間の中で生命体は進化したり変化したりして、環境に適応していったのよ。生命にとっては有利な環境も不利な環境もあったわけで、危険な発光をする岩があったり、生命の源のはずの太陽光線でさえ、生命体にはヤバかったりすることがあるんだ。数年やそこらなんかじゃなくて何千年という単位の時間があって初めて、生命体というのは環境に無理なく適応できるようになるものなんだ。だって、永い時間こそが生命の健全な環境適応には必要なものなんだから。なのに、現代生活はいつも忙しくって、環境に適応する時間がないんだよな〜。

《**Coffee Break**》

　高校の現代文の教科書にも載ったことのある「ゾウの時間、ネズミの時間」という本、読んだことありますか？　そこには次のようなことが書いてあります。

　私たちは、ふつう、時計を使って時間を測る。あの、歯車と振子の組み合わさった機械が、コチコチと時を刻み出し、時は万物を平等に、非情に駆り立てていくと、私たちは考えている。
　ところがそうでもないらしい。ゾウにはゾウの時間、イヌにはイヌの時間、ネコにはネコの時間、そして、ネズミにはネズミの時間と、それぞれ体のサイズに応じて、違う時間の単位があることを、生物学は教えてくれる。生物におけるこのような時間を、物理的な時間と区別して、生理的時間と呼ぶ。
　寿命を心臓の鼓動回数で割ってみよう。そうすると、哺乳動物ではどの動物でも、一生の間に心臓は 20 億回打つという計算になる。
　寿命を呼吸する回数で割れば、一生の間に約 5 億回、息をスーハーと繰り

返すと計算できる。これも哺乳類ならほぼ同じ値となる。

　物理的時間で測れば、ゾウはネズミより、ずっと長生きである。ネズミは数年しか生きないが、ゾウは100年近い寿命を持つ。しかし、もし心臓の脈拍を時計として考えるならば、ゾウもネズミも全く同じ長さだけ生きて死ぬことになるだろう。小さい動物では体内で起こるよろずの現象のテンポが速いのだから、物理的な寿命が短いといったって、一生を生き切った感覚は、存外ゾウもネズミも変わらないのではないか。

　時間とは、最も基本的な概念である。自分の時計は何にでも当てはまると何気なく信じ込んできたが、そういう常識を覆すのがサイズの生物学である。動物のサイズがいかに動物に影響を与えるかを考える学問である。今話題にした時間の例でもわかるように、人間の考え方や行動なども、ヒトという生物のサイズを抜きにしては理解できないのである。ヒトがおのれのサイズを知る、これは人間にとって、最も基本的な教養であろう。

　ネズミもゾウも寿命で見たときの心臓の鼓動数はほぼ同じ。速さが異なるだけ。ネズミもヒトも速さは違うが、寿命で見た鼓動回数は同じ。ということは、各動物なりの生涯時間感覚があるということ。ネズミならネズミなりの時間、人間なら人間なりの時間を持っているらしいと言うのだ。人間は人間なりに一生の間にみんなほぼ同じ回数の心臓を鼓動させている。ならば、その鼓動回数を、例えば、朝の電車にいつも慌てて乗車したり、いつも試験や試合がある度にカチコチになってしまったり、ちょっとしたことでキレたり、なんだかいつもそわそわしてしまったりといった時の心臓の速さは？　決して、ドッキン・・ドッキン・・ドッキン（ゆったりですね）ではないはず。ドキンドキンドキン・ドキドキドッキン（うわっ！はや〜）という状態になっちゃう。ってことは、僕らは自分で自分の一生を縮めていることになるのでは？　だって、心臓の鼓動数はみんな一律なんですから。これって怖くありませんか？　僕ら人間には、僕らに見合った時間（速さ）があるのですから。

　速読速読って、いつも速けりゃいいわけではないはずです。コスパ（cost performance）ならぬタイパ（time performance）重視で動画・映画を2倍速で観る人がいるようですが……。

　時にはスローリーディングもいいものです。そう、人間ならではの自然な時間で読む読書もいいものですよ。うん、じっくり味わう読書（味読）です。

ps. 何年か前に進学校で有名なN高校に長年お勤めになった先生が、「一生役立つ学ぶ力」という本を出されました。そこには一冊の小説を3年間かけて読む授業が紹介されております。

第7講　接続詞2

●従位接続詞（while, as, in case, so that）（P.95）────

【1】

解答

(1) そこに立っている間に私は見知らぬ人がそのバーに入るのを見た。

(2) 家を出ようとしていた時、鍵（を忘れた事）を思い出した。

(3) 食べ物を浪費する人がいる一方で、十分に無い人もいる。

(4) 雨がひどくなる前に家に戻ろう／雨がひどくならないうちに家に帰ろう。

(5) 間もなく彼の妻が現れるだろう。

(6) 彼が駅に到着するとすぐ彼女が姿を現した。

(7) 一旦彼女を見たらきっと気に入るよ。

(8) 彼女は彼を離したくなかったので、その晩は彼を帰らせなかった。

(9) 彼女が彼を愛したように彼も彼女を愛した。

(10) 彼を益々好きになるにつれて、彼女は彼無しでは一日も過ごすことができなくなった。

(11) 彼女は彼を大いに愛していたのに、彼にさよならを言った。

(12) 彼女は単に彼が出世しそうだからと言って彼と結婚したわけではない。

(13) 彼女は彼と結婚しなかった。なぜなら彼が出世しそうだったからだ。
　　　／彼女は彼が出世しそうだったから結婚しなかった。

(14) この国で戦争が勃発したらどうしますか？

(15) 時間があれば会いに行きます。

(16) 身分証明書を見せなければこのビルへは入れません。

(17) 交通が渋滞していた場合は遅れるかもしれません。

(18) 何かあった場合に備えてこれを持っていきなさい。

(19) 彼は彼女の意図が分からないほど愚かだ／彼は愚かすぎて彼女の意図が分からない。

(20) (19) と同趣旨。

(21) 彼は彼女の意図が分からないほど愚かではない。

(22) 静かにしているならここにいてよろしい。

解説

(1) − (3) while は「時間的間」と「対比関係」を表す。時間的間の場合、進行形が後続することが多く、対比の場合は従属節と主節の間で正反対の状況が展開される。(1) では「立っている間」に「見た」だし、(2) でも「出ようとしている間」に「思い出した」ので、「時間的間」と解釈でき、(3) では、「食べ物を浪費する」（贅沢状況）と「食べ物が無い」（貧困状況）が展開されていることから「対比」と解釈する。

276

(4) − (6) before は文字通り「前」という意味だが、場合によっては「しないうちに」的に訳しても同じ趣旨になることが多い。

> (e.g.)
> He came before she came.
> 　「彼女が来る前に彼が来た（＝彼女が来ないうちに彼が来た）」

また、時を表す It を用いて、以下のような表現もできることに注意。

> a) It was (a) long (time) before he came.
> 　「彼が来るまで時間がかかった」
>
> b) It was not (a) long (time) before he came.
> 　「間もなく彼は来た」
>
> c) It will be (a) long (time) before he comes.
> 　「彼が来るまで時間がかかりそうだ」
>
> d) It will not be (a) long (time) before he comes.
> 　「間もなく彼は来るだろう」
>
> （＊以上全て a と time は省略可）

さらに、had hardly p.p. before／when—という形で「p.p. するとすぐ—だ」という表現にも注意のこと。この表現は以下のように、e) → f) のパターンで生成していった。

> e) He had reached his destination *before it began to rain.
> 　「彼は雨が降り始める前に目的地に到着した」
> 　（「雨が降る」よりも前に「到着していた」ということ）
>
> f) He had hardly reached his destination *before it began to rain.
> 　「彼が目的地に到着するとすぐ雨が降り始めた」
> 　（*before は when になることもある）
> 　（hardly が had reached「（既に）到着していたこと」を否定しているので、
> 　つまり「既にじゃないよ」と言っているので、「到着していた」時間と「雨
> 　が降り始めた」時間の差がほぼ無いことを表すに至った）

(7) 接続詞 once は「いったん―すると」という意味。

cf. I have once met her.

「かつて彼女に会ったことがある」

（副詞の once で have met を修飾している）

(8) ‐ (11) as は多様な訳を持つのでとらえどころがなさそうだが、as が持つ本義とそのパターンをつかめば何ということはない。as については本編の構文研究の《as について》を参考のこと ☞ 構文研究 p.195

(11) ‐ (13) まずは以下各英文の下線部に注意して和訳してみてほしい。

---

a) You should not look down on him <u>because</u> he is poor.

b) You should not look down on him <u>only because</u> he is poor.

c) You should not look down on him, <u>because</u> he is poor.

　いかがだろう、違いが分かっただろうか？　まずは a) だが、実は二通りの解釈が可能で、一つは「彼が貧乏だからといって彼を見下すべきじゃない」で、もう一つは「彼は貧乏なのだから見下すべきじゃない」というものだ。何故にそうなるか？　それは because 以下が係る範囲によるのだ。すなわち、前者であれば <u>because 以下が look down on him</u> だけに係ると考えて、「貧乏だから見下すということがあってはならない」という解釈になり、後者であれば <u>because 以下は should not look down on him</u> 全体に係ると考えて、「貧乏だから見下してはならない」という解釈になるというわけだ。

　つまり、前者は「嘘つきだとか怠惰だとか、そういった理由で見下す分には構わないが、お金が無いからといって見下すのはおかしいだろ！」という主張だし、後者であれば「彼を見下すのはやめろよ。だって、ただでさえお金なくて苦しい生活してるんだぞ。かわいそうじゃないか！」という主張になるわけだ。

　従って a) の意味の特定化は前後の文脈で判断するしかないわけだが、前者の解釈で行きたい場合、通常は b) のように because の前に only（他には merely や just）を置く。また後者の解釈で行きたい場合は c) のようにカンマ（,）を打てば誤解が無くなる。従って、b) は「単に彼が貧乏だからといって彼を見下すべきじゃないよ」となるし、c) であれば「彼は貧乏なのだから見下すべきじゃないよ」とか「彼を見下すべきじゃないよ。なぜって彼は貧乏なんだからさ」となる。

　ということで、問題文 (12) は just があるので because 以下は marry him にだけ係り「出世しそうだという理由で結婚」したのじゃないという解釈になり、(13) はカンマがあるので because 以下は前全体の理由になって「出世しそうだから結婚しなかった」という解釈になるわけだ。主張としては、(12) は「彼の人柄とか、雰囲気に惚れて結婚したんであって、決して出世しそうだという理由じゃない

よ！」となり、(13) は「将来出世しちゃいそうで、家庭を顧みなくなるのが嫌だなぁ……。そんな思いで彼とは結婚しなかったんだ」となる。なんと、前者は結婚したのに対して後者は結婚しなかったとなるわけで、事実さえも違ってくるのだから、書き方は怖いものだ。

(14) – (16), (22) 条件を表す接続詞は本編の p.88 にある通りで、suppose も provided も as long as も接続詞として働くのだ。

(17) – (18) in case も条件を表す接続詞だが、訳に少々留意を。「―の場合には」と訳した方がいいときと「―の場合に備えて／―するといけないから」と訳した方がいいときがあるということだ。以下確認。

---

a) Take this medicine in case you feel sick.
b) Take an umbrella with you in case it rains.

---

a) は「具合が悪くなった場合にはこの薬を飲みなさい」とも解釈できるし「具合が悪くなった場合に備えてこの薬を飲んでおきなさい」とも解釈できるが、b) は「雨が降った場合は傘を持って行きなさい」ではおかしいだろう。こちらはやはり「雨が降った場合に備えて／雨が降ったらいけないから傘を持って行きなさい」が適訳だろう。問題文 (17) は「―の場合は」だろうし (18) は「―の場合に備えて」だろう。

(19) – (20) such も so 同様 that 以下を受ける。a fool が名詞なので such（形容詞）になっているだけ、どちらも同趣旨。また that の前を He is so foolish a man や He is such a foolish man としても同じ趣旨になる。(21) は前半が否定の内容になっているので、本来の訳を採用するのだった。

【2】

(1)

解答

　我々は命を脅かすような状況に遭遇すると、我々の頭脳は周りの物事が大変遅く動くように思えるほど加速するのかもしれない。

解説

　When が導くのは situation まで。such は that 以下を受けている。a degree が名詞なので so（副詞）ではなく such（形容詞）を使っている。

(2)

解答

　親は、子供が競争社会で勝者になれるようにと、子供のために遺伝子技術を利用したくなるのだ。

解説

　for…「…のために」という意味の前置詞。so that は節内に助動詞（may）があるので目的を表す。

(3)

解答

　よい議論とは、よく書けた数学の論文に似ている。なぜなら、全くスキのない論理的証拠を含んでいるが、私たち人間が論理を少しずつ理解するだけでなく、その考えの中を手探りで進めるように、考えの概略が述べられた上手な説明も含んでいるからだ。

解説

　as 以降は前の内容の理由を示している。カンマでいったん区切っていることから、as 以降を読者に強調したがっている様子が見て取れる。従って、「__なので―」よりも「―だ。なぜなら__だからだ」とやる方がよい。以下 a) と b) は同じように訳してよいが、c) は as 以下を強調しているので、表示通りに訳したい。

(e.g.)

a) As he is kind at heart, he is loved by many people.
　「彼は根が優しいので多くの人に愛されている」

b) He is loved by many people as he is kind at heart.
　「同上」

c) He is loved by many people, as he is kind at heart.
　「彼は多くの人に愛されている。なぜなら根が優しいからだ」
　（as he is kind at heart が強調されている）

　次は but also「しかしまた」だが、これは前に only や just は無いが、also があるために前半の内容にプラス α 的に後半を述べていることになる。

(e.g.)

a) He loves her not only because she is beautiful in appearance, but also

---

because she is beautiful at heart.

b) He loves her because she is beautiful in appearance, but he also loves her because she is beautiful at heart.

> 双方、書き方は違うが「彼は彼女が見た目だけではなく心も美しいので愛しているのだ」という意味。

　so that（can があるので「目的」を表す）以下は the ideas are sketched out に係っている。A as well as B はここでは定石通り「B だけではなく A も」でよいだろう。しかし、この表現は昨今様相が違ってきていることにも注意を払ってほしい。本編 語法研究 p.177 を参考のこと。

(4)

解答

　人工知能が発達するにつれて、いつかコンピューターが自分で自分を管理するかもしれないということが実現可能に思えてくる。自分で学び、進化するようにプログラムされると、特定の反応を選び、理解する領域を広げていき、その結果、意図をもって行動する知能を持つようになる。特定の面においては、コンピューターはもう既に人間の頭脳をはるかにしのいでいる。

解説

〈1〉進退を表す語（develop）があるので、as は推移を表し「につれて」と訳す。it は名詞節の that 以下を受ける形式主語。
〈2〉Programmed は分詞構文。これを接続詞で表せば、If it(=artificial intelligence) is programmed となるところ。so that はくっ付いてはいるが、that 節内に助動詞が無いので結果的に訳す。that acts with intention は直前の an intelligence を修飾する。この that は関係代名詞。

【3】

解答

〈2〉いくつかの重大な点で、火星は地球に比較的似ている。そしてこのことが、火星を太陽系のいかなる他の惑星よりも、有人ミッションと潜在的な入植のためのよりよい目的地にしている。
〈4〉その惑星は我々の文化にしっかり埋め込まれてきた。その結果「火星人」は「宇宙人」と幾分同義になっている。もっとも、あなたがたの想像する宇宙人は様々かもしれないが。

解説

〈1〉It と it。2 つ it があるが、どちらも Mars「火星」を指す。a number of…は通常「多くの…」と訳すが、時には「いくつかの…」とやるべき時がある。文脈と常識で判断すべきだ。ここでは、地球と火星が似ている点がそんなに多いはずがないと、常識を使うべきだろう。問題は making だ。これは、前の内容を受けた分詞構文だ。書き換えれば and this makes となるところ。this は前の内容を指して「火星が地球といくつかの重大な点で似ているということ」を指す。それが分詞構文 making になったのだ。この分詞構文は頻出なのでしっかり押さえたい。

〈4〉The planet と itself。これも火星を指している。問題は so much so that だが、これはほぼ, so that と同じ意味だ。従って、前の内容を受け、「結果こうなった」という趣旨で使っている。so much は副詞なので so that 以下を飾っているイメージだ。ところで、後半の though 以下だが、直前のカンマ (,) を見落とさぬように。カンマが無ければ、以下のように訳す。

> S+V though S'+V' 「S'+V' だが S+V」

しかし、カンマ (,) があった時は、

> S+V, though S'+V' 「S+V だ。もっとも、S'+V' ではあるが」

とやる。というのも、カンマでいったん区切って筆者は読者に念を押すために一呼吸を置いているからである。以下各英文の相違をご検討有れ。

(e.g.)

a) Though he wanted to *(tell it to somebody), he didn't tell the truth to anybody.
　「彼は誰かに真相を話したかったが、誰にも話さなかった」

b) He didn't tell the truth to anybody though he wanted to *(tell it to somebody).
　「同上」

c) He didn't tell the truth to anybody, though he wanted to *(tell it to somebody).
　「彼は誰にも真相を話さなかった。もっとも、誰かに話したかったのではあるが」
　(この c) は he wanted to を強調している)

《全訳》

〈1〉火星は我々に近いので、特に優れたミッションの目標地点である。〈2〉これはいくつかの重要な点で地球と比較的似ていて、太陽系の他のどの惑星よりも有人ミッションと潜在的な入植に適した目的地となっている。〈3〉我々は何世紀にもわたり火星を愛してきた。〈4〉この惑星は我々の文化にしっかりと埋め込まれているので、「火星人」は「エイリアン」と多少なりとも同じ意味となっている。とはいえ、あなたが想像するエイリアンは多種多様であるかもしれないが。

●名詞節を作る接続詞（that, whether, why, how）（P.98）

【1】

解答

(1) 彼が突然仕事を辞めたのは私にとっては大変ショックだった。

(2) 車通りの激しい路面向きであることを除けば私はこの家が大変気に入った。

(3) 彼がこのエッセイを書いたという事実は明白だ。

(4) ほとんどの日本人が勃興するアフリカの国家主義に、あまり関心を払わない理由は彼らが実際は現代のアフリカを知らないということだ。

(5) 彼が言っていることからすると彼には自分がプロであることの自覚が無いということになる。

(6) 彼は女性と会ってもまだ自分のことを愛してくれているかと妻に訊 (き) いた。

(7) シェイクスピアが存在していたかどうかはいまだ謎である。

(8) 彼女があいつとデートしてるかどうかなんて自分にはどうでもよい。

(9) 新しい首相が何をしたいのかは今のところ不明だ。

(10) 非言語的コミュニケーションの1つに空間の使い方がある。

(11) 立派な医者になるには何が必要か教えてください。

(12) 人ごみの都会において真の思いやりとはどんなことか認識するのは難しい

(13) 私は黒人であることが何を意味するか知らなかったが、だんだんとそれが大変なことなのだとわかり始めた。

解説

(1) S を形成する接続詞 that である。形式主語で表せば It was a great shock to me that he quit his job all of a sudden. となるが、情報構造上、使う場面が異なることに注意。☞本編 p.139

(2) so much は liked を修飾している副詞句。so ─ that --- 構文ではない。引っ掛からないように。というのも that は except（前置詞）の目的語（名詞節）になって

いるから。通常は接続詞の that は前置詞の目的語にはならないのだが、この except と in の時だけは that 節が後続できる。以下確認。

---

a) I am sure of that he will win the game.（×）
「私は彼が試合に勝つことを確信している」
⇒ of を外して I am sure that he will win the game. にする。

b) I convinced her of that he was ignorant.（×）
「僕は彼女に彼の無実を納得させた」
⇒ of を外して I convinced her that he was ignorant. にするか、I convinced her of his ignorance. にする（of の次に名詞（句）ならもちろん OK）。

c) Please see to that the baby doesn't get out of this room.（×）
「赤ちゃんがこの部屋から出ないよう見張っていてちょうだい」
（☆ see to…で「…を見張る、…に配慮する」）
⇒ to を外して Please see that the baby doesn't get out of this room. にするか、形式目的語の |it| を添えて Please see to |it| that the baby doesn't get out of this room. にする（この it は that 以下を指す形式目的語。前置詞と that を連続させないための一種の緩衝材的役割を果している）。

d) You can depend on that she will attend the party.（×）
「彼女がパーティーに参加することを当てにしてもいいよ」
⇒ これも形式目的語の |it| を添えて You can depend on |it| that she will attend the party. としなければならない。

　以上のように前置詞と接続詞 that は相性が悪いのだが、except と in だけは隣り合える。
☆ except that S'+V'「S'V' ということ以外は」
☆ in that S'+V'「S'V' という点で、S'V' ということなので」

(e.g.)
a) I liked that ring except that it cost too much.
「値が張るということを除けばその指輪は気に入った」

b) He is fortunate in that he has some friends to help him in time of trouble.
「困ったときに助けてくれる友人がいるという点で彼は幸運だ」

---

(3) 同格の that である。

(4) most Japanese — nationalism は The reason に係っている（reason と most Japanese 間には関係副詞の why が省略されている）。that 以下は C を形成している。以下の形で覚えるとよい。

☆ The reason (why) S'+V' is that S+V「S'+V' の理由は S+V ということだ」
時に that が because で表されることもあるので要注意。

(5) It は形式主語で 1 つめの that 以下を受けている。2 つめの that は awareness の内容を説明する同格の接続詞。
☆ It follows from … that S'+V'「…から S'+V' ということになる」（直訳は「…から S'+V' ということが続く」）

(6) whether 以下全部が asked の目的語になっている。even though「たとえ—だとしても」以下は still loved him に係っている。

(7) Whether Shakespeare existed が S。

(8) It は whether 以下を受ける形式主語。

(9) It は what 以下を受ける形式主語。remains to be seen の直訳は「（これから見られるべくして（現在は）残っている）。ということは「今のところは不明である」ということ。

(10) how 以下が C になっている。

(11) what 以下が O になっている。この take は「（時間や労力を）要する」という意味。以下参照。

(e.g.)
a) He took a lot of time and energy to solve the problem.
b) It took him a lot of time and energy to solve the problem.
c) It took a lot of time and energy for him to solve the problem.

　以上は全て「彼はその問題解決に多くに時間とエネルギーを要した」という意味。この b), c) を基盤にして以下の英文が出来上がる。

---

e) What did it take (for) him to solve the problem?
　「彼はその問題を解決するのに何が必要だったのか？」

---

f) Please tell me what it took (for) him to solve the problem.
「彼がその問題を解決するのに何が必要だったか教えてください」

(12) It が to 以下を受ける形式主語なのは大丈夫だと思う。ここでのポイントは what — like の構造だろう。以下参照。問題文は d) のパターンである。

(e.g.)
a) What does she like?
「彼女は何が好きか？」
（like は「好きだ」という動詞）

b) What is she like?
「彼女はどんな感じの娘（こ）ですか？」
（like は「…のような」という前置詞）

c) I don't know what she is like.
「彼女がどんな感じの娘か僕は知らない」

d) I don't know what loneliness is like.
「孤独とはどんな感じなのか僕は知らない」

(13) what — meant が know の O になり、being black（動名詞）がその節内の S になっている。that は同格。it は being black のこと。

【2】

解答

　平和を非現実的でありえないことと考えることは、戦争は避けられないものだということ、すなわち人類は滅びる運命にあるということ、我々は制御不能な力にとらわれているという結論につながる。

解説

〈2〉〈3〉の文の it は双方 peace を指す。〈4〉の that は〈2〉と〈3〉の内容を受けたと認識すれば、問題文〈5〉の It の内容が明確になる。3 つの that はどれも同格の接続詞。the conclusion の内容を説明するもの。ダッシュ（—）は基本的には言い換えの役割を持つので「すなわち」とか「つまり」とやる。

《全訳》
〈1〉平和に対する私たちの姿勢を検証しようではありませんか。〈2〉あまりに多くの人たちが、平和など不可能だと思っています。〈3〉あまりにも多くの人たちが、それは非現実的だと思うのです。〈4〉しかし、それは危険で、敗北主義者の考えです。〈5〉それでは、戦争は不可避だ、人類は滅びる運命にある、つまり、私たちは、自分たちでは制御できない力にとらわれているという結論に至ってしまいます。

> アメリカ 35 代大統領に選出されたジョン・F・ケネディ（John F. Kennedy）の就任演説（Inaugural Address）の一部である。

【3】

解答

　喘息のため、若き日のルーズベルトは体が弱かったが、そのことが間接的に彼の精神の発達を促すこととなった。「当初は最も激しい活動は参加できないというまさにその現実があったので、彼は常に並外れた集中力で、読書をしたり、ものを書いたりしていた」と妹のコリーヌは述べた。

解説

〈1〉While 節内が「肉体を弱めた」とマイナスの内容になっているのに対して、主節は「精神的発達を促した」とプラスの内容になっているので、対比を表す While であることが判明する。

〈2〉" " は引用符（quotation mark）で、誰かの発言であることを示している。例えば、" ― " Mike said to his friends. " ― " となっていたら、どちらの発言も Mike であることに注意。ここではどちらも妹の Corinne の発言になる。

【4】

解答

　文化には力がある。だから、ある人が外国の環境で遭遇する人間の行動、身振り、言葉づかいが、幅広く解釈されやすいということは、何ら驚くべきことではない。

解説

以下のような構造になっている。

So **it** should come as no surprise
(it は下の that 以下全部を受ける形式主語)
[that the human actions, gestures, and speech patterns
　　　　　　　　　　　S
⟨(that) a person encounters (in a foreign setting)⟩
(関係代名詞 that が省略されていて、⟨　⟩部分が前の部分を修飾している)
are subject to a wide range of interpretations].
V「…を受ける」　　「広い解釈」

it should come as no surprise that — は直訳すると「— はゼロの驚きとしてやってくるはずだ」となり、意訳すると「— は驚くに値しない」となる。時折出る言いまわしなので覚えておいてほしい。

(e.g.)
He was always reluctant to work hard. So it comes as no surprise that he was fired.
「彼は熱心に働きたがらなかった。だから、解雇されても驚くに値しない」

【5】
解答
私がみんなほど賢くないとか、話し方や見た目が違うとみんなが思うかもしれないと心配した。

解説
最大のポイントは or that の that 以下は、worried の O ではなく think の O であるということだ。つまり以下のような構造になっているということ。

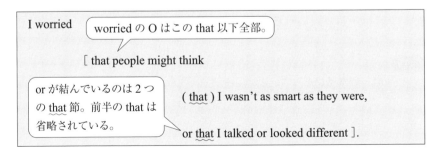

I worried
worried の O はこの that 以下全部。
[that people might think
or が結んでいるのは2つ
の that 節。前半の that は
省略されている。
(that) I wasn't as smart as they were,
or that I talked or looked different].

もし worried の目的語が that people might think — they were と that I talked — different だとしたなら、おかしいことが 2 つ出てくる。おわかりだろうか？

1 つめは、目的語を作る that 節の問題。以下参照。

---

a) His mother says that he is diligent and he will succeed in life.

b) His mother says that he is diligent and that he will succeed in life.

c) His mother says he is diligent and that he will succeed in life.

---

a) は「彼の母が彼を勤勉だと言っている *<u>ので</u>彼は出世するだろう」で、b) は「彼の母は彼が勤勉 *<u>なので</u>出世するだろうと言っている」で、c) も b) と同じ意味になる。

> *and は因果関係を結ぶ時は、「ので」とか「従って」と訳す。

なぜそういうことになるか？　それはまずは and が結んでいる部分に着目することだ。and は同形同類を結ぶという原則があった。その際右側に着目するのだった（覚えてますか？）。

とすると、a) の右側は he will (SV) になっているので、これと同じ形の His mother says (SV) と結んでいるのだと分かる。だから「彼の母が that 以下だ言っている and（だから）彼は出世するだろう」ということで、後半の「<u>彼は出世するだろう</u>」というのは<u>話者（この文を書いている人）の意見</u>ということになるのだ。

一方 b) の方も同じ要領で右側を見ると <u>that 節になっている</u>ことが分かる。なので、<u>当然左側の that 節と結ぶ</u>ことになる。すると「<u>彼の母は that 以下 and that 以下と言っている</u>」というふうに後半の「<u>彼は出世するだろう」というのも母の発言（意見）</u>ということになるはず。しかし、とにかく同語反復を嫌う英語は、that を 2 回登場させたくないので、前者の that を外してしまうわけだ（後者の that を外してしまうと a) と変わらなくなるため）。つまり以下のようなこと。

---

a) His mother says [that he is diligent] and he will succeed in life .
　　　 S 　　 V 　　 O 　　　　　　　　 S 　　　 V

　（and が結んでいるのは His mother says と he will succeed in life）

b) His mother says [that he is diligent] and [that he will succeed in life].
　　　　　　　　　　　　 O 　　　　　　　　　　 O

　（and が結んでいるのは that he is diligent と that he will succeed in life）

c) His mother says [he is diligent] and [that he will succeed in life].
　　　　　　　　　　　 O 　　　　　　　　 O

　（and が結んでいるのは he is diligent と that he will succeed in life）

同じ等位接続詞である or も and と同じ扱いなので、もし or that の that が worried that の that と結ばれているなら、前者の that は省略するはずだ。なので、〈3〉の or that は worried 直後の that と結ばれているのではないということになる。以下の通り。

I worried that people might think I wasn't as smart as they were,

　　　　or ⟵ ⟨ or は上の that と下の that を結んでいるのではない！ ⟩

that I talked or looked different.

そう、think (that) ─と that I ─が結ばれていたのだ！　以下の通り。

I worried that people might think

(that) I wasn't as smart as they were,

　　　or ⟵ ⟨ or はこちらの（that）と下の that を結んでいたのだ！ ⟩

that I talked or looked different.

なぜそういうことになるかの 2 つめの理由は、worry が導く that 節内の動詞の形の問題だ。まずは以下の二文の正誤を検討していただきたい。

a) I am worrying that she is in trouble. (?)
b) They worried that she didn't come. (?)

　いかがだろう？　これを訳してみれば a)「彼女が困っていることを心配している」b)「彼女が来なかったことを彼らは心配した」となるのだろうが……。何か不自然ではないか？　それもそのはず、「心配」という感情は、どうなるか分からない状況下で発生するものなのに、上の表記では「彼女が困っている」のも事実、「彼女が来なかった」のも事実となってしまっている。これでは心配のしようがない。従って a) I am worrying that she may be in trouble.「（もしかしたら）彼女は困っているのかもしれないと僕は心配している」や b) They worried that she wouldn't come.「彼女が来ないのではと彼らは心配した」のように助動詞の may なり wouldn't なりを使って表記すべきなのだ（助動詞を使うことで結果が不明瞭になるから）。ということで、or 直後の that その節内に助動詞が無いために worried の目的語にはなれないということになる。

　さあ、最大のポイントは済んだ。あとは、劣等比較の not as─as を訳せることと、different が補語であって修飾語ではないことを認識すれば OK.

劣等比較の詳細については本編の比較級の講を参考にしてもらうとして、ここではざっとポイントだけつかんでおく。以下参照。

---

a) Tom is as clever as Jack (is).
　「トムはジャック同様利口だ」

b) Tom isn't as clever as Jack (is).
　「トムはジャック程利口ではない」

といったように同等比較が否定文になると劣等比較になることに注意のこと。

　次は different だが、これはあくまで形容詞なので補語になっているわけで、これを修飾語としては訳さないということだ。つまり「私は人とは違った話をしたり違った見方をする」と訳してはならないということ。以下参照。

---

a) He looked at her differently from others.
　「彼は他の人とは違った目で彼女を見た」

b) He looked different from others.
　「彼は他の人たちとは見た目が違った」

---

a) の differently は副詞なので looked at（動詞）を修飾しているのに対して、b) の different は形容詞なので looked の補語になっているということだ。

---

a)　He looked at her (differently from others).
　　　　┗━━━━━━━┛

b)　He looked different from others.
　　┗━━ = ━━┛

ということである。

　以上を念頭に、正確な訳を期したい。

《全訳》
　ダウン症とは何かと人々が私に尋ねるとき、余分な染色体であると私は彼らに言う。その余分な染色体のせいで知的障害が生じ、そのために私が物事を学習するのがより困難になると医師なら説明するだろう。

　私がダウン症児であることを母が初めて私に説明したとき、人々が私のことを自分たちほど賢くない、あるいは、私の話し方や外見が異なっていると思うかもしれないと私は心配した。

修得演習の解答と解説　**291**

【6】

解答

　私の目標は人文科学や社会科学を専門とする英語を母語とする研究者を含む英語話者に、英語は世界的に重要な言語ではあるが、中立な道具ではないということ、従って、もしこのことが理解できなければ、英語は場合によって知的な牢獄ともなりうるということを理解してもらうことなのである。

《ざっくばらん訳》

　僕は、英語圏の人文系学者さんらに、こう伝えたいんだ。「そりゃあ、英語は世界言語になってるかもしんないけど、英語的発想でしか研究しなかったら、知的な飛躍はないよ〜」ってね。

解説

　大きな枠組みは My goal is to〜「私の目標は〜することだ」である。次にとらえるべきは convince O that S'+V' という固まりだ。これは convince O of…「Oに…を納得させる」という型もあるので、そちらの方だと勘違いしないこと。convince speakers of English「話し手に英語を納得させる」とやると意味不明なはず。ここは convince speakers of English including …, that ─ and that ─「…を含む 英語話者 に that ─ and that ─を納得させる」とやる。1つめの that 以下は、while（従位接続詞）が significance まで支配して主節との対比関係を作っている。2つめの that 以下は、if（従位接続詞）が recognized まで支配して主節につなげている。ところで2つの that 節をつなぐand は因果を示すので「なので」とか「従って」と訳したい。以下、to convince 以下をまとめた。

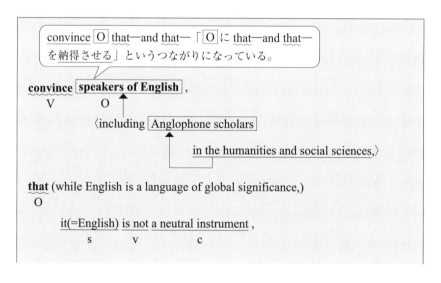

```
and ─────⟨ and は 2 つの that 節を結んでいる。⟩

that (if this is not recognized,)
 O

        English  can at times become  a conceptual prison
          S            V                    C
```

第 8 講　関係詞

●関係詞：who, which, that, what, where（P.109）

【1】

解答

(1) アパートの隣に住んでいる人が私の宿題をみてくれることが多い。

(2) あの方は私が誠実だと思っている人です。

(3) 彼は多くの日本人が最もノーベル賞に近いと思っている作家です。

(4) 彼はもはや以前のような怠惰な少年ではない。

(5) 彼女はよくわからない女性だ。

(6) 一緒にアパートで共同生活をしている人に君を紹介したいと思う。

(7) 君が借りている本の持ち主は僕の友人だよ。

(8) 屋根の青いあの家はうちです。

(9) この前電話で話した女性の名前、私知らないのよ。

(10) 我が企業への貢献度に基づいてボーナスの額は決まる。

(11) 僕が君を助けなきゃいけない理由教えてくれる？

(12) ニューヨークは相変わらず何千という働く女性が自活している都市だ。

(13) 夏は学生が最も旅行したがる季節だ。

(14) 「私、夏休みはずっと、オーストラリアで過ごしていたんだ」
　　「そうだったのね。そういうわけで、あなたをしばらく見かけなかったのね」

(15) その作家はロンドン生まれだと言われていて、よくその作家の題材になって
　　いる。

(16) 彼は何度もその小説を読んだと言っていたが、それは嘘だった。

(17) 彼女の心配事項はその調査結果だった。

(18) その学生はその教授の講義の一言も理解できなかった。

(19) 君が正しいと思うことをしなさい。

(20) 東京は私が生まれた頃とは違う。

解説

(1) 基本的には、関係詞節の領域は以下 A、B の 2 パターンがある。

A. --------------- 先行詞 <--->.
（先行詞が文頭ではなく文の途中に登場した場合、関係詞節は最後まで支配する）

B. 先行詞 <-------------------------------> V ----------------------------.
（先行詞が文頭に登場した場合、関係詞節は最後の動詞（V）の手前までの支配
となる）

　問題文は文頭に先行詞があるので、関係詞節は最後の動詞（helps）の手前（not）
までの支配となる。

(2) think と is が隣り合って（連鎖して）いるため、文法の参考書などでは連鎖関
係詞という名で通っているが、何のことはない、本編で述べた通りの構造になって
いることに何ら変わりはないのである。以下参照。

---

a) I think the man (to be) honest . (to be は省略可)
　 S　V　 O　　　　 C
　「私は その人を 誠実だと思います」
　→ That is the man whom I think (to be) honest.
　「あちらは私が誠実だと思っている方です」
　(a の文で the man が O として働いているために関係詞は whom となる)

b) I think [(that) the man is honest]. (that（接続詞）は省略可)
　 S　V　　　　 O　　　 s　v　 c
　(a と同趣旨で「私は その人が 誠実だと思います」となる)
　→ That is the man who I think is honest.
　(これまた趣旨は変わらずで「あちらは私が誠実だと思っている方です」とな
　るが、 the man が that 節内で S として働いているので関係詞は who となる)

---

(3) これも (2) と同様。

cf. Many Japanese people believe (that) the author (= he) is most likely to
receive the Nobel Prize.

(4) that は who や whom、はたまた which の代わりができる大変重宝な存在だが、
さらに that にしかできない技があるのだ。それはこの問題文のように先行詞が主
格補語として働く場合はこの that しか使えないのである。以下参照。

a) He is not the man who came to see me the other day.

「彼は先日私に会いに来た人とは違います」（＝私に会いに来た人は別の人だ）

b) He is not the man whom I went to see the other day.

「彼は先日私が会いに行った人とは違います」（＝私が会いに行ったのは別の人だ）

c) He is not the man whose fame is growing up.

「彼は名声が高まっている人とは違います」（＝名声が高まっているのは別の人だ）

d) He is not the man that he was 5 years ago.

「彼は5年前とは違います」（＝5年前と比べると彼は人が変わってしまった）

---

a) ← The man (= He) came to see me the other day.

b) ← I went to see the man (= him) the other day.

c) ← The man's (= His) name is growing up.

d) ← He was the man (= he) 5 years ago.

「彼は5年前 そういった男性 だった」

お気づきだろうか？　d) では先行詞の the man が関係詞節内で主格（he）に変化はするが、文の要素としては補語（C）として働いていることに。そう、こうした働きを**主格補語**と言い、この場合は that しか使えないのである。

cf. He used to be the lazy boy (= he).

「彼はかつて 怠惰な少年 だった」

(5) cf. It is difficult to get to know a girl (= her) well.

「その女性をしっかり理解するのは難しい」（It は to 以下を受ける形式主語）

(6) cf. I share a flat with the man (= with him).

「私はその人とアパートの部屋を共有しています」

(7) cf. You borrowed the man's (= his) book.

「君はその人の本を借りていた」

(8) cf. The roof of the house (= of it) is blue.

「その家の屋根は青い」

(9) cf. I spoke to the woman (= to her) on the phone.

「私は電話でその女性と話をした」

(10) cf. You contribute to our business to the extent (= to it).
「君は我々の企業にその程度にまで貢献してくれている」

(11) cf. I should help you reasonably .
「理由があって私は君を助ける」
（先行詞 the reason は関係詞節内で reasonably（副詞）として働いている）

(12) a city と thousands の間に which が省略されていることに気付きたい。
cf. Thousands of working women live in a city (= it) on their own.
「何千という働く女性がある都市で自活している」

(13) cf. Students want to travel most then .
「学生たちはその時に最も旅行したがる」
（先行詞 the season は関係詞節内で then（副詞）として働いている）

(14) why と where は中に先行詞を含むことができることに注意のこと。

---

a) That is the reason why I didn't tell the truth to you.
「それがあなたに真相を告げなかった理由です」
= That is why I didn't tell the truth to you.

b) This is the place where he often had a date with her.
「ここが彼と彼女の頻繁に使ったデート現場だ」
= This is where he often had a date with her.

---

a) は This／That is why SV で「こう／そういうわけで SV だ」という感じになるということ。

(15) 関係詞は直前にカンマ（,）が打たれることがあるが、これは以下のような事情があるからだ。

---

a) He has two sons who live in L.A.
b) He has two sons, who live in L.A.

---

a) は「彼にはロサンゼルスで暮らす息子が二人います」となり、b) は「彼には息子が二人いて、二人ともロサンゼルスで暮らしています」となる。意味も当然変わる。

a) は who 以降が two sons を限定しているため、他に息子、例えば一緒に日本で暮らしている息子が他にいるかもしれないことを示唆しているのに対して、b) は「息子は二人」と言い切っているのだから他に息子はいないということになるのだ。以下他の例。

---

c) I love dogs which are obedient.

d) I love dogs, which are obedient.

---

c) は「私は言うことをきく犬が好きだ」で、d) は「私は犬が好きだ。というのも言うことをきいてくれるからだ」となる。前者は限定付きで好きだ、つまり「言うことをきいてくれる犬が好きなのであって、言うことをきいていなかったり吠えすぎたりしている犬なら嫌いよ」と言っているのに対して、後者は「犬は全て好きだ」そして「犬は言うことをきいてくれる動物だ」と思っているわけである。とすると、以下の表現はおかしいことになるのだ。

---

e) I love my mother who loves me.

f) I love my mother who often ignores me.

g) I love my mother who has a tender heart.

　お分かりだろうか？　上記の英文 3 つは、カンマが無いため関係詞節が先行詞の my mother を限定してしまうことになる。するとどういうことになるか？　そう他にも母がいることになるのである。少なくとも産んでくれた母親は世界に一人のはず。このままでは、例えば e) なら「私を愛してくれる母が私は好きだ」というのは「色々な母親がいるけどその中で私を愛してくれている母親が私は好きなのよね〜」ってなことになってしまうのだ。従って、ここではカンマを入れて、I love my mother, who loves me.「私は母を愛しているし、母も私を愛してくれている」とやらねばならないのである。以下同様に、I love my mother, who often ignores me.「私は母を愛しているが、母は私を無視することが多い」、I love my mother, who has a tender heart.「私は母を愛している。というのも優しい気持ちを持っているからだ」としなければならない。またつなぐときは大体、and, but, because の感じでつないでいくとよい。なので、a) であれば I love my mother, and she loves me.、b) であれば I love my mother, but she often ignores me.、c) であれば I love my mother, because she has a tender heart. といった要領。まとめると

> 唯一無二のものや固有名詞が先行詞の時は、
> 関係詞の前にカンマ（,）を付けなければならない。

ということになる。このようにカンマが打たれた関係詞を継続用法乃至は非制限用法と言う。逆にカンマの無い用法は限定用法乃至は制限用法と言う。

そして、この継続用法は他に<u>前の内容を先行詞とする</u>用法もあることに注意。

(e.g.)
a) He said something to me, which made me feel uncomfortable.
　「彼は私に向かってあることを言ったが、それは私を不快にさせた」
　（something が先行詞）

b) He said that he had been to Europe, which was a lie.
　「彼はヨーロッパに行ったことがあると言っていたがそれは嘘だった」
　（that he had been to Europe が先行詞）

c) He said nothing which made her angry.
　「彼は彼女を怒らせるようなことは何も言わなかった」
　（nothing が先行詞）

d) He said nothing, which made her angry.
　「彼は何も言わなかった。そしたらそのことが彼女を怒らせてしまった」
　（He said nothing が先行詞）

　さて、長居したが、この問題文は先行詞が London という固有名詞であるために
カンマが付いたということだ。そしていくら場所を表すものが先行詞だったとして
も、関係詞節内で deals with の目的語として働いているために which を使用して
いるのだ。
　cf. He often deals with London (= it) in his novels.
　「彼はよく自分の小説の中でロンドンを扱う」

(16) 前の内容を先行詞にする継続用法である。

(17) - (20) what の確認は ☞ 構文研究 p.188

【2】
解答
　ほとんどの動物は、自分の体の周囲に、自分の個人的空間であると主張する一定
の縄張り空間を持っている。そうした空間がどれほどの広がりを持つかは、動物が
生育した状況がどれほど密集していたか（個体群密度がどれほどであったか）に
よって、大きく左右される。アフリカの辺境で育ったライオンは、その地域におけ
るライオンの個体群密度次第で、半径 50 キロもしくはそれ以上の距離に及ぶ縄張
りの空間を持つことがある。そして、ライオンは、排尿行動や排泄行動によって、

縄張りの境界を示す（マーキング）。他方、他のライオンと共に捕らわれの身で育てられた（飼育された）ライオンの個人的空間は、ほんの数メートルしかない。これは、個体群密度の高い状況がもたらした直接的結果である。

解説

〈1〉that は関係代名詞（目的格）。なんとなれば、that 節内に目的語が欠けているから（claim の O が無い）。先行詞は a certain air space。their bodies ではないことに御注意。 もし their bodies が先行詞なら以下のような関係性になってしまう。

> They claim their bodies as their personal space.
> 「彼らは自分の体を個人空間と主張する」
> （「自分の体」＝「個人空間」という図式になって不自然）

ここは、

> They claim a certain air as their space.
> 「彼らは特定の空気を個人空間と主張する」
> （「特定の空気」＝「個人空間」なら自然）

とやるべき。around their bodies は have に係る副詞句。

〈2〉以下のような構造になっている。

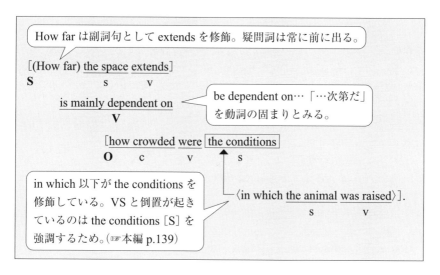

疑問詞節 How—extends が S になっており、is mainly dependent on が V で、

how 以降全部が O という構造。

〈3〉以下のような構造になっている。

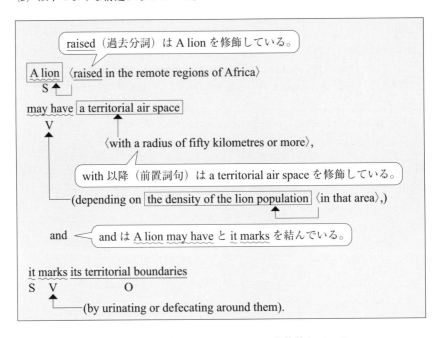

depending 以下は may have を、by 以下は marks を修飾している。

〈4〉On the other hand「他方」と言っているのだから、前の状況と対比的状況が表されることになるので、前の状況が「広大な土地でのライオンの縄張り状況」なので、こちらは「狭い場所での縄張り状況」だと予想できる。問題は後半部分の the direct 以降だ。何故に名詞句で文が終わっているか？ 思い出してほしい分詞構文のことを。以下確認。

a) Tom came to see me, and he said that he had wanted to see me.
「トムが私に会い来てくれて、そして会いたかったと言ってくれた」
b) Tom came all the way to help me with my work, and this made me feel happy.
「トムはわざわざ仕事を手伝いに来てくれた。そしてこのことが私を幸せな気持ちにした／トムがわざわざ仕事を手伝いに来てくれたので私は嬉しくなった」
c) Tom came all the way to help me with my work, and this was the reflection of his sincerity.

> 「トムはわざわざ仕事を手伝いに来てくれたが、これは彼の誠実さの表れだった」

　上の各英文を分詞構文で表してみる。すると、

a) → Tom came to see me, <u>saying</u> that he had wanted to see me.
b) → Tom came all the way to help me with my work, <u>making</u> me feel happy.
c) → Tom came all the way to help me with my work, <u>being</u> the reflection of his sincerity.

　接続詞（and）以降を分詞構文で表すが、その際前の主語と一致していれば、それを省略して、動詞を ing 形にすれば分詞構文の出来上がりとなるのだった。a) はそのパターンだ。b) では and 以降の主語が前の内容を指す this になっているが、これも省略できるのだった。そして c)。動詞が was だったので、それを現在分詞にしたのだが、基本的に being は省略できるので、—my work, the reflection—. という型にもなれるのだ。この型が問題文だ。—several meters, the direct result—は—several meters, <u>and this is</u> the direct result—ということだったわけだ。

【3】

解答

　Daniel Kahneman つまり、不確実性に直面した場合における意思決定に心理学を応用したことで、2002 年にノーベル経済学賞を受賞したプリンストン大学の心理学者は、洗練された質問を出す調査を展開したいと考えている。

解説

　Daniel Kahneman（名詞）と a Princeton University psychologist（名詞）がカンマ（,）で並んでいるので同格関係ということ。who—uncertainty が直前の a Princeton University psychologist を修飾しているということ。that ask sophisticated questions が直前の surveys を修飾しているということが把握できていれば問題の無い英文だろう。ちなみに今回のように固有名詞（Daniel Kahneman）が出てきた場合、どう表記するかという問題が生じるだろうが、これはカタカナで表記するか解答のように英語をそのままで表記すればよろしい。

《全訳》

　心理学を不確実性に直面した際の意思決定に応用したことで、2002 年にノーベル経済学賞を受賞したプリンストン大学の心理学者であるダニエル　カーネマンは、洗練された問いかけをする調査を展開したいと考えている。彼の研究は、生活全般

に対する個人の満足感が、日常生活の浮き沈みから派生してくる経緯を調査の対象
としている。初期の結果は、両者の間には必ずしも相関関係は認められないことを
示唆している。

【4】
解答
(3)

解説
　各選択肢の和訳は次の通り。
(1)「ペットにできない事を行うようにと期待をすることは決してなかったが、あ
まりにも多くのことを行うようにと強制した」
(2)「ペットが我々のために何ができるか問いかけ始めたが、決して良い解答は見
つからなかった」
(3)「以前はその有用性のために犬猫を飼ってはいたが、(いよいよ) 我々は彼らを
仲間として扱い始めた」
(4)「我々は犬猫に役立つ作業をしてもらいたかったが、彼らは我々が求めたこと
ができなかった」

　　問題文の下線部の和訳は「ペットが我々 (人間) のために何ができるかではな
く、我々がペットのために何ができるかを我々は問い始めた」となる。直前の部分
(No longer—) を見ると、「もはや伝統的な (これまでの) 意味では犬猫は役立た
なくなり、ただただ家族の一員になった」とある。それを and でつなげるからに
は当然その内容を受けての下線部ということだから、(3) が答えになる。
　　ちなみにこの下線部の英文は、1961 年に行われた第 35 代アメリカの大統領に
就任した時の Kennedy の演説の有名なセリフ Ask not what your country can do
for you*; ask what you can do for your country.「国が自分のために何をしてくれる
かではなく、自分が国のために何をしてあげられるかを問いかけようではないか」
を捩ったものと考えられる。(* このセミコロン〈 ; 〉は but の意味で使われてい
る。not A but B の構文になっている)

《全訳》
〈1〉豚や鶏や牛のように、人間は犬や猫を、自分たちにとって便利だという理由で
飼うようになった、つまり犬を警備や猟のために、猫を有害生物駆除のために飼っ
たのだ。〈2〉犬や猫の伴侶動物としての地位は、最初はただの副次的な利益であっ
たが、都市化と共にそれは変わり始めた。つまり、家に関して犬や猫に有用な仕事
をしてもらう必要性を都市に住む人は失っていったのだが、我々はいずれにせよそ
れらを飼い続けたのだ。〈3〉従来の意味ではもはや有用ではなくなって、犬や猫は

ただ家族の一員となり、我々はペットが我々に何をしてくれるのかではなく、我々がペットに何ができるのかを問い始めた。

【5】
(解答)
(4)

(解説)
　選択肢の各英文の和訳は次の通り。
(1)「RSPCA は、義務だったので正確な回答をした」
(2)「RSPCA は、2 次大戦中ロンドン市民からもっと多くの協力を必要としていたので正確な回答をした」
(3)「RSPCA の回答は、ロンドンの誰もが 2 次大戦中ペットに何が起こったかを知っていたので不正確なものだった」
(4)「RSPCA の回答は、その雑誌の中で動物殺戮の所業を彼ら自身が報じていただけに不正確なものであった」

　この英文はなんと 1 文から成り立っている。長いので以下のように構文をとってみる。

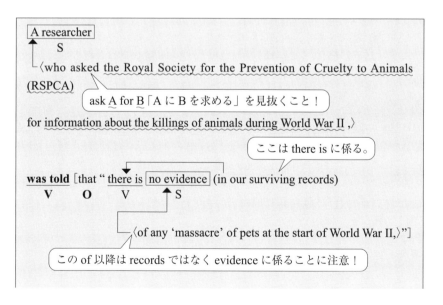

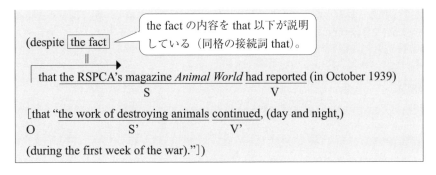

大きな枠組みは「who 以下の A researcher が that 以下と言われた」となる。

目的語になる that 以下の there is 構文の訳出に注意のこと。くれぐれも「2次大戦開始時でのペットの何らかの『大量虐殺』の現存する記録において証拠例は無い」とやらぬように！ of 以降は evidence に係るので、「2次大戦開始時でのペットの何らかの『大量虐殺』の証拠例は現存する記録には残っていない」となる。☞ 構文研究 p.201

despite 以降の1つめの that は同格を表し、2つめの that 節は had reported の目的語を作っている。Animal World が斜体字／イタリック体（italic）になっているが、これは書名を表している。**イタリック体**は新聞名や書名、乃至は強調を表わすときに使う。また、**引用符**（quotation mark）の " " が使われているがこれは、発言者の言葉そのままを引用するときか、あるいは、筆者が何らかの意味付与をするときに使われるものだ。今回は前者である。

以上のように見ていくと、戦争当時 RSPCA 自身が動物虐殺を報じておきながら、後に問いかけられた際にその事実を否定する態度に出たことが分かる。

《全訳》

英国王立動物虐待防止協会 (RSPCA) に、二次大戦中の動物殺戮についての情報を求めたある研究者は、RSPCA の発行する動物の世界という雑誌が 1939 年 10 月に「第二次世界大戦の最初の1週間、動物を殺害する作業は昼夜を問わず続いた」と報告していたという事実にもかかわらず、「現存する記録には、大戦開始時のペットの何らかの『大量虐殺』に関する証拠はありません」と告げられた。

【6】

解答

問1　彼らは色を理解 して、その神秘的な働きを説明するための仕組みを創り出そうとした。

問2　身の回りにある物の色は見た通りではないと人類が理解するのに、数世紀の

年月が必要だったということ。(48字)

《別解》
　実際には空は青くも、草は緑でも、バラは赤くもないのを理解するのに、数百年かかったということ。(46字)

問3　(3) what　　(4) where　　(5) which

問4　白い光が全ての色を含むという考えはゲーテを動揺させたので、彼はニュートンの実験を試みることさえ嫌がり、他の者たちにも実験を拒むよう要求した。

解説

問1　まずは They だが、これは直前の文の All these great minds and many more (minds)「こうした偉大な知性を備えた人々やさらに多くの知性人たち」を指している。問題は creating だが、これは and to create を分詞構文で表したものだ。分詞構文は結局のところ接続詞を使わずに左と右をつなぐ感が強い表現形態なので、このように、to〜も ing で表し得るのだ。以下の通り。

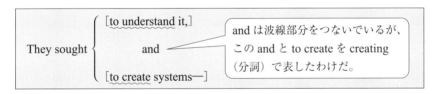

They sought { [to understand it,] and [to create systems—] }

and は波線部分をつないでいるが、この and と to create を creating（分詞）で表したわけだ。

　後半の to explain 以下は直前の systems を修飾する不定詞形容詞用法。

問2　「要する、必要とする」という意味の take だ。figure out で「解明する」。目的語が代名詞や指示語の場合は、figure O out になることにも注意を。よく巷の文法書では、「動詞と副詞が連動して特定の意味を成し、O が代名詞や指示語だった場合は、動詞と副詞は離れる（この表現は不正確）」という文言があふれているが、これは正確な表現ではない。詳しくは本編をご覧いただきたい。☞ p.142【自動詞か？　他動詞か？】

　さて、そうすると訳としては「我々はこれを解明するのに数百年を要してきた」となる。前の内容を整理しよう。The average person has no idea why the sky is blue, the grass (is) green, the rose (is) red.「平均的な人はなぜ空は青で、草は緑で、バラは赤なのかが分からない」（is が省略されている。be 動詞系はよく省略される）、We take such things for granted.「我々はそういったこと（空は青、草は緑、バラは赤ということ）を当たり前と思っている」、But the sky is not blue, the grass is not green, the rose is not red.「しかし、それは青でないし、草は緑ではないし、

バラは赤ではないのだ」という流れなので、this「これ」の内容は、「空は青くなく、草は緑でなく、バラは赤くないということ」となる。または、こうした具体的表現を抽象的表現で表して「身の回りの物の色は見た通りではないということ」と表記してもよい。

問3 （3）は直後の表記（Newton did）をみると、did の目的語が記されていないことが分かる。これは関係代名詞の典型だ。そして先行詞が無いことをみて、what を選ぶ。以下確認。

---

a) You should do the thing which you want to do.
「君は自分がしたいと思うことをするべきだよ」
（最後の do の O が無いので目的格の関係代名詞を使用することになる）
b) You should do what you want to do.
「同上」
（最後の do の O も無ければ先行詞も無いので what を使用することになる）

（4）は直後の表記（it lands）をみると、land「着陸する、到達する」という自動詞（直接目的語を取らない動詞）なので、先行詞の the surface が関係詞節内で副詞的に働かざるを得ないことを表す。つまり、it lands the surface［＝it］とは言えない。先行詞の the surface は here や there に変化して、it lands here/ there になることを示すので where が正解になる。
（5）は直後の表記（no one else had seen）を見ると、seen の目的語が無いため、ここにすっぽりと something［＝it］が入るのが見て取れるので目的格の関係代名詞which が正解になる。

問4 that 節内が充実しているので同格の接続詞の that であることが分かる。気を付けなくてはならないのが、so that と demand だ。まずは so that から。思い出してほしい。基本形を！ so that は前にカンマが無くてもその節内に助動詞の can や may が無ければ結果的に訳すのであった。
　次は demand だが、これは以下の基本パターンがある事を銘記してほしい。

> that の前に、必要、要求、提案系の表現があれば、
> that 節内の動詞は should〜か〜（原形動詞）になる。

ということだ。

　必要系の単語は、be necessary, be essential, require etc.
　要求系の単語は、demand, order, request etc.
　提案系の単語は、suggest, recommend, be advisable etc. である。

(e.g.)

a) It is necessary that he be there.
　「彼はその場所にいる必要がある」（should be も可）

c) We demanded that our child should do his best.
　「私たちは子供に全力を尽くすよう要求した」（do も可）

d) They always suggest that she come to see them if she is free.
　「彼らはいつも彼女に暇なら遊びにおいでと提案してくる」（should come も可）

　従って、問題文 demanded (that) others refuse（that は省略されている）のように、refuse が原形動詞になっているのは、この demanded のせいだったのだ。すると and が結ぶのは同じ過去形同士の refused と demanded ということになり、refuse は refuse to～で「～するのを拒む」となるので、even to attempt Newton's experiment が refused と refuse に関わっていることが見て取れる。以下のような構造になっている。

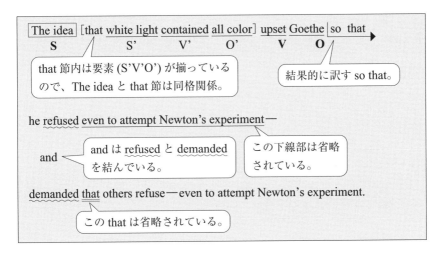

《全訳》
〈1〉プラトン、ニュートン、ダ ヴィンチ、ゲーテ、アインシュタイン、すなわちこうした偉大な知性を持った人々やそれ以外にも多くの人々が、色のもつ大変な複雑さに取り組んできた。〈2〉(1) 彼らは色を理解し、その神秘的な働きを説明するための体系を作り出そうと努めた。〈3〉成功の度合いは人によって様々で、現代の科学知識の視点から見ると、彼らの試みの多くは現在では滑稽で、奇妙で、空想的なものに思える。
〈4〉色はどこにでも存在するが、ほとんどの人は、その起源について尋ねようと考えたことはない。〈5〉普通の人は、なぜ空は青く、草は緑で、バラは赤いのかはわ

からない。〈6〉我々はこれらのことを当たり前だと思っている。〈7〉しかし、空は青くはないし、草は緑ではなく、バラは赤くない。〈8〉(2) <u>我々はこのことを理解するために、数世紀を要したのである。</u>

〈9〉数千年の間、多くの素人の観察者が、ニュートンが見たものと同じものを目にしてきたことは明らかだ。すなわちそれは、プリズムを通過する光は、それが到達したものの表面に虹を作り出す、ということだ。しかしニュートンは、他の誰もが見なかったものを見たのである。〈10〉彼は、我々の周りにあふれているように見える白色光は、実は我々が虹の中に見る様々な色すべてを含んでいる、と推論した。〈11〉白はこれらの色から分化されるものや、色そのものではなく、すべての色が一度に映し出された結果なのだと。〈12〉この革命的な理論は、簡単には定着しなかった。〈13〉我々が（先ほど）上記で触れた最も偉大な人々の中には、頑なにこの理論を受け入れない人もいた。〈14〉(6) <u>白色光がすべての色を含むという考えは、ゲーテを非常に不快にさせ、その結果、彼は自分がニュートンの実験を試すことすら拒否し、また他の人にも拒否することを求めた。</u>

第9講　比較級
● 比較級：-er, more, as — as、the 比 — the 比（P.122）

【1】

解答

(1) 私はサムよりもいい医者を知っている。
　　（「私の知っている医者」と「サムの知っている医者」を比べている）
(2) 私が知っている医者はサムよりもいい。
　　（「私の知っている医者」と「サム」を比べている）
(3) サムは私よりもいい医者を知っている。
　　（「サムの知っている医者」と「私」を比べている）
(4) サムは自分よりもいい医者を知っている。
　　（「サムの知っている医者」と「サム自身」を比べている）
(5) 私の知っている医者はサムの知っている医者よりもいい。
　　（「私の知っている医者」と「サムの知っている医者」を比べている。結果的に(1)と同趣旨）
(6) 大阪の人口は神戸の人口よりも多い。
(7) 富士山ほど高い山は日本にはない。
(8) 彼は見た目ほど若くない。
(9) 眠るためというよりは考えるために横になった。
(10) 彼女は彼同様料理が得意じゃない。
(11) 徒歩でそこに行くに5分しかかからなかった。
(12) その映画は原作同様面白くなかった。
(13) 彼を知るようになればなるほど彼のことが嫌いになった。

(14) 社会心理学者たちは傍観者効果を研究してきて、ある人が緊急性のある助け
を必要としている時、その場にいる人が多ければ多いほど、その中の誰かが手
を貸す可能性は低くなると結論づけた。

解説

(1) − (5) 比べる対象を意識して和訳したいところだ。

(6) 同次元の物を比較対象にするので、以下の英文は誤りとなる。

The population of Osaka is larger than Kobe.（×）

これだと、population「人口」と Kobe「神戸」を比べることになってしまう。
やはりここは、大阪の「人口」と神戸の「人口」を比べるべきなので、the
population を指す指示語の that が必要となる。

(7) 形は so—as になっているが、否定語句で始まった場合、内容的には最上の意味
になることに注意。以下確認のこと。

---

a) No other mountain in Japan is higher than Mt. Fuji.
「富士山ほど高い山は日本には他にない」
b) No other mountain in Japan is as [so] high as Mt. Fuji.
「富士山以上に高い山は日本には他にない」
c) Mt. Fuji is higher than any other mountain in Japan.
「富士山は日本にある他のいかなる山よりも高い」
d) Mt. Fuji is the highest mountain in Japan.
「富士山は日本で最も高い山だ」

以上全て同趣旨である。

---

e) Nothing is more precious than time.
「時間より貴重なものはない」
f) Nothing is as [so] precious as time.
「時間ほど貴重なものはない」
g) Time is more precious than anything else.
「時間は他のいかなるものよりも貴重だ」
h) Time is the most precious of all.
「時間は全ての中で最も貴重だ」

これも全て同趣旨だ。

(8) He is「実際の彼」と he looks「見た目の彼」を比べている。
= He is not as young as he looks.
= He is less young than he looks.

(9) ☆ not so much A as B「A とうよりは B だ」
to sleep と to think を比べている。

(10) ☆ no 比較級 ― than―「―ないのと同様―ない」
She is good at cooking. をこの構文に当てはめたもの。

(11) no more than = only。

(12) = The film was no more interesting than its original book.

(13) The 比較級― the 比較級―で比例関係を表す。基底構造は、I got to know him well.「彼をよく知るようになる」+ I like him little.「彼をほとんど好きにならない」だ。(本問はこの下線部の語が比較級になったもの)

(14) that 以下の基底構造は、Many people are present when a person needs emergency help.「ある人が緊急に助けを必要としている時に多く人がその場にいる」+ It is likely (*that) any one of them will lend a hand.「彼らの誰かが助けの手を差し出す可能性が高い」だ。(本問はこの下線部が比較級になったもの)

> ＊接続詞の that はよく省略される。

【2】
解答
(1) 心をよく理解している子どもたちは、そうでない子どもたちよりも人付き合いがうまい。
(2) 両者とも若いうちは男性の方が女性よりも仕事を変える可能性が幾分高いと言うことができるが、30 代半ばを過ぎるとその差は消失する。
(3) 英語を話す環境で生活し、異文化コミュニケーションという問題を研究することで、私はきちんとした英語を話し、うまくコミュニケーションを図っていくには、正し文法と語彙を使うという域をはるかに超えるものが必要だということを理解するようになった。

解説
(1) those= the children。同語反復を避ける those。do not の後は understand minds

が省略されている。

(2) It（形式主語）が受けるのは that から younger まで。men と women の比較。

(3) 動名詞の Living と studying が and で結ばれ、主部を形成。made は使役動詞。made me understand that ―「私に that ― を理解させた」。that 以下の主部も 2 つの動名詞（speaking ―と building ―）だ。than の後を見ると動名詞（using）になっていることから、これら動名詞同士を比べているのが分かる。

【3】

解答

(1) というのも、購入する際、通例電気器具は、非常に新しく、輝いていて、不思議な魅力があり、高価なものだけに、我々が自分の死ぬ運命を問わないのと同様、それが使えなくなることも問わないからである。

(2) それらは地元の文化を正確に示せずにディズニーランドへの旅程度の（良さの）ファンタジーしか提供していないのだ。

(3) 受け入れられる変化量には常に限界があるということは、生命体と同様に社会組織にも当てはまることである。

(4) 自分に正直になればなるほど、そしてより注意深く自分の考えや確信を明確にしようともがけばもがくほど、単純な肯定、否定よりも、考えの一時的保留の方が真実に近いのだと気づくことでしょう。

(5) こう考えると生命の起源の探求はより困難なものになるだろう。なぜなら自分たちの惑星の歴史を深く探索する方が、他の世界の歴史を探索するよりはるかに容易だからだ。

解説

(1) 何と何を no more ― than で比べているかを確認すること。以下参照。

---

a) **He** is no more liked by her than **I**.

「**彼**は、**僕**同様、彼女に好かれていない」

（He と I の比較）

b) He is no more liked **by her** than **by me**.

「彼は、**僕に**好かれていないのと同様、**彼女にも**好かれていない」

（by her と by me の比較）

c) **His family** are no more liked by her than **her own**.

「**彼の家族**は、**彼女自身の家族**同様、彼女に好かれていない」

（His family と her own (family) の比較。ここでは family が省略されている）

問題文はこの c) と同じ構造。省略部分を補って書き換えれば、**its mortality** is no more questioned by us than **our own** mortality is questioned by us.（波線部が省略部分）となる。なお、解答例にあるように、<u>時には英語が表示していなくとも文脈から言葉を補った方が自然な場合もあるので注意のこと</u>（ここでは「<u>というのも</u>」を補った）。この辺に関しては盲点事項 2 を参照のこと。☞ 本編 p.139

《全訳》
　電化製品に寿命があるという考えを受け入れるのは容易なことではない。<u>（なぜなら）購入する際、通例電化製品は、非常に新しく、ピカピカしていて、不思議な魅力があり、高価なものなだけに、我々の死ぬ運命（が問われないの）と同様、それが（＝電化製品が）使えなくなることも問われないからである。</u>

《**Coffee Break**》

> 　何十年も人生を歩んでいない若者は、いわばこの世に出てきて間もない新品の電化製品のようだ。それそれは肌艶（はだつや）が良くて、これからどんなことをするのか、そしてどんな人生になるのか、未来に向けて目を輝かして、まさに若さは神秘的（マジック）だ。永遠に若い「生」を堪能できるかのごときだ。
>
> 　だけに、自分がいずれは終わる、そう、死ぬ運命（mortality）にあるというあまりにも当たり前の事実には無関心で、何ら問いを発することなく日々を過ごしてしまう。
>
> 　しかし形ある物は必ず朽ちるわけで、電化製品が初め新品だからといって、永遠にその形を留めていられるわけもなく、いずれは使い物にならなくなるという、冷厳（れいげん）だが忘れやすい事実を、我々の寿命と絡めて書かれているのですね。
>
> 　Memento mori.「死を想え」というラテン語の格言を思い出させる一節です。

(2) they は mass tourist destinations を指す。「大衆がこぞって観光に出かけるその目的地というものは、果たして本当に地元の文化（的良さ）を伝えられているのか？」という、観光への在り方に疑問を投げかけた文章だ。instead は前の内容を否定する時に登場する副詞。省略部分を補えば but instead of <u>showing the local culture accurately, they</u> offer ―となる（波線部が省略部分）。また but は、前の内容が否定の内容（fail to show「示せていない」）とあることから not A but B 的になっていると踏み、「しかし」という訳をやめて、流すように訳したい。従って、「― を示せておらず、その代わり―」とやると自然。次に no better than だが、本編の説明のように、比べる対象同士に優劣は起きずどちらも同じレベルということ。以下確認。

(e.g.)
a) This picture is <u>no more attractive</u> than that picture is.
　「この絵はあの絵同様魅力が無い」
b) This picture is <u>no more disgusting</u> than that picture is.
　「この絵はあの絵同様不快ではない」
c) This picture is <u>no more good</u> than that picture is.（△）
　「この絵はあの絵同様良くない」
　（<u>no better</u> が正しい）
d) This picture is <u>no more ugly</u> than that picture is.
　「この絵はあの絵同様醜 (みにく) くない」（△）
　（<u>no uglier</u> が正しい）

　いずれも no more ― than ＿の構文なので「＿（ないの）と同様―ない」となるが、c) と d) は形がよろしくない。というのも、good の比較級は more good ではなく better であった。なので、no better than が正しい形となる。d) も短い形容詞である ugly の比較級は uglier なので、それで表すべきだ。

　さて、問題文の no better than ＿だがこれは「＿（ないの）と同様良くないない」という訳ではさすがに不自然だろう。なので、**本来の訳「＿程度の（良さしかない）」**を採用することになる。上記の各英文も本来の訳は、a)「この絵はあの絵程度の魅力しかない」、b)「この絵はあの絵程度の不快さしかない」、c)「この絵はあの絵程度（の良さ）でしかない」、d)「この絵はあの絵程度の醜さしかない」である。

《全訳》
　多くの観光客が行く目的地は、しばしば偽りのように思われる。つまり、<u>そのような目的地は地元の文化を正確に示すことができてない。その代わりにディズニーランドへの旅同然な空想世界を提供しているにすぎないのだ。</u>

(3) 1 行目の this は「life は必ずや変化を意味するということ」を指す。life は多義語で、「生活、人生、一生、実物、生命体」と様々な訳があるが、ここでは後半に、an organism「組織体、生命体」や the physical organism「物理的組織体＝生命体」が登場していることから「生命体」が適訳となる。of which の <u>of は capable との関連で出て来ている</u>。以下が基底構造。

　　　an organism is capable of | the amount of change |
　　「生命体はそうした変化量を受け入れることができる」

問題文は、この the amount of change が先行詞として前に出た格好だ。

下線部の個所は、☆ be true of…「…に当てはまる」と no less — than __「__ 同様 — だ」の構文が絡んだものになっている。以下確認。

(e.g.)

a) His remarks are true of her behavior.

「彼の発言は彼女の振る舞いに当てはまる」

b) **His remarks** are no less true of her behavior than **my remarks** are (true of her behavior).

「私の発言同様、彼の発言も彼女の振る舞いに当てはまる」

c) His remarks are no less true **of her behavior** than (they are true) **of my behavior**.

「彼の発言は、私の振る舞い同様彼女の振る舞いにも当てはまる」

---

this の内容は前文の前半（There is always a limit to the amount of change）を指している。

《全訳》

　生命（体）は必然的に変わるということを意味するが、（*だからといって、）変わることが常に生命（体）を意味することにはならない。（*なぜなら）生命体が許容できる変化の量には常に限界がある（*からだ）。これは生命体と同様に社会組織にも当てはまることである。

> *これまた連結語を補って読んだ方が頭にスッと入り易いはず。☞第11講

《ざっくばらん訳》

　命あるものは常に変化するよな（人間はおろか、犬だって魚だって、植物でさえも、時には大きく、時には微細に必ず動くもんな）。でも、だからって、変化すれば生命を保てるかっていうとそうではないよな。だって、生命体が受け入れられる変化の度合いには限度ってもんがあるから（俺らは走ったり動き回ったりしてるけど、走り過ぎたり、眠らないで仕事ずくめだったりすると、心臓に負担がかかってやばいよな）。こう考えてみると生命だけじゃなくって、社会も適度な動きのうちはいいけど、動き過ぎたら（＝変化し過ぎたら）やばいかもね。

(4) 比例関係を表す the 比 —，the 比 —構文であるが、前半部分が and でセットになっていることを先ずは見抜きたい。以下確認。

<table>
<tr><td>

(e.g.)

a) <u>The longer</u> I worked with him, and <u>the better</u> I knew him, <u>the less important</u> these faults of his seemed to me.

「彼とより長く一緒に働いて、彼のことを知れば知るほど、彼のこうした過ちは私にはどうでもいいような事に思えた」

b) When you look at a flowering plant, look for details of it by using a microscope, so that <u>the more</u> you look, <u>the more</u> you will see, and <u>the more interesting</u> it will become.

「顕花植物を見る時は、顕微鏡を使って細かい部分を見てごらん。すると、見れば見るほど、それだけ多くのことが分かってきて、ますます花は興味深いものになるだろう」

</td></tr>
</table>

　それぞれ基底構造は、a) = I worked with him <u>long</u>.「私は彼と長いこと働いた」、I knew <u>well</u>.「彼のことをよく知った」 + These faults of his seemed <u>important</u> to me.「彼のこうした過ちは私には重要な事のように思えた」(I worked with him long. と I knew well. が and でつながれ、ひとセットになっている)。b) = You look <u>much</u>.「大いに見る」 + You will see <u>much</u>.「多くを見る（＝多くが分かる）」、It will become <u>interesting</u>.「それは興味深いものになることだろう」(You will see much. と It will become interesting. が and でつながれ、ひとセットになっている)。
　問題文の基底構造は、You take yourself <u>seriously</u>.「真剣に自分をとらえる（＝自分に正直になる）」、You strive to clarify your own thoughts and convictions <u>carefully</u>.「自分の考えや確信を念入りに明確にしようと格闘する」 + You will come to find <u>much</u> that suspension of belief is closer to the truth than a simple yes or no.「単純な肯定、否定よりも、考えの一時的保留の方が真実に近いのだと大いに気づくことでしょう」(前半2つの英文が and でつながれひとセットになっている) ということ。

《全訳》
　恐らくは、<u>あなたが真剣に考えるほど、またより慎重に自分の考えや信念を明確にしようとするほど、イエスかノーかという単純な答えよりも、今抱いている考えを一時的に保留することの方がより真実に近いのだと気づくことになるだろう。</u>

(5) 下線部の This は「生命の起源が、火星や地球以外の太陽系のどこかにあるという想定」を指している。以下のような構造になっている。

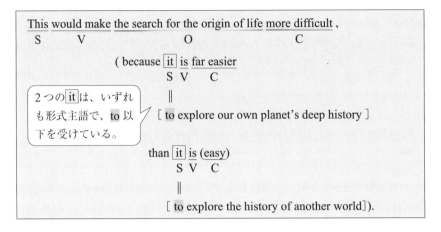

This would make the search for the origin of life more difficult ,
S   V   O   C
      (because it is far easier
              S V   C
                ‖
            [to explore our own planet's deep history]

2つの it は、いずれ
も形式主語で、to 以
下を受けている。

            than it is (easy)
                 S V   C
                   ‖
            [to explore the history of another world]).

《全訳》

　私たちが今後数十年かけて、火星に生命を発見できるかもしれないというのは確かにありうることであり、もし火星にすむ微生物が私たちの生化学的特質と遺伝子コードを共有しているとすれば、共通の起源が、どちらかの惑星、ことによると太陽系のどこか他のところにあると想定せざるを得なくなるかもしれない。このことは生命の起源の探求をさらに困難にするだろう。なぜなら自分たちの惑星の歴史を詳しく探索する方が、他の世界の歴史を探索するよりはるかに容易だからだ。

【4】

解答

　4

解説

　先ずは問いの英文の訳だが、「"手工業や手工芸では、職人は道具を利用しているが、工場では機械が労働者を利用している"という下線部の引用文に基づいて、カールマルクスは次のどれに同意するであろうか？　答えは［　　］だ」となる。次に各選択肢の訳だが、それぞれ、

1「エンゲルスはまさに工場作業の性質に関して思い違いをしている」
2「工場で生産される商品は手工芸品に取り換えられた」
3「人間の持つ尊厳という感覚は工場労働者たちによって達成されている」
4「工場は労働者たちを機械の一部に変貌させている」

となる。さて、下線部以前の内容だが、The 19th-century image of factories persists in the minds of many people.「19世紀の工場のイメージは多くの人々の心の中に

強く残っている」という文で始まっている。英語は**抽象**から**具体**に向かう傾向が強い言語であることを銘記してほしい。初めに〈1〉の英文で「19世紀の工場のイメージ」を言って、次に〈2〉の英文で、そのイメージの具体例が続くという流れになっている。そして、そのイメージというものをエンゲルスの言葉を借りて、nothing less than torture of the severest kind「最も厳しい類の拷問以下のものではない＝まさに拷問」と評し、次にマルクスの発言の引用という体裁になっていることを考えると、4が妥当だと判明する。もっとも、下線部を訳しただけでも4が合うことは自明ではあるが。さて、この nothing less than という表現だが、大事な表現なので少し解説しておこう。以下確認。

---

a) He is nothing more than a man.
b) He is nothing less than a man.
c) He is nothing more than a fool.
d) He is nothing less than a fool.

直訳は a)「彼は一男性以上の何者でもない」、b)「彼は一男性以下の何者でもない」、c)「彼は馬鹿者以上の何者でもない」、d)「彼は馬鹿者以下の何者でもない」となる。「X以上何者でもない」は「Xを軽んじている」ということ。「X以下の何者でもない」は「Xを重んじている」ということ。従って、意訳は、a)「彼は単なる一男性だ」、b)「彼はまさに一人前の男だ」、c)「彼は単なる馬鹿だ」（＝だから相手にしなくていい）、d)「彼はまさに馬鹿者だ」（＝正真正銘の馬鹿だ）となる。

《全訳》
〈1〉19世紀の工場のイメージは多くの人々の心の中に強く残っている。〈2〉それらは（＝工場は）暗く、煙の立ち込める場所で、低賃金労働者たち、つまり多くのまだ幼い者たちが、危険な機械のある場所で長時間過ごしていた（というイメージだ）。哲人フリードリヒ エンゲルスにとって、工場での労働は「最も厳しい拷問に等しく…決して止まることのない機械に奉仕している」というものであった。彼の同僚であったカール マルクスはこう記している。「手工業や手工芸では、職人は道具を利用しているが、工場では機械が労働者を利用している」

【5】
解答
問1
(A) and［that you haven't yet used up your］life

問2
　ある有名な作家は、望みの物を手に入れたことのない人を気の毒には思うが、手

に入れてしまった人の方をさらに気の毒に思うと言った。

問 3
2, 4

解説

問 1　先ずはこの個所に来るまでの流れを見ておこう。

〈1〉One of the major pleasures in life is appetite, and one of our major duties should be to preserve it.「人生における主な喜びの 1 つは食欲で、我々の主な義務の 1 つはそれ（＝食欲）を保つことであるべきだ)」となっていることから、筆者は、「食欲を保つことが人生において肝心な事だ」とらえていることが分かる。因みに、V は should be で C は to preserve it である。以下確認。

> a) Her chief concern is to pass the exam.
> 「彼女の主な関心事はテストに合格することである」
> b) Her chief concern must be to pass the exam.
> 「彼女の主な関心事はテストに合格することに違いない」
> c) Her chief concern cannot be to pass the exam.
> 「彼女の主な関心事はテストに合格するであるはずがない」
> d) Her chief concern should be to pass the exam.
> 「彼女の主な関心事はテストに合格することであるべきだ」
> (問題文〈1〉は d) のパターンになっている)

以上、大丈夫であろう。

〈2〉そして筆者は、この「食欲」なるものを具体的に表してゆく。「生きる激しさである」と。続けて * セミコロン (;) 以降でさらに具体化してゆく。英文は以下のような構造になっている。

> * このセミコロンは and あるいは that is to say「すなわち」の意味。☞ 本編第 10 講

that は主格の関係代名詞で、that 以降全部が前の senses に係っている。

it is one of the senses 〈that tell you
S V C V O

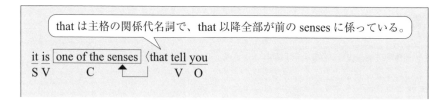

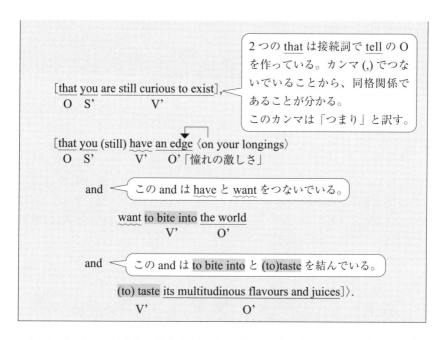

「それ（＝食欲）はあなたにあなたはまだ生き続けたいと思っているということ、つまり、あなたは憧れの鋭さをまだもっており、この世にかみついて数多くの香りと汁を味わいたいと思っているということを教えてくれる感覚の１つなのである」

　以上からわかるように、筆者は「人生で大切なものは食欲だ」と言い、そしてその食欲を具体的に「生きる激しさであり、あなたがまだまだこの世でやっていきたいことがあるのだと教える、そんな欲のことだ」と具体化している。この流れでさらに〈3〉に移っていくわけだ。

　〈3〉は既出の☆ By… S mean O「…とは O のことだ」（「…によって S は O のことを意味する」が直訳）の構文が使われている。また、☆ no just A but B「A だけではなく B」も登場している。以下のような構造になっている。

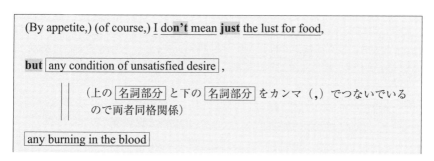

> ここに、この that（O を表す接続詞）が
> 省略されていることを見抜きたい。

〈that proves (that) you want more than you've got, — life.

> この that は関係代名詞（主格）で、これ以降全部が
> 上の any burning in the blood に係っている。

　「もちろん、食欲とは単に食物への渇望だけのことではなく、満たされない欲求のいかなる状況をも、すなわち手に入れた以上のものをあなたは欲していて、自分の人生をあなたはまだ使い果たしていないということを証明するいかなる血の燃焼のことをも意味するのである」

　proves の直後の that はなぜに省略されているのか？　and that の構文を思い出してほしい。接続詞の講でやった、

> S + V that S' + V' and that S' + V' では、
> 1 つめの that は省略されることが多い。

のだった！

　ということで、下線部 (A) の英文を and [that you haven't yet used up your] life とすれば、2 つの that 節（that〈この that が省略されている〉you want more than you've got と that you haven't yet used up your life）が、晴れて and で結ばれて意味を成すこととなる。

問 2　さて次は下線部（B）の訳だが、まずは構文と語法の話。構文的には最初の who — desire が直前の those を、次の who did も直前の those を修飾しているということ（those people の people が省略されたもの）。そしてこの did は代動詞で got their heart's desire を表すということ。だから比較対象は、those (people) who never got their heart's desire と those (people) who did(= got their heart's desire) を比べているということ。この辺は大丈夫かと思う。

　最大のポイントは never got their heart's desire をどう訳すかだ。文字通り訳せば、「自分の心からの欲求を手に入れたことがなかった」となりそうだ。なので、これを全体に当てはめてみよう。すると、

「ある有名な作家は、自分の心からの欲求を手に入れたことがなかった人を気の毒に思うが、自分の心からの欲求を手に入れた人はさらに気の毒だと言った」

となるだろう。しかし……。「心（から）の欲求を手に入れた」とは「欲求を感じ

た」ということであろう。だとしたら、筆者がこれまで主張してきたことと矛盾してしまわないか？　これまで筆者は「欲求を感じろ！」と言ってきたのだ。わざわざ有名な作家の言葉を引用して、「欲求を感じたことのない人は気の毒だが、欲求を感じた人はもっと気の毒だ」と言ってしまっていいのか？　さらに直後の文〈5〉を見てみよう。これも先ほどの解釈を当てはめて和訳すれば、「私は一度だけ欲求を感じたことがあるが（got mine = got my heart's desire）、それが（＝欲求を感じたことが）私を殺さんばかりであった。それで私はそれ以来、手に入れた状態よりも求めている方（＝欲求を感じる方）を常に好むようになった」となってしまう。「欲求を感じたためにひどい目にあったので、それ以来欲求を感じるのを好むようになった」は完全に論理矛盾だ。ここで我々は頭を切り替えて、先ほどの表現（☆get one's heat's desire）を検証することとしよう。辞書で desire を確認すると、「欲求」という意味以外に、「望みの物」という意味があった！　これなのだ、そうこの表現は「望みの物を手に入れる」だったのだ！　これで晴れて、主旨一貫した英文の出来上がりだ。すなわち、

　「(B) ある有名な作家は、望みの物を手に入れたことのない人を気の毒に思うが、手に入れてしまった人はさらに気の毒に思うと言った。私は一度だけ望みの物を手に入れたことがあるが、そのせいで私は生きる気力を失ってしまった。それで、私はそれ以来、手に入れた状態よりも求めている方を好むようになったのである」となる。ところで、prefer A to B は like A better than B「B より A を好む」と同じ意味だ。

問3　選択肢の英文のそれぞれの意味は、

1「食欲とは食物に対する渇望のことだけを言う」
2「我々は決して満足すべきではない」
　☆ far from ―「決して―ではない」
3「年齢を経るにつれ、我々はいかなるものにもこだわらないようにならなくてはならない」
4「私は欲しい物を手に入れてしまうより何かを求めている方が好きだ」

ということなので、答えは 4 しかなかろう。

《全訳》
　人生における主な喜びの 1 つは食欲で、我々の主な仕事の 1 つはそれ（＝食欲）を保つことであるべきだ。食欲とは生きることの激しさである。つまりそれ（＝食欲）はあなたにあなたはまだ生き続けたいと思っているということ、すなわち、あなたは憧れの鋭さをまだもっており、この世にかみついて数多くの香りと汁を味わ

いたいと思っているということを教えてくれる感覚の１つなのである。

　もちろん、食欲と言ったからといって、単に食べ物に対する渇望だけのことを言っているわけではなく、満たされない欲求のいかなる状況をも、つまり手に入れた以上のものをあなたは求めていて、自分の人生をまだ使い果たしていないことを証明する血のたぎりのことをも私は言っているつもりである。ある有名な作家は、欲求を満たしたことのない人を気の毒に思うが、満たしてしまった人はさらに気の毒だと言った。私は一度だけ欲求を満たしたことがあるがそれは私を殺さんばかりであった（＝生きる気力を失った）。それで私はそれ以来、手に入れた状態よりも求めている方を好むようになったのである。

第10講　盲点事項1
●コロン（：）、セミコロン（；）、ダッシュ（―）（P.137）

【1】

解答

(1) 大地は人間のものではく、むしろ人間が大地のものなのだ。／大地が人間に属しているのではない。そうではなく、人間こそが大地に属しているのだ。

(2) 仕事をしっかりしてもらいたいと思うのなら、忙しい人を選べ。それ以外の種族は時間が無いのだから。／仕事をうまくこなしてもらいたいなら、忙しい人に頼め。つまり、暇な人間は（要領が悪いせいで手伝う）ゆとりがないということだ。

(3) 知性を強化する唯一の手段は、何事も決めつけないこと。すなわち、あらゆる考えに対して心を広くすることである。

(4) 大切なことは必ずしも闘う時の犬の大きさではない。そうではなく、犬の中にある闘争心の大きさなのである。

(5) 一人の作家から素材をもらえば剽窃になる。しかしながら、多くの作家から引用すれば研究になる。

(6) 全霊で仕事に当たりなさい。そうすればあなたは成功するだろう。すなわち、そんなことをする人はほとんどいないということだ。

(7) 与えられた仕事を行いそして報酬を要求せよ。しかし、（あくまで）その順序でだ。／仕事をしてから報酬の要求を行うのだ。しかし、そう、その順序を間違えてはならない。

(8) 忙しいだけでは不十分だ。というのも蟻もそうだからだ。問題はすなわち、何で忙しいのかということだ。

(9) 我々一人一人には次の選択肢しかない、つまり我々のために金を働かせるか、それとも金のために我々が働くかだ。

(10) 我々は自分を退屈させる者をしばしば許す一方で、我々が退屈させる相手は許せないのだ。

解説

(1) このセミコロンは左「大地は人間に属するものでない」と右「人間が大地に属するものだ」を関連づける役割を担っている、いわば接続詞的な働きをしているわけだ。この両者を結ぶのに、筆者は and も but も because も使わず、つまり明確に意味設定をせず、言ってみれば思わせぶりに読者にこの英文を届けたかったのだ。そこで登場するのがセミコロンなのである。我々読み手は、自由に、しかしメッセンジャーの意図を大きく外さず appreciate「味わい」たいものである。解答例としては「いや、むしろ」とやってみた。皆さんはどう訳（解釈）しただろうか？

(2) コロンは補足説明の時に登場する。コロン前の部分が分かりにくいので、コロン以降で説明してくれている。解答例は「だから」とか「つまり」と訳してみた。

(3) ダッシュの基本用法は「言い換え」なので、「つまり」とか「すなわち」と訳すと大抵うまくいく。to make up one's mind about nothing の部分を、to *let the mind be a thoroughfare for all thoughts と言い換えているのである。

> *let は使役動詞で let O ～ と原形動詞（～）が来ていることに注意。

(4) このセミコロンは、not A but B の but の役割をしている。

《Coffee Break》

　これは、アメリカ第34代大統領のアイゼンハウアー（Dwight David Eisenhower）の言葉です。第2次世界大戦中、軍人であった彼は、連合国遠征軍最高司令官としてオーバーロード作戦（ノルマンディー上陸作戦）を成功に導きました。だけにこの言葉は重みがありますね。

　よく「何を言うかではなく誰が言うかが肝要だ」と言われますが、まさにこの言葉がアイゼンハウアーによってなされたと思うと身が引き締まる思いがします。

　我々日本人はほとんど戦争の経験がありません（アサシューがこの拙著を綴っている間、ウクライナとロシアの戦争はいまだ収束の予兆すら見せてません。嗚呼、早く終わってほしいものです）が、世界のどこかでは戦争、紛争、小競り合い、そして生きるための闘い（貧困との闘い、病気との闘い、孤独との闘い）など様々な戦いが展開されております。そんな状況とは無関係で平和な身分でいられる者は、いわゆる他者の痛みを実感として知りようがありません。そう、他者の悲痛の叫びは実は届きようがありません。我々日本人はとりあえず平和ですから（もちろん、同じ日本人の中でも悲鳴を上げてらっしゃる方は幾人もいますが……）。少なくとも国と国の戦争はありません（防衛費は

上がっておりますが……)。だけに、その渦中にある者の辛さを分かってあげられる感性が鈍磨しやすい状況にあるかもしれません。始終スマホで動画を見てにやにやしている人間に戦争の辛さを訴えても徒労感この上ないことでしょう。しかし、戦争の悲惨さ、住む家が無いことの惨めさ、食べられないことの辛さ、病気で悩むくやしさは、その人の心を読むという<u>洞察力</u>で実感できるはずなのです。そう、<u>実体験が無くとも、その渦中にある者の訴えを読もうとする態度で、我々はわかってあげられる</u>のです。

　国を背負って大きな働きを成し遂げたアイゼンハウアーのような身分には、到底遠い我々ではありますが、その人間が「戦い（試験、試練）に勝つためには、軍人の規模（資金力、体力）じゃない、あくまで、心の強さなのだ」と訴えた彼の気概を知ってあげることぐらいはできそうです。

(5) セミコロンの直後に副詞の however があるので、これだけを訳出すればよい。

(6) ダッシュ前の内容を、ダッシュ以降で言い換えているというニュアンスだ。このダッシュはセミコロンでも表せるだろう。セミコロンになれば接続詞の because あたりのニュアンスになるところだ。因みに命令を受けての and なので、この and は「そして」ではなく、「そうすれば」と訳す。

(7) but でつないでいるので、このダッシュは言い換えというよりも注意喚起の感じが強い。解答例のように「しかし、あくまで」とか、but も含めて「しかし、そう」というようにまとめてもよかろう。因みに and は命令形同士（do と demand）を結んでいる。

(8) このセミコロンは「というのも―だからだ」と訳すもの。セミコロン前の内容「忙しいだけでは十分じゃない」（It は to 以下を受けている）だけでは、??という感じが残るはず。だからセミコロン以降でその根拠を示したのだ。次のコロンは、The question の内容／具体例を示すものだ。因みに so are S という形だが、以下を参照のこと。

---

　a) A: "I am happy now." B: "I am happy now, too."
　　A:「私今幸せなんだ」B:「私もよ」
　b) A: "I want a car." B: "I want a car, too."
　　A:「俺車ほしいんだ」B:「俺も」

　上の各対話はこれはこれで成立するが、英語は同語反復を嫌う傾向が強いので、それぞれ B の発言を、a) "So am I." や b) "So do I" をやる方が普通だ。この際倒置が起きることにも注意のこと。倒置が起きないと強調の表現になることに注意。

cf. A: "You look busy." B: "So I am."
　A:「忙しいそうだね」B:「実際忙しいんだ」

　問題文の so are the ants も上の英文 a) と同様のパターンである。

(9) ダッシュの前の表現を言い換えてダッシュ以降の表現が来ている。

(10) このセミコロンは but の感じになっている。また、同時に while の感じもにおわしているようだ。

《Coffee Break》

　お笑い芸人は、自分が客だった場合、舞台に立っている他のお笑い芸人のつまらないネタに気の毒に思うことはあっても、腹を立てることはなさそうに思う（会って話したことがないので分からないけど）。しかし、自分が舞台に立って笑わす立場になった場合、渾身（こんしん）のネタを披露したにも関わらず、さっぱり笑わないで苦みつぶした表情をたたえている客がいたら、恐らくそのお笑い芸人はその客を恨まないまでも、腹を立てるのでは（実際訊いてないから分からないけど）？

　まこと、人間の感情は複雑で、自分のふがいなさを棚上げして他者を恨んだり煙たがったりするもので、アサシューはこの轍（てつ）を何度踏んできたことか……。

　やはり、否定的結果は自分の不徳故ぐらいの心構えでいた方が良さそうです。

　ということで、この拙著（アサシューにとっては愛著）が皆さんの学習の一助になれば、これ幸いですが、「なんだこりゃ、とんでもない駄作だな！」と一蹴（いっしゅう）されたとしても、恨み言は申さないようにしたいと思います☺。

【2】

解答

〈4〉彼らは次のように言うかもしれない。すなわち「そんなことは起きては欲しくなかった。しかし、その分自分はましな人間になっている」と。

〈10〉この分野は、かつて一般に通用していた格言、つまり、殺されなければ、実際人は強くなりうるということの正しさを既に証明してきた。

〈13〉もっと一般的な言い方をすれば、人は元に戻れるか、あるいは最終的には成功しさえするのだ。

〈14〉苦難を見事生き延びる人々は、幸福の持つ逆説の1つ、つまり我々は、考えられる最高の人生を生き抜くためには喜び以上のものが必要だということ、の生き証人なのだ。

〈15〉しかしながら、現代の幸せ追及は、無上の喜び追及に、つまり嫌な気分から守られ苦痛や混乱の無い人生追及に、なりおおせてしまったのだ。

解説

〈4〉セリフの引用を表すコロンである。「すなわち」と訳してみた。

〈10〉This field とは the science of post-traumatic growth「心的外傷後成長」のこと。what は「もの、こと」を表す中に先行詞を含む関係代名詞だが、ここで一つ注意してほしいことがある。以下の各英文を訳してみてほしい。

---

a) This is the book which I think is instructive.
b) This is what I think is instructive.
c) This is what I think is an instructive book.

いかがだろう、c) を適切に訳せただろうか？　a) は大丈夫だと思う。「これは私がためになると思う本だ」だ。b) は what がいわば the thing which と同意なので、「これは私がためになると思うもの／ことだ」となることも大丈夫であろう。問題は c) だ。「これは私がためになると本だと思うものだ」でよいか？「ためになる本だと思うもの」……（不自然な日本語だ）。what の原義は正体不明ということなので、b) は先行詞（正体）を明示しないときに用いられるわけである。しかし、c) はその正体を book だと教えてくれている。そう、what の中身を教えているのだ。だから what を律儀に「もの」と訳す必要はないのだ。つまり、この c) は a) と同じように訳すべきだということである。

問題文もこれと同じで、what once passed as a common saying の what を「もの」と訳せば、「かつて一般的な格言として通用していたもの」となるが、what は a common saying のことだと正体が判明したので、いっそのこと「かつて流布していた格言」と訳した方がスマートだということだ。院入試は大学入試と違い、いかに相手に達意の訳が書けるかが肝要なので、この辺のことを銘記してほしい。

さてコロンだが、これは具体例の提示で、what once passed as a common saying の具体例が what doesn't kill you can actually make you stronger. だ。直訳は「あなたを殺さないものはあなたを実際より強くする」だが、無生物主語になっているために分かりにくいので、S を条件的に（V に will や may や can があれば条件的に訳すのだった）訳して「S すれば」とやり、O を主語的に訳すと自然になる。「殺されなければ、人は実際さらに強くなりうる」となるだろう。

〈13〉このダッシュは接続詞 or と並んでいるため、注意喚起のための「間」と考えられるので、特に訳出する必要はない。意外に問題になるのは、even の訳出であろう。even の基本訳は「でさえ」なので、ここでもその訳で構わないが、これは eventually に係るというよりは、flourish に係るということが肝要になる。というのも、左で述べた rebound「元に戻る」をさらに強めたと考えられるからだ。すなわち「元に戻る、あるいは最終的に繁栄さえする」となる。

〈14〉one of the paradoxes of happiness の具体例を述べたコロンである。「つまり」とか「すなわち」とやる。

〈15〉このダッシュは bliss の言い換えを表すもの。因みにこの英文の前には、however とか nevertheless といった逆接語（連結語）が無いが、ここは是非、「しかしながら」とか「なのに」とか「それにもかかわらず」とかいった連結語を補ってほしい。詳しくは本編 p.158 を参照のこと。

《全訳》
〈1〉ハリケーン、住宅火災、癌、飛行機の墜落、暗がりで暴漢に襲われること。〈2〉そんなことを求める者は1人もいない。〈3〉しかし当人が驚くことには、そうした苦難に耐えることで、結局いい方向に変わっていることに気づく者が多いのだ。〈4〉彼らはこのように言うかもしれない、つまり「そんなことは起きない方がよかった。しかし、そのおかげで自分はましな人間になっている」と。

〈5〉私たちは苦しみによって変貌した人の話を聞きたがる。おそらくそれらが心理的な真実、つまり絶えることのない惨事の報道の中でときに見失われる真実に対する証言となっているからだ。〈6〉人間には最も困難な状況下でも活躍できる生来の能力がある。〈7〉ひどく困難な体験に対する前向きの反応は、最もタフな人たちや、最も勇敢な者たちだけに限ったことではない。〈8〉いやそれどころか、苦難と闘う人たちの約半数が自分の人生はある意味よくなったと言う。

〈9〉危機が人生を変える効果についてのこれらの頼もしい発見は、心的外傷後成長という学問の一部となっている。〈10〉この分野は、昔通用していた諺が真実であることを既に立証したわけだ。すなわち、殺されなければ人は強くなるということを。〈11〉心的外傷後ストレス障害だけが起こりうることと思ったら大間違いだ。〈12〉最も戦慄すべき経験をしても、大人の中のほんのわずかな割合の人たちしか障害に悩まない。〈13〉一般的には、人々は立ち直るか、あるいは最終的に大活躍することさえあるのだ。

〈14〉つらい目にあってもうまく生き延びる人たちは、幸福の持つ逆説の1つの生ける証拠例である。すなわちできる限りよい人生を生きるには、快楽以上のものが必要なのだ。〈15〉（なのに）我々の現代的な幸福の追求は、至福、つまり苦痛や混乱のない不快感から守られた生活、の追求になってしまった。

《ざっくばらん訳》

　ハリケーンとか住宅火災とか癌とか……、誰もそんなこと求めやしまへん。でも、そんな嫌な事でも何とか凌いだりしたらけっこうしっかりした人になってたりするんだよなぁ。そりゃそんなこと起きてほしくはないけどね。でも、そのおかげでましな人間になれたって人は言うのよね。

　俺らってそういう苦労した人の話好きじゃん。それって多分、何らかの真実を穿ってるからなんだろうね。そう、人は誰でもそういった苦労を乗り切る力が元々あるってことなんだ。特殊な人だけが頑張れるってわけじゃないってことさ。

　心の傷を経た後に成長するということを研究する学問があるけど、死なない限り人は強くなるってことを証明してるみたい。嫌な経験したら人は一生そのことを引きずって落ち込み人生を歩むわけじゃないってことさ。つらい経験を経た人こそ後に意味ある仕事、大きな仕事をするってことは珍しいことじゃないんだよ。

　辛い目にあってもしっかり生きている人がいるってことは、「幸福＝快楽」じゃないってことを教えてくれてるね。なのに、今、我々は、辛いことから逃げて快楽を求めてばかりいるような気がするなぁ(';')

第 11 講　盲点事項２
●情報構造、自動詞か他動詞か、否定語＋倒置、そして連結語句の補充（P.160）──
【１】

(解答)

(1) 今を充実して生きることについては、我々を深く怯えさせる何かがあるのではないかと私は思う。

(2) その新しい報告では、（たばこを吸う）はた目には健康な老人が、喫煙したことのない老人に比べ、５年間で死亡率が２倍高いことが分かった。

(3) そのようなケースでは事故は滅多に起きない。

(4) 長居は無用だと思う。

(5) 彼女はその知らせを聞くと急に泣き出した。

(6) 彼が出て行って玄関のドアが閉まる音が聞こえてやっと、彼女は体を動かした。

(解説)

(1) suspect は「疑う」ではなく「ではないかなと思う」という意味。従って、まさに疑いを表す doubt とは正反対の意味になる。以下確認。

(e.g.)
a) I suspect that he is guilty.
　「彼は罪を犯していの<u>ではないかと思っている</u>」
　　＝ I think that he is guilty.

---

b) I doubt that he is guilty.

「彼は罪を犯している<u>ことを</u>私は<u>疑っている</u> = 彼は罪を犯して<u>いないと思っ</u><u>ている</u>」

= I don't think that he is guilty.

さて最大のポイントは there is 構文だ。以下、どこが強調されているか確認してほしい。

a) A novel in on that desk.

「ある小説が<u>あの机の上</u>に置いてある」

b)There is a novel on that desk.

「〃」

c) There is a novel on the desk that was bought recently.

「最近購入したばかりの机の上に 1 冊小説が置いてある」

d)There is a novel on the desk to attract many children.

「多くの子供たちを魅了する机の上には 1 冊小説が置いてある」

（＊波線部は誤訳）

a) b) 共に訳は同じで構わないが、強調する箇所が異なることに注意。a) は on that desk が強調されて、b) は a novel が強調されているということ。情報構造上、新情報（強調したいところ）は後ろに置くためそのようになる。there is S 構文は S を強調する構文なので、従って、*関係詞節や to 不定詞修飾が修飾する相手（着飾るの）はこの S ということになるのである。

従って、c) の訳は that 以下（＝修飾部分）を desk に掛けているという意味で誤りとなる。これは S「小説」を着飾るべきなので「その机の上には最近購入したばかりの小説が置いてある」となる。d) も同様で to attract 以降（不定詞形容詞用法）は a novel に掛けるべきなので「その机の上には多くの子どもたちを魅了する小説が置いてある」となる。

＊結婚披露宴の時、花嫁さんが主人公なので一番着飾るべき！　というのと同じ発想。

この問題文も同様で以下のようになっている。

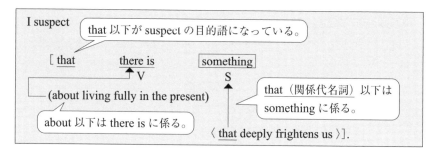

I suspect

that 以下が suspect の目的語になっている。

[that   there is   something
             ↑V   S

— (about living fully in the present)

that（関係代名詞）以下は something に係る。

about 以下は there is に係る。

⟨ that deeply frightens us ⟩].

(2) over a five-year period「5 年にわたって」は副詞句で、are about twice as likely to die as—「死亡率が約 2 倍だ」を修飾している。比較対象は「一見健康な喫煙老人」と「喫煙経験のない老人」だ。ポイントは最後の部分の are those で、なぜにこの語順になっているかだが、やはり情報構造上そうなっているのだ。つまり those who never smoked are (likely to die) というように記すと are *(likely to die) が強調されてしまうのだ。この部分は分かりきったことなので、are を前に出して、強調したい never smoked を最後に置いたのだ。

*likely to die の部分は同語反復になってしまうので省略している。

(3) 否定の副詞が文頭に出たので倒置（does an accident happen）になっている。**rarely** を文中に置いたら以下のようになる。

・An accident **rarely** happens in such a case.

(4) これも **little** を文中に置けば、

・I **little** thought that I should stay long.

また、think が否定されたときは、「ではないと思う」とやると自然。

(e.g.)
a) I think that he is reliable.
　「彼は頼りになると思う」
b) I don't think that he is reliable.
　「彼は頼りにならないと思う」

　この問題文も「長くいるべきとはほとんど思わない」とやると、話者は結局どう思っているのか曖昧になるので、「長くいるべきじゃないと思う」としっかり立場

表明するのがよい。

(5) **hardly** を文中に置けば、

・She had **hardly** heard the news when she burst out crying.

となる。直訳は「彼女が泣き出した時ニュースを既に聞いていたとはほとんど言えなかった」（「泣き出した時間」と「ニュースを聞いた時間」の差がほとんどないということ）である。

(6) **not until** を文中に置けば、

・She did **not** make a move **until** she heard the front door close behind him.

となる。直訳は「彼の背後で玄関のドアが閉まる音を聞くまで彼女は身動きしなかった」である。知覚動詞の heard なので O（the front door）の次に原形動詞（close）が来ていることにも着目されたい。

【2】
(1)
解答
　しかし、日本が世界に向けて自らを開いたとき初めて、英語という言語の研究が大勢の人々に真剣に受け取られ始めたのだ。

解説
〈2〉when 以下は直前の 1854 年を具体的に説明する関係副詞節になっている。この時の訳は「1854 年に、つまり when 以下の時」とやるとスッキリいく。この文の最大のポイントは否定語句（not until —）が文頭に出たので倒置（疑問形）になっていることを見抜くことだ。以下のように変化して問題文の形になったのだ。

・The study of the English language did **not** begin to be taken seriously by a large number of people **until** 1854, when Japan opened itself up to the world.
「1854 年に、つまり日本が開国するまでは、英語という言語の研究は多くの人たちに真剣に受け入れられ始めることはなかった／1854 年に、つまり日本が開国して初めて、英語という言語の研究が、多くの人たちに真剣に受け入れられ始めた」

→ **Not until** 1854, when Japan opened itself up to the world, did the study of the English language begin to be taken seriously by a large number of people.

《全訳》

　日本は 1809 年に、つまり徳川幕府が、長崎にいるオランダ語通訳者たちに、その言語（英語）の研究をするように命じた年になって初めて、英語に興味を示した。しかし 1854 年、つまり日本が開国したときになってやっと、英語の研究が多くの人に真剣に受け取られ始めたのであった。

《英語になった日本語》

〈1〉の英文中の単語 shogunate「将軍職、幕府」（ショウグンニットと発音する。shogun「将軍」から派生）のように日本語が英語になったものとしては他に、Bushido「武士道」、geisha「芸者」、haiku「俳句」、harakiri「切腹」、judo「柔道」、karaoke「カラオケ」、kimono「着物」、ninja「忍者」、shinto「神道」、sumo「相撲」、tempura「天ぷら」、tsunami「津波」、typhoon「台風」などあり。

(2)

解答

　非嫡出の子供が文化標準になった社会は皆無だ。

《別解》

　結婚しないで子供が生まれることは、どの社会でも文化標準になったためしがない。

解説

〈3〉これも (1) の問題と同様否定語句が文頭に出たので倒置が起こった。今回は、現在完了形が使われているので倒置が has S p.p. という形になっている。以下ように生成していった。

・The birth of children outside marriage has been the cultural standard *in some societies.

　「婚外子の誕生はある社会においては文化標準であった」

*in some societies が否定語（in no society）になり文頭に出て倒置が起きた。

→ In no societies has the birth of children outside marriage been the cultural standard

《全訳》

〈1〉時代と文化を超えて、父親は常に欠かせないものと考えられてきた、＊そう、単に子どもを作るためというだけではなく。〈2〉婚姻と核家族すなわち母親、父

親、子どもからなる家族は、現存する最も広範囲にみられる社会制度である。

〈3〉どんな社会においても、婚外子の誕生が文化的標準になることはなかった。

〈4〉それとは逆に、子どもの嫡出性についての関心はほとんど普遍的にみられる。

> ＊ダッシュ（―）の部分を「そう」で訳してみた。

(3)

解答

　それから数週間して、記憶を呼び起こすようにという突然の要求が、その研究者たちから届いた。

解説

〈1〉holding 以下と leaving 以下を and が結んでいる。and の直前のダッシュ（―）は注意喚起のためのもの。and（接続詞）と共に使われているので訳出の必要なし。

☆ help O (to)～「O が～するのに役立つ」の型を思い出すこと。

〈2〉It was ― that ＿「＿は―だ」の強調構文。It was と that を取り除いても文が成立すれば強調構文である。

〈3〉分詞構文である。接続詞 When で書き換えれば、When they(= psychologists) were back in the 1930s, psychologists collected ＿とでもなるところ。marking も分詞構文。and あたりで書き換えれば and they(= psychologists) marked them(= recollections) as pleasant or unpleasant となる。marking の前のダッシュ（―）は、やはり collected 以下の内容を誤解されたくないため注意喚起の言い換えをしているのだ。敢えて訳せば「人々の休暇のような人生での出来事についての思い出を集めた、そう、それらを楽しいものと不愉快なものに区分けしたのだ」とでもなるところ。

〈4〉Weeks が S でそれを修飾する部分（to recall their memories）が離れた構文になっている。筆者はこの修飾部分を強調したかったのだろう。以下の通り。

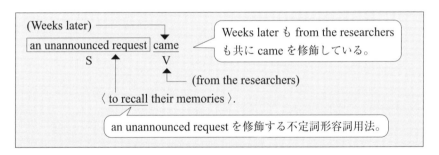

〈5〉これも接続詞（but）の前にダッシュがある。どうも筆者は、よほど、前半の内容を勘違いされたくなかったか、後半の内容を強調したかったようだ。

《全訳》
〈1〉心理学者は、良い記憶を失わず悪い記憶を消し去ることで、私たちは不愉快な状況に対処し、人生に前向きな見方を持ち続けられるようになると話す。〈2〉悪い記憶は良い記憶より速く薄らぐという考えが最初に提唱されたのは、90年前のことだ。〈3〉1930年代のことだが、心理学者が人々の休暇のような人生の出来事に関する記憶を集めて、それらを楽しい記憶と嫌な記憶に分けた（ことがあった）。〈4〉数週間後、研究者から彼らの記憶を呼び起こしてほしいという突然の依頼が届いた。〈5〉嫌な記憶のうち60%近くが忘れられていたが、楽しい記憶では42%しか薄らいでいなかったのだ。

【3】

解答

(A) また我々は、こうした肉体への支配がもたらす結果についての知識と、肉体的存在である自分をどのように支配するかについての知識に、根本的な疑いの目を向けてしまう時代に生きてもいるのである。

(B) 肉体の限界を変えられるようになればなる程、何が個人の肉体を構成しているのかについて、ますます我々は自信が持てなくなってしまうと示唆する根拠が根強く存在するのだ。

解説

〈1〉、〈2〉第3講 不定詞総合チェックの修得演習の【1】で、〈1〉と〈2〉の英文に触れているので、この個所の解説は割愛する。

〈3〉itは、〈2〉のitやits同様scienceを指す。replace A with Bは「Aの代わりにBを採用する」なので、Aが消えてBが採用されるという事実をまずは確認のこと。この文は、産業革命あたりから産業や科学に重きが置かれ始めてはきたが、それでもやはり、科学には一抹の不安が残るものであり、それまで支配的であった*宗教的信仰を凌駕するに至ってないと語っている。

> *当時、チャールズ・ダーウイン（Charles Darwin）の「種の起源」（On the Origin of Species）の宗教界に与えた衝撃は相当なものであったろうが、それでも神によって創造されたという人間観が払拭されたわけではない。

〈4〉These conditions「こうした状況」とは「科学が跋扈<ruby>跋扈<rt>ばっこ</rt></ruby>してはきたが、世界は科学に不信の念を抱いている状況」を指す。この文から科学による我々の肉体への影響に言及してきている。

〈5〉we ― ever の部分と下線部が対比関係であることを確認したい。つまり、「これからはこれまで以上に自分の肉体を操作できそうだよー（＝自分の体を自由に変えられるよー）。でも、それって大丈夫ー？？」といった感じ。

　さて、下線部だが、今回のテーマの情報構造だ。そう、強調したい部分は後ろに置くのだった。この文は、has thrown の目的語の部分（our knowledge of the consequences of this control, and of how we should control our physical selves）を強調するため後ろに飛ばしているのだ。以下確認。

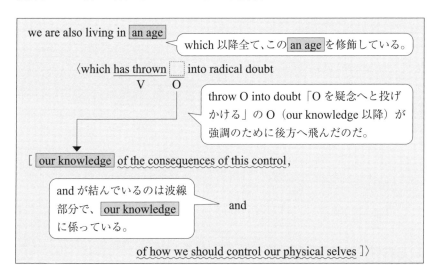

〈6〉先ずは and が結んでいる部分が biological reproduction と genetic engineering と plastic surgery と sports science であるということを確認して、次は less of A と more (of) B の確認だ。これは less と more から分かるように A を否定して B を肯定しているということだ。以下確認。

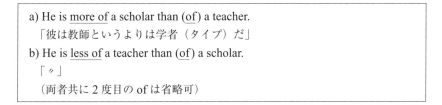

両者共に scholar を肯定し teacher を否定しているが分かるはず。問題文もこれ

と同じで、a given を否定して、a phenomenon of options and choices を肯定しているのである。そして more of の of が省略されたのだ。「肉体に対する科学が発達したおかげで、ますます我々は肉体を授かりものというよりは操作できるものという感覚になってきている」ことを言っている。

〈7〉これまた対比関係を表す while は使われている。「科学によって肉体を操作できるようになったが、そのせいで、肉体とは何なのかということが分からなくなり、どの程度まで肉体を変えていいものかも分からなくなってきている」ということ。how far「どの程度まで」という意味で、should be used に係っている。to〜は「〜するために」でよいだろう。

〈8〉(B) for suggesting that 以降全て strong reasons に係っている。that の中には the 比較級 ―, the 比較級 ―構文が使われている。問題は後半の the greater has been our uncertainty ―の部分だ。あくまで our uncertainty ―が S で、has been が V で、the greater が C であることを確認したい。これまた情報構造上、重要である S が後ろに飛んだのである。これを SVC にしてみれば、

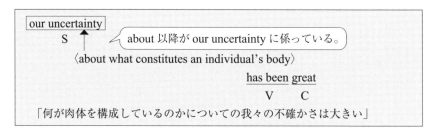

このgreatがthe比較級になって前に出て、Sの強調のため倒置（CVS）が起きた。

〈9〉「肉体の限度を変えられれば変えられるほど、我々は肉体を構成する要素に自信が持てなくなってきていることを示すきっかけ」の具体例が「人工授精」や「体外受精」だと言っている。

《全訳》
〈1〉社会理論家が、我々が生きている時代は危険や不安に満ちていると言うのは、当たり前になってしまった。〈2〉科学は、生活の様々な側面を支配する我々の能力を高めてくれたのかもしれないが、核兵器がもたらす破滅や環境面での破滅によって我々を脅かしもしており、科学そのものは、先行する発見と矛盾するのが常である。〈3〉さらに、科学は科学的確実性によって宗教的確実性を塗り替えることもできていない。〈4〉こうした状況は、肉体というものが根本的な社会問題として浮かび上がるようになった背景の重要な一部を生み出している。〈5〉潜在的には、自分

の肉体をこれまで以上に支配する手段を持つが、(A) 我々はまた、この支配が引き起こす結果に関する知識、どのようにして我々は自分の身体的自己を支配するべきかに関する知識が根本的に疑問視されている時代に生きている。

〈6〉生物学的な生殖、遺伝子工学、整形手術やスポーツ科学の発達の結果、肉体はますます授かるものではなく、選択によって生じる現象になってきている。〈7〉科学によって肉体に干渉できる度合いが大いに強まっているが、それはまた、肉体とは何かということに関する我々の知識を混乱させ、そして肉体を再構築するためにはどの程度まで科学が用いられるべきかということを道徳的に判断する我々の能力を超えてしまう。〈8〉実際、(B) 肉体の限界を変えてしまうことができればできるほど、個人の肉体を構成するものは何かということに関して我々が抱く不確かさが増大してしまっていると示唆する強力な根拠がある。〈9〉例えば、人工授精や体外受精によって、生殖（行為）を異性間の行為という範疇から切り離すことが可能になってしまっているのだ。

【4】

解答

家族同士のやりとりが、慢性疼痛状態の経験と経過にどのように影響しうるかを探求することへの興味が、多くの慢性疼痛専門家たちの間で沸き起こっている。

解説

先ずは構造を見ていくと、Interests が S で、have developed が V で、among many chronic pain researchers が have developed に係る修飾部分であることは自明であろう。問題は in 以降がどこを修飾するのかということだ。まさか直前の researchers に掛けてしまうか？ 「the ways を探求する際の慢性疼痛専門家たち」とやるか？ それでは意味が判然としないだろう。

実はこれも情報構造で、Interest の対象をしっかり読者に伝えたかったので、その部分を最後に回したのだ。つまり以下のようなこと。

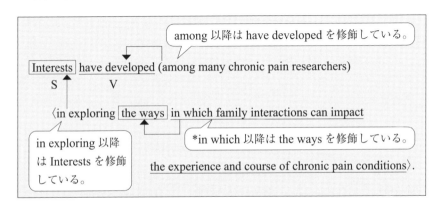

《Coffee Break》

「病は気から」じゃないけど、いつも痛い痛いと、痛みに苛まれている人も家族に（例えば配偶者などに）優しく声を掛けられたり、何か手助けをしてもらったりすると痛みが和らぐことって、やっぱりありますよね。

慢性腰痛に苛まれているご主人が奥さんに「ほんとにまあ、いつも痛い痛いって愚痴言っているけど、だったら運動するなり、お医者さんに診てもらうなりすればいいじゃない！　いったい自分で治す努力してんの？」ってな言い方（反応）されると、当事者はただでさえ腰痛で辛いのにさらに痛みが倍加するでしょうし、反対に「あら、パパ辛そうねぇ。ちょっとそこに横になって頂戴。もんであげるから」とか、「あなたはいつも働きずくめだから、腰にきちゃったのね。いつも家族のことを考えて自分は後回しだもんね。ありがとね。パパ」とか言われた日にゃあ、痛みなんてスーと無くなっちゃいますよね（それでも痛いだろうけど ^^;）。

げに人間は感情的存在であることを分からされる場面ではないでしょうか？結構いい話でも、嫌いな人が語っていたら、その内容まで嫌なものになってしまうだろうし、気分がいい時は嫌な人の助言でもそれほど嫌ではなく、逆に気分が悪い時は普段なら素直に聴ける内容も妙に受け入れ難くなっていたりと……。

カント（Immanuel Kant、1724-1804）じゃないけど、人は「物自体」を見ていないんですね。つまり、それ自体を見て判断するというよりは、そのときの気分や状況や噂などに、判断が左右させられるということです。だから、流行という現象が出てくるのかもしれません。よく「流行に流される」という言い方をしますが、時には楽で、いやそれ以上に快感でさえあるでしょう。だって「自由」はきついですから……。

自由気ままに遊びたいといった放蕩息子が、父親から「今日からお前に潤沢なお金と時間を与えるから好きにしていいぞ」と言われたらどうでしょう？初めのうちは「やった〜、何でも好きなことやれるぞ。俺は今日から自由だー」って欣喜雀躍するでしょうが、そんなもの1、2年したら飽きてきます。もしかしたら鬱になってしまうことさえあるかもしれません。そう、自由（すべて自分の判断で動く）のは辛いものなのです。よく、「鳥のように自由になりたい！」とか言いますが、あんなもの自由でも何でもない。だって鳥って本能の虜(とりこ)になっているだけですからね。この言明はあくまで比喩表現です。スイスイ飛んでる姿が自由に見えるだけのことです。自由とは誘惑があっても、その雰囲気や言に惑わされることなく、自分の頭（心）で判断し行動することですから。まっ、難しいわけです。

旧約聖書でも、楽園に住むアダムとイブの場面にはその**自由の難しさ**が表れています。そう、蛇（serpent）にそそのかされたイブが神から食べるなと言われていた知恵の木の実を食べ、それをアダムにも勧めて二人は自分らが裸である事に気付き、恥ずかしくなって、イチジクの葉を腰にまとうようになったという個所です。イブが蛇にそそのかされて知恵の木を食べちゃう場面です。要は誘惑に負けたのですね。自分の判断で食べたのではないのです。それまでは（食べる前は）人の目を気にせず生活していたのに、変に物事を知っちゃったために周囲の目が気になり出した……。自分が裸であることに気付いたというのはそんなことを言っているのではないか？　そして、禁断の木を食べたことを神に詰問されたアダムはそれをイブにそそのかされたからと言い、イブは蛇にそそのかされたからと言う。責任転嫁合戦だ。自分の判断で事を行わず「流された」ものだから、責任の所在を自分以外の所へ持って行きたくなる……。嗚呼、悲しきかな人間の性（human nature）よ！　つまり、以下のような流れですね。

・神（厳粛なる存在に）にある事を厳命された（清廉潔白な生き方）。
→しかしその鉄則を何かにそそのかされて破る（誘惑に負ける）。
→変に知恵がついてしまったために辺りの目が気になりだす（物自体が見えにくくなる）。
→その咎を責められると他責的になる（いい事は自分の成果、悪いことは人の所為）。

ということです。
　なんだか、「疼痛度合いは家族や配偶者の反応に左右される」という話から、随分跳んだかに見えますが、要は、「喜怒哀楽というものは、それ自体を感じているというよりは辺りの反応の結果であることが多いのでは？」ということや、「まわりの影響を全く受けずに自覚的に選び取る（＝自由に行動する）というのは意外に難しいことなのでは？」ということを言いたかったのでした。

【5】

解答

(A) 参加者数で言えば、はるかに多いのが、素人、つまり大衆参加のスポーツの世界である。

(B) しかしそれでも、体系化された倫理や理想を持つアマチュア精神という感覚は、生き残っているだけではなく繁栄してもいるのだ。

〈2〉(A) これも S を強調したかったので CVS という構造になったものだ。C に当たる the larger を強めているのが by far だ。また、by the number の by…は判断基準を表すもので「…によって」とか「…では」と訳すもの。以下参照。

(e.g.)
a) Don't judge other people <u>by</u> their appearances.
　「見た目によって人を判断してはならない」
b) It's six o'clock <u>by</u> my watch.
　「私の時計では 6 時です」

---

larger（比較級）に the が付いているのは 2 者間の比較だからだ。

(e.g.)
a) Tom is <u>taller</u> than Mike is.
　「トムの方がマイクより身長がある」
b) Tom is <u>the tallest of</u> the three boys.
　「トムはその 3 人の少年たちの中で一番身長がある」
c)Tom is <u>the taller of</u> the <u>two</u> boys.
　「トムはその二人の少年のうちの身長が高い方だ」
　（「どっちがトムですか？」と訊かれた時の答えがこれ）
d) Look at <u>these two necklaces</u>. Which is <u>the more expensive?</u>
　「この 2 つのネックレス見てみて。どっちが高いのかしら？」

---

　a) と b) は普通に比較級と最上級だ。c) と d) が 2 者間の比較と言われるもので、of the two や these two necklaces となっている場合、比較級でも the が付くのだ。問題文の the larger も前の文〈1〉で「スポーツには 2 種類ある」とあり 2 者間の比較になっているので、the が付いたのだ。

　S はもちろん the world of amateur, or mass participation sport だ。筆者はここを強調したかったのだ。通常の型で言えば以下の通り、
・The world of amateur, or mass participation sport is by far the larger, by number of participants.

〈3〉that は同格の接続詞。expectation or desire の内容を教えてくれている。

〈4〉この that は同語反復を避ける指示語で the world を指している。

〈5〉2 つある or がどことどこを結んでいるのか少々ややこしいので整理する。以

下の通りだ。

<u>many athletes</u> <u>receive</u> <u>payment</u>
     S   V   O

(<u>in the form of</u> salaries from clubs, prize money,)
   ① 「…という形で」

> この or は 2 つの波線を結び、from 以降が前の grants を修飾している。

(<u>as grants from</u> government **or** <u>national sports organizations</u>,)
   ② 「…からの報奨金として」

        or

> この or は 3 つの前置詞句（①-③）を結んでいる。

(<u>in the form of</u> financial support for <u>travel</u>, <u>housing</u>, **and** so on).
   ③ 「…への財政的援助という形で」

> ここは「travel、housing、など」と読む。

〈6〉and が結んでいるのは 2 つの that 節（that sport is ―）と（that it is ―）だ。前者の that を省略しなかったのは、Given が直後の sports に係る過去分詞と解され Given sport「与えられたスポーツ」と読まれるのを避けたかったと推察される。この Given はこれまでも何度か登場してきた Given that SV「SV を考慮すると」という意味になる。接続詞的役割を持ち、カンマ (,) までを支配する。it は to conclude 以下を受ける形式主語。outside of …は「…の外で（は）、…以外（で）は、…を超えて」という意味。of は無いこともある。

(e.g.)
a) She was waiting <u>outside (of)</u> the hospital.
  「彼女は病院の<u>外</u>で待っていた」
b) That was entirely <u>outside (of)</u> my understanding.
  「それは完全に私の理解を<u>超えて</u>いた」

〈7〉(B) And yet は「しかしながら」とか、「それでも」という意味。with 以下は直前の S である the sense of an amateur ethos に係る。また、not only A but (also) B を見落とさぬこと。

《全訳》
〈1〉今日明らかなのは、スポーツには 2 つ世界があるということだ。〈2〉(A) <u>参加者数でずっと多いのがアマチュア、つまり大衆が参加するスポーツの世界である。</u>

〈3〉ここでは、大勢が参加費用をもらうという期待や願望を持つことなく様々な理由で試合を行う。〈4〉2番目の世界はエリートの世界だ。〈5〉ここでは、多くのアスリート達が、クラブからの給料つまり賞金という形で、政府や国家の競技団体からの報奨金として、旅費や住居費の財政補助などの形でお金を受け取る。〈6〉スポーツが今や巨大な世界規模のビジネスになり、日常生活においてメディアに出てくる（＝よく宣伝されている）ことを考慮すると、エリートではないアスリートの（＝アマチュアの）世界以外では、アマチュア精神は死んだと結論づけるのは簡単で（＝結論付けたくもなるで）あろう。〈7〉(B) <u>しかし、体系化された倫理や理想をそなえたアマチュア精神の感覚は生き残っているだけではなく、みごとに育ってもいるのである。</u>

【6】

解答

〈1〉我々は暗黙のうちにカテゴリーを設けている<u>が</u>、このことは<u>気づかれないことが多い</u>。〈2〉（<u>というのも</u>）カテゴリーを設けることは、動物界に根深く存在する（<u>からだ</u>）。〈3〉（<u>例えば</u>）巣を作る鳥は、良い巣を作るための材料の暗黙的カテゴリーを持っている。そこには小枝、綿、葉、布、泥は含まれるが、例えば釘、針金の切れ端、メロンの皮、ガラス片は含まれないだろう。〈4〉（一方）人間におけるカテゴリー形成は、可能な限り最小の努力で（＝できるだけ努力せずに）、できるだけ多くの情報をコード化したいという認知原則に導かれているのだ。

解説

〈1〉是非分詞構文を見抜きたい。We are implicitly forming categories, <u>and this／it is</u> something that is often overlooked. の波線部分を本問では分詞構文で表したのだ。and が消え、前の内容を表す this 乃至は it が消え、そして is が being に。そして being も省略されてこの型になった。

〈2〉「我々（人間）は、この場合はこれを、あの場合はあれをというふうにカテゴリー形成をしているが、これは<u>意識されないことが多い</u>」という趣旨の〈1〉の英文の次に、「このカテゴリー形成は、動物界（＊動物界には当然人間も含まれる）に根深いものだ」とある事から、〈1〉の状況（結果）の原因が〈2〉だと推察される。そう、根深いのだから当然、意識に上りにくいはずだ。「深い」のだから「表層化」しないわけだ。

　ということで、この〈2〉の英文を訳すときは連結語句を付け足して「すなわち――ということだ」とか「なぜなら――だからだ」とやると読みやすくなる。

＊生物学上の分類順序は、kingdom「界」、phylum（動物）／division（植物）「門」、class「綱」、order「目」、family「科」、genus「属」、species「種」なの

で、人間は「動物界、脊索動物門、哺乳綱、サル目、ヒト科、ヒト属、ヒト種」ということになる。

〈3〉この英文は鳥の例が記されてあることから、ここを訳すときは「例えば」ぐらいの言葉を挿入すると読みやすいだろう。そう、連結語句の挿入だ。院入試では馬鹿正直に記されている通りにしか訳さないという頑固さは不利である。全体の流れがスムーズに通るように、時には連結語句を添えてやるのが大人の配慮というものだ。院入試では大いにこういうことをやって頂きたい。

　さて構造だが、building a nest は直前の Birds（S）を修飾する分詞句。that は関係代名詞で materials に係っている。including も分詞句で、A including B という型で「B を含む A」となる。but not は「nails や bits of wire などは含まないよ」と、こちらの素材は否定しているわけだ。

〈4〉〈3〉で登場した鳥の例に対して、人間の例を紹介しているのだから、対比関係であることが判明するため、ここでも「一方」辺りの言葉を（連結語句）を添えると趣旨がつかみやすくなる。あとは☆ as — as possible「できるだけ—」の表現と、with 以下をこなれた日本語にできるかだ。

(e.g.)
a) Mary tried to have as many friends as possible.
　「メアリーはできるだけ多くの友人を持ちたがった」
　（friends は数えられる名詞〈＝可算名詞〉なので many になっている）
b) Mary tried to have as much information about the exam as possible.
　「メアリーはできるだけその試験に関する情報を手に入れようとした」
　（information は数えられない名詞〈＝不可算名詞〉なので much になっている）
c) Mary tried to win the game with the most possible effort.
　「メアリーは考えられる最大の努力をしてその試合に勝とうとした」
d) Mary tried to win the game with the least possible effort.
　「メアリーは考えられる限り努力しないで試合に勝とうとした」

【7】

解答

〈1〉最近、一般的に使用されている多くの農薬が、侵入して来るウイルス、バクテリア、寄生虫、腫瘍に対する人間の免疫システムの正常な反応を抑制するという証拠例が山積してきた。〈2〉（しかしながら）残念なことに、そうした現在の証拠例があるにも関わらず、ほとんどの農薬の免疫抑制力に関する研究はまだ初期段階に

あり、用量と影響力の関係を明らかにする研究はほとんど行われてこなかった。〈3〉そのために、健康に影響を及ぼすほど免疫系を悪化させるのに、どれくらいの農薬被曝（ひばく）が必要なのかについてはコンセンサスが得られていないのだ。

解説

〈1〉evidence と同格関係になる節が that 以下であることに気付きたい。でないと、この that の役割の説明が付かないのだ。筆者は evidence の内容を強調したかったので、このように主語の evidence と離して後方に that 節を置いたのである。このパターンはこれまで随分遭遇してきたのでそろそろ慣れて欲しい。

さて、that 節内の構造だが、many commonly used pesticides が S で、can suppress が V で、the normal response of the human immune system が O だ。直後の to はそのあとが invading viruses と名詞句が後続しているので前置詞（「…に対する」という意味）であることが判明。

〈2〉これも勢い「しかしながら」と連結語句を補いたくなる場面ではなかろうか。なんとなれば、〈1〉の英文で「農薬の害の証拠例」を言っておきながら、〈2〉では「その害の程度については研究が進んでいない」ことを言っているのだから。ところで、little work has been done to clarify — の to clarify —だが、ここを強調したいがために後ろに飛ばしたことも改めて認識したいところだ。to clarify — は S の little work に係る不定詞形容詞用法。

(e.g.)
a) Much effort 〈to solve the problem of global warming〉 has been made.
「地球温暖化問題を解決する努力が大いになされている」

b) Much effort has been made 〈to solve the problem of global warming〉.
「大いに努力がなされている、そう地球温暖化問題解決の」

c) Little effort 〈to solve the problem of global warming〉 has been made.
「地球温暖化問題を解決する努力はほとんどなされていない」

d) Little effort has been made 〈to solve the problem of global warming〉.
「努力はほとんどなされていない、そう地球温暖化問題解決の」

(b), d) 共に上の英文と同趣旨ではあるが、違いが分かるように訳してみた)
(各文全ての to〜は、S である Much effort なり Little effort に係っている)

〈3〉これまた、後半の on 以下は S である consensus に係る。筆者は、読者に分かりやすく伝えるために（S が長いと何がテーマか分かりにくくなることを考慮して）、S を修飾する部分を後ろに飛ばしたものと思われる。

終わりにあたって
～これまでを振り返って～

　学習者の皆様、お疲れ様でした。

　いかがでしたか、「つながり」ましたか？　文法と読解が。そして本書と皆さんの目標／夢が……。

　少しでも、そう、幽かでも細くても点と点がつながればしめたものです。だってこの線は皆さんの信念と努力で濃いものにできるのですから！

Even a chance meeting is predestined.

「袖振り合うも他生の縁／出会ったものこそ運命」

ではないですが、よく受験生が「これやれば受かりますか？」と訊いてきます。その時アサシューは、「そんなの知ったこっちゃないよ、そりゃあ君次第だろ！」なんて言ってやるんです。だって、これから付き合う物／者／ものに対して疑念を抱くなんて、学ぶ姿勢の前提を欠いてますからね。また、何かやれば何かいいことあるかもといった打算的な発想では行動自体に熱が入らないのではないでしょうか。登攀の難しい山に挑戦し続ける登山者には、「なぜ山に登るのですか？」と訊かれたら、「山頂にたどり着けば有名になれるから」とか、「ご来光を楽しめるから」とは答えてもらいたくないなあ。やはり「そこに山があるから！」と言い切ってもらいたいものです。

　ということで、皆さん、せっかく皆さんとこの参考書がつながったのですから、これは偶然なんかじゃなく必然なのだと決め込んで、是非目標を達成してもらいたいのです。「やり残した」箇所があれば、しっかりそこを「もの」にしてください。「中途半端な付き合いはしない！」といった姿勢はきっと皆さんを実りある方向へ導いてくれることでしょう。

「何か」あるから「何か」やった。

ではなく

「何か」を夢中でやったら「何か」あった！

というマインドセット（mindset）でこれからも過ごされることを心よりお祈り致します。最後までお付き合いくださりありがとうございました！

　最後になりましたが、東京図書の松井さん、待ち人来たらずかもといった不安の中、それでも信じて待ち続けてくださったこと、感涙ものです。河合塾 KALS の森さん、こんな素敵な機縁を頂き感謝の念に耐えません。大部なものになったにも拘らず、レイアウト、校正その他細かい作業を延々と続けてくださった東京図書の皆様にこの場を借りて感謝の意を述べさせていただきたいと思います。ありがとうございました！

■ 著者略歴

浅野 修慈（あさ の しゅう じ）（アサシュー）

立教大学文学部英米文学科卒業。
同大学大学院文学研究科（英米文学）修了。
専門は近代英米文学の作品論。

学生の頃より兄と、高校・大学受験の専門塾「浅野塾」を開設。評判が評判を呼び 10 年連続満員御礼状態の活況ぶりを呈す。その後予備校の英語講師に転身し現在に至る。明治大学のリバティタワーの大ホールで受験対策講義を行ったり、某予備校では 5 年連続講習会で 200 人を超える受講生を集めたり、ある高校では進学クラスを新設し 2 年目にして初の東大合格者を出すなど、エピソードには事欠かない講師。これまで数々の高校、予備校、大学と関わってきたせいか街を歩いているとかつての教え子に遭遇することもしばしばだとか。中には熱烈なアサシューファンがいて授業中に心の琴線に触れた言葉を集めた「アサシュー語録」を作成する者もいるとのこと。いずれにせよ「熱い」講師である。

《主な著作物》
『クラウン受験英語辞典』（三省堂、2000）
『大学入試 進研合格英単語 ワードデータ 1500』（ベネッセコーポレーション、1994）
『Clipper : English course 2』（大修館書店、1999）

詳解（しょうかい） 大学院（だいがくいん）への英文法（えいぶんぽう）

2023 年 6 月 25 日　第 1 刷発行　　　　　　　　Printed in Japan
© Shuji Asano 2023

著　者　　浅野修慈
発行所　　東京図書株式会社
　　　　　〒102-0072　東京都千代田区飯田橋 3-11-19
　　　　　電話　03（3288）9461
　　　　　振替　00140-4-13803
　　　　　http://www.tokyo-tosho.co.jp

ISBN978-4-489-02406-1